新·全球文明史译丛
主编 王献华 周 楠

警治的终结

[英]亚历克斯·S.维塔莱 著
王 飞 张鹏瀚 译

浙江大学出版社

目录

001　**警治改革的局限**
004　　改革措施
016　　加强问责
022　　替代方案

035　**警察不是来保护你的**
036　　自由主义的警治观点
038　　警察部队的原型
043　　从菲律宾到宾夕法尼亚
046　　得克萨斯骑警（the Texas Rangers）
048　　奴隶制的作用
051　　战后时代的政治警治
053　　当今的警治

061　**学校通往监狱的通道**
061　　"学校资源官"（school resource officers）

063	选拔性考试与社会控制
066	学校通往监狱的通道
069	学校的军事化
072	改革措施
075	替代方案

086	**"我们报警求助,他们却杀了我儿子"**
091	改革措施
095	替代方案

103	**对无家可归的定罪**
112	改革措施
114	替代方案

122	**性工作警治的失败**
122	将性工作定罪意味着什么?
127	附带后果
130	警察腐败
131	改革措施
137	替代方案

145	**毒品战争**
152	腐败
153	种族的影响
156	隐私权
158	健康影响
159	国际影响
160	改革措施

| 164 | 替代方案 |

176	**打击帮派**
185	改革措施
189	替代方案

197	**边境警治**
211	改革措施
214	替代方案

221	**政治警治**
224	美国的政治警治
231	联合反恐任务组（Joint Terrorism Task Forces）和融合中心（Fusion Center）
234	诱捕
236	人群管控（Crowd Control）
239	替代方案

| 247 | **结论** |

警治改革的局限

在俄亥俄州，因为警员的第一本能是射击，所以塔米尔·赖斯（Tamir Rice）和约翰·克劳福德（John Crawford）双双被击毙。而亚特兰大郊外的安东尼·希尔（Anthony Hill）、加州帕斯卡市的安东尼奥·赞布拉诺－蒙特斯（Antonio Zambrano-Montes）和达拉斯市的杰森·哈里斯（Jason Harris）都被警察枪杀，是由于他们的精神疾病遭到警察的误解。此外，奥克兰市的奥斯卡·格兰特（Oscar Grant）、纽约市布鲁克林区的阿凯·格利（Akai Gurley）、俄克拉荷马州塔尔萨市的埃里克·哈里斯（Eric Harris）也全都被"错误地"击毙，原因则是警察在使用他们的武器时不够小心。在南卡罗来纳州的北查尔斯顿市，沃尔特·斯科特（Walter Scott）因错过支付子女抚养费而被警察拦检并可能会遭到逮捕，他在逃跑时被警员迈克尔·斯莱格（Michael Slager）从背后射杀。为了掩盖事实，警察对其进行了栽赃陷害——这得到了其他警员的支持。在纽约市斯塔腾岛，埃里克·加纳（Eric Garner）被枪杀在很大程度上是由于警察对其售卖散装卷烟的行为做出了过激反应。近期这些发生在不同场合的警察枪击事件导致了许多手无寸铁的黑人丧生，由此，警察改革事宜以一种过去一代人中少有的方式被摆上了国家的议事日程。[1]

那么，警察暴力是否正在爆炸式地增长？有一点毋庸置疑，相比其他发达国家，美国警察更为频繁地使用他们的武器。不幸的是，我们无法获得完全准确的枪杀事件的数量和类型方面的信息——它们都被掌握在警察手中。尽管2006年出台的一项法律要求报告这项信息（2014年重新授权），但是很多警察局并没有遵守。研究者不得不依靠独立信息来源，比如通过地方新闻报道来拼合数字。《卫报》和《华盛顿邮报》的一份调查报告显示，2014年有1100人死于警察暴力，2015年有991人，2016年有1080人——虽然少于20世纪60年代和70年代，但人数还是太多了。[2]

在警察枪击行为的受害人当中，非裔美国人的占比是与其人口数量不成比例的：被警察枪杀的黑人青年是白人青年的21倍之多，[3]然而这种比率大体上是与持枪犯罪者在不同种族中的占比成比例的。[4]种族定性的论调依然广为流传，而很多有色人种社区也会经历攻击性和无礼的处警行为。最近发生在弗格森市和北查尔斯顿市的事件绝非意外：从处理交通罚单到因轻微违法行为而逮捕，黑人和拉丁裔在低级处警的对象中占据了绝大多数。他们遭遇充满敌意和侮辱性的处理方式的报道频繁出现，尽管他们事实上并没有做错什么。[5]在纽约，以上这类处警的对象中，有色人种占到80%~90%。[6]

这一处警形式基于如下心态：有色人种更容易犯罪，因而需要采取更严厉的警治手段。警方强调，居住在犯罪行为高发社区的居民常常需要警治行动。但一个被忽视的事实在于，这些社区也需要更好的学校、公园、图书馆和工作机会。只是，相关服务设施很少提供。他们缺少获得实实在在的上述服务的政治权力，也缺乏使社区变得更加安全和健康的支持。事实上，中产阶级和富有的白人社区应该对发生在有色社区、由警察持续施加的骚扰和羞辱行为说"不"，无论其犯罪率到底是多少。

那些质疑警察或其权威的人往往会遭遇口头威胁和人身攻击。在2012

年,年轻的哈莱姆区(Harlem)*居民阿尔文·克鲁兹(Alvin Cruz)被警察无正当理由反复拦下并进行搜查。克鲁兹录下了其中一次遭遇。当时他质问警察拦下他的理由。作为回应,警察咒骂他,把他的手臂扭在背后并说出下面的话:"小子,我要折断你这该死的胳膊,我还要打烂你他妈的脸"。[7]

就算是富有和更有权力的有色人种人士也不能幸免。2009年,哈佛大学教授、美国公共广播公司(PBS)知名人士小亨利·路易斯·盖茨(Henry Louis Gates Jr.)在自己家中被剑桥警方逮捕。当时他弄丢了钥匙,而他的一位邻居向警方报告称有人破门而入。这一事件促使奥巴马总统发表声明:

> 首先,公平地说,我认为我们任何一个人都会为此而出离愤怒;其次,在已经有证据表明他是在自己家中的情况下,剑桥警方依然采取了拘捕措施,这一行为是愚蠢的;最后,我相信我们也都知道,不只是这一事件,非裔和拉丁裔美国人以与其人口不成比例的数量在执法过程中被拦停,在我们这个国家已经有很长的历史了。[8]

产生上述问题的部分原因在于警察有一种"战士心态"[9]。警察常常将自己视作与公众作战的士兵,而非公共安全的守护者。这一认知又受到下述因素的强化:他们拥有坦克和其他军事级别的武器;他们中很多人就是退伍军人[10];类似特殊武器与战术小组(Special Weapons and Tactics,SWAT)的军事化行动小组在20世纪80年代的毒品战争期间和后"9·11"反恐战争中的激增;以及视整个社区为无序的、危险的、可疑的以至于是有罪的信念。当以上因素起作用时,警察总是会对使用武力操之过急。

---

* 哈莱姆区,是纽约市曼哈顿区的一个社区,位于曼哈顿区的北端,与布朗克斯区接壤。在20世纪曾经长期是美国黑人的文化与商业中心,被誉为全美"黑人首府",但也曾是纽约犯罪与贫困的主要中心。——译者注

不过，滥用武力只是过度执法问题的冰山一角。目前有超过200万美国人在监狱或看守所中，另有400万人处于缓刑或假释状态。很多人被剥夺了选举权；大部分人在释放后很难再找到工作，也难以走出没有收入和工作经验的困境。他们中许多人与其家庭的纽带被无可挽回地毁坏了，进而被推向更为严重、更具暴力性质的犯罪。尽管有很多错误逮捕和错误定罪的案件被详尽地记录在案，但大部分逮捕和定罪行为在执行上都是符合法律规定和正常流程的——这些行为对个人和社区的影响是具有高度破坏性的。

改革措施

任何力图让治安变得更加公正的努力都必须解决滥用武力、过度执法和不尊重公众等问题。许多公共论辩所聚焦的改革策略包括增加新的强化型培训、多元化警力，以及在采纳社区警治改革策略的同时强化问责措施。但是，这些改革措施大都未能抓住警治行为内在性的根本问题。

培训

埃里克·加纳因为涉嫌售卖散装卷烟而死的录像带被曝光后，立即引发了加强针对警察实施逮捕时如何使用武力的培训的呼吁。当事警员也受到指控，因为他使用了被禁止的锁喉动作，以及无视加纳由于无法呼吸而发出的请求。作为回应，比尔·白思豪（Bill de Blasio）市长和市警察局局长威廉·布拉顿（William Bratton）宣布，将对纽约市警察局所有警察进行一次武力使用培训，以降低他们在未来的拘捕行为中造成严重伤害后果的概率。此外，培训内容还包括避免冲突升级和更有效地与公众沟通的方法。

但这样的培训忽视了导致加纳之死的两个重要因素。首先是警察对加纳身体状况的漠视，对他"我无法呼吸"的呼救充耳不闻，以及在等待救护车期间对他濒临死亡的状况冷漠处之。这是一个价值观问题，而且似乎触及了问题的核心，即对很多警察来说，黑人的生命无关（don't）紧要。其次则是"破窗式"（broken windows）执法，换言之，针对低级违法行为施以密集的、侵犯性的、攻击性的执法行为。破窗理论由两位犯罪学家詹姆斯·威尔逊（James Q. Wilson）和乔治·凯林（George Kelling）于1982年最先提出。[11]他们对既有行为的研究发现，当一辆无人看管的车停在街头，通常不会有人去碰它；但如果这辆车有一扇车窗破损，则整辆车很快就会被破坏掉。这里面的教训就是：关照和维护的缺失，会诱发人们潜在的破坏倾向。因此，如果期望城市建立并维持无犯罪的社区环境，就必须采取行动以确保市民感到一种要遵守公共行为的文明规范的压力。实现这一目标的最佳途径就是通过警察以微妙或不那么微妙的方式提醒人们，无秩序的、不守规矩的和反社会的行为是不被接受的。如果不这样，人们的卑劣本能就会重新显现，掠夺性行为就会占据上风，并最终回到霍布斯意义上的"所有人对所有人的战争"状态。

1982年提出的破窗理论可以纳入城市新保守主义思潮的发展脉络中——该思潮可以追溯到20世纪60年代。威尔逊曾经的导师与合作者爱德华·班菲尔德（Edward Banfield）同时也是芝加哥大学新自由主义经济学家米尔顿·弗里德曼（Milton Friedman）的亲密伙伴。班菲尔德提出的许多观点后来成为城市新保守主义的共识。他在1970年出版的、具有深远影响力的论著《尘世之城》（*The Unheavenly City*）中指出，穷人因为陷入一种贫困文化中而几乎不可能得到政府的援助：

> 尽管他几乎比其他任何人都更有"闲暇"时间，但下层人群的

冷漠（也可以说是"漠不关心"）使得他几乎不会对自己生活的处所做最简单的修缮。他不会因为尘污或破损而烦恼，也不关心公共设施的短缺，如学校、公园、医院和图书馆。事实上，当有这些设施存在时，他们更有可能无心地甚至是故意地破坏它们。[12]

与班菲尔德在许多方面拥护城市衰退的主张不同，威尔逊的立场是责难。与弗雷德·西格尔（Fred Siegel）等学者一样，[13]威尔逊也指出了失败的自由主义领导和假定非裔美国人的伦理败坏所带来的双重威胁。他们三人均主张，自由主义从根本上削弱了使得城市宜居的正式社会控制机制，从而无意识地放任了城市中的混乱状况。由于支持更为激进的民权运动的诉求，自由主义已经从根本上破坏了警察、教师和其他用以规制行为的政府力量的根基，以致混乱主导着城市生活。

继班菲尔德之后，威尔逊坚信政府在帮助穷人方面所能做的其实很有限。针对他们的财政投入会被浪费掉；新增服务项目会被闲置或破坏；他们也会继续那种懒惰或消极的生活方式。既然问题的根源既不在于本质上的道德或文化的失败，也不在于规制人的内在破坏性冲动的外在控制的缺乏，那么解决方案就不得不采取惩罚性社会控制机制的形式以恢复秩序和社区稳定。[14]

威尔逊的观点处在种族主义的边缘，而种族主义是针对贫穷黑人的"劣根性"所给出的一种生物与文化的混合解释。威尔逊与理查德·赫恩斯坦（Richard Herrnstein）主编的《犯罪与人性》（*Crime and Human Nature*）一书，就指出犯罪行为具有重要的生物学决定因素。[15]尽管种族并非一个核心决定因素，但智商和身体类型还是打开了一扇通往社会生物学的大门。因此，才有了赫恩斯坦与查尔斯·莫里（Charles Murray）合著的公开主张种族主义的《钟形曲线》（*The Bell Curve*）一书，而莫里同样是威尔逊的一位亲密伙伴。[16]

他们认为,为了阻止这一文明衰退的潮流,需要增强警察权力。这样做不只是为了打击犯罪,更使得警察成为树立街头生活的道德权威的代理人。警察的这一新角色旨在干预城市生活中的日常无序状况——这些状况给人以"什么事情都有可能发生"的感觉。破窗理论神奇地颠倒了通常所理解的犯罪与贫困之间的因果关系。它主张贫困与社会解组是犯罪的后果,而非原因,而"底层阶级"日渐增多的无序行为威胁着城市的基本结构。

破窗式执法从根本上讲是一种非常保守的尝试——试图将生活条件衰退的责任重担转嫁给穷人,并指出所有社会弊病的解决方案在于不断增加侵犯性的、攻击性的和限制性的执法行为。这就涉及更多的逮捕、更多的侵扰,最终表现为更多的暴力。当不平等持续增长,就会导致有更多的无家可归者和更严重的公共无序状态。只要人们继续赞同以警力管理无序行为,我们就将会看到警察权力和权威的边界的持续扩张,而这将以人权和公民权为代价。

逮捕埃里克·加纳的命令来自警察局高层领导,主要是为了回应地方商人对销售非法香烟的投诉。为了应对这一犯罪行为,需要调度一个特别便衣分队、两名警司以及统一武装的支援力量。这看起来有些反应过度,也意义不大。加纳之前已经经历过十多次类似状况下的执法行为,包括被逮捕入狱;这对改变他的行为,或改善他所处的环境或社区的环境没有起到什么作用。就算有再多的程序上的培训也不能解决公共政策的这一基本缺陷。

许多人还主张进行文化敏感性方面的培训,以减少种族或族属偏见。大量的这类培训建立在下述思想基础之上:大部分人都有一些未经检查的刻板印象和偏见——他们自身没有意识到,但却会影响他们的行为。控制实验一贯表明，在模拟情境中，人们会更快、更可能朝黑人而非白人目标开枪。类似"公正无偏的执法"的培训项目采用角色扮演和模拟仿真的策略帮助警员认识到并有意识地调整他们的偏见。[17]多样性和多元文化培训并非什么新想法，也不是特别有效。大部分警员都经历过某种形式的多样性培训，但倾向于视其为带有政治动机的、感觉上良好却脱离街头执法实际的培训项目。研究人员发现，这些培训对交通拦检、缉毒逮捕中的种族歧视等问题没有影响；即使开展了针对性和密集性的培训，明显的和隐含的偏见依然存在。这并不必然是因为警察们都依然固守着他们的种族偏见——尽管这可能是真的，[18]而可能是因为制度上的种种压力依然如故。

美国警察会接受大量的培训。几乎所有警员都毕业于正规的警察学校，很多人还有上大学和/或服役的经历。此外，对警察一般都有持续的培训；大的警察局有自己的培训工作人员；小的警察局则依赖州和区域培训中心。许多州有统一的警员标准和培训（POST，Police Officer Standards and Training）机构，由其设定最低标准，制定培训方案，提供最佳范例。相比那些拥有国家层级警力和警察学校的国家，美国的警察培训标准显得更去中心化一些，但是这套新的警员标准和培训系统对于提升标准和形成更加统一的执法流程还是起到了很大作用。

不过，即使经过培训，警员们也常常对他们所执行的任务的相关法律了解不足。警察经常在缺乏法律根据的情况下驱散街头的青年，在没有合理依据的前提下展开搜查，有时也会基于片面的法律认知来采取强制措施。在德克萨斯州的维多利亚市，一名警员攻击了一位由于车牌照没有注册标记而被要求靠边停车的老人。老人解释道，在德克萨斯州，他的车因为有代理商的车牌照而无须再粘贴注册标记。警员拒绝听从这一解释，为此老人尝试联系他在汽车代理商的老板。就在这时，冲突发生了。警员不是正视自己的错误，而是试图逮捕老人。在此过程中，警员用泰瑟枪重伤了老人，导致其被送医治疗。[19]在接下来的调查中，警员坚称老人的消极抵抗是一种必须被平息的威胁。但由于这个事件被警车的行车记录仪完整地记录下来，这名警员最终被开除了。

警察在学校接受的训练与他们从培训教员和同事那里所学的东西往往非常不同。学校训练的重点是严格的纪律和死记硬背法律法规，更关注妥当的表现而不是行为的本质。根据两位退伍军官的回忆录，对于如何在复杂环境中做出决定这种事情，学员们基本上不会得到实质性的建议。[20]即使是像电视真人秀节目《学院》(The Academy)所做的同情性描绘，也提供了军事化训练的一个确凿证据：教练员力图通过惩罚性训练和羞辱性的人身攻击来"制服"（break down）新学员。当警员走上工作岗位，他们的同事提醒的第一件事就是：忘掉他们在学校学习的所有东西。

在某种程度上，培训本身已成为问题的一部分。最近几十年来，培训重心极大地转向警员安全培训。塞斯·斯陶顿（Seth Stoughton）曾经是一名警员，后来转行做法学教授。他展示了警员反复暴露于其中的那些看似无害的公众互动场景（如交通拦检），是如何变成了致命性场景的。[21]其中有一个不断重复的要点：如果警员没有准备好随时使用致命武器，则他遭遇的任何一个人都可能在一瞬间给他带来致命伤害。当警察将每一个场景都想象成是最后一次出勤时，那么他们将怀着恐惧和敌意对待他们碰到的每一个人。警察总是试图控制公众而非与之沟通，并且在面临最轻微的挑衅乃至不确定性时，会更加迅速地使用武力。

以约翰·克劳福德为例，他是一名非裔美国人，在俄亥俄州一家沃尔玛超市内被一名警员枪杀。克劳福德在超市购物时随身携带了一把气枪，并且敞露在外。另外一位购物者给911*打电话，报告有人在超市内携带枪支。超市监控记录显示其中一名警员在没有发出警告的前提下开枪了，而

---

* 911是美国的消防、急救、报警电话。——译者注

当时克劳福德正在打电话。[22]公开携带枪支在俄亥俄州是合法的，但是这名警察所接受的训练是：一看到枪，就要使用致命武器。这名涉事警员没有受到任何指控，反倒是克劳福德的女朋友在事后接受讯问时遭到恐吓与威胁。[23]

与之类似，在南卡罗来纳州，一名州警察驱车追上一位在加油站停靠车辆的年轻人，并要求他出示驾驶证。他倚靠在车里表示答应，结果警员没有发出警告就开枪射击。因为训练中就是这样讲的：看到意料之外的动作，就立即射击。[24]

这种对使用致命武器的强调，部分原因在于独立培训中心的兴起。这些中心专门从事在职培训，它们的教练员都是退役的警察和军事人员。这样的中心有些本身就同时服务于军人和警察，因而强调军事化的训练风格和"战士心态"。近距离战斗公司（CQB，Close Quarters Battle）以自己的显赫业绩为荣，因为它曾经培训过数以千计的地方、州和联邦警察以及美国和外国的军事部队，如美国海军陆战队、海豹突击队，还有丹麦、加拿大、秘鲁的特种部队。它的强项就是"实战战术"。[25]特洛伊安保公司（Trojan Securities）同时为军人和警察培训，并且在警察培训项目中包含了多种场景下多种武器的运用的内容，比如为期五天的"警察秘密监控和情报行动"课程。[26]

这个问题在涉及特殊武器与战术小组（SWAT）时表现得尤为严重。这一警种最初创建于20世纪70年代早期，主要用于处理极端主义者暴力、被阻截的嫌犯、武装对抗警察等罕见行动。这些配备自动武器和防弹衣的行动小组现在几乎完全服务于缉毒甚至是常规的巡逻等行动。他们经常侵犯人们的宪法权利，杀害或残害无辜群众——常常是因为这些人出现在错误的地点——以及杀死人们的宠物。[27]这些准军事小组目前越来越多地被用于应对抗议行动。针对弗格森抗议（Ferguson Protests）的军事化回应可能反而加剧了冲突；而美国圣路易斯郡（Saint Louis County）的警方长官曾是一名特殊武器与战术小组首领也绝非偶然。这些行动小组受过大量的在职培训，所用经费部分源自警察截获的所谓毒资。

联邦政府也从20世纪70年代开始为特殊武器与战术小组提供训练和装备方面的资助。这是最后一轮国家警察改革的组成部分。这场改革的目标是改善警察与社区之间的关系，通过提升培训水平减少暴力执法。这些改革转而将数百万美元投入到培训项目中，导致了特殊武器与战术小组、缉毒行动和军事化管控民众策略的兴起。

多样性

毫无疑问，以白人为主的警察和以非裔美国人为主的处警对象之间的种族差异，加剧了密苏里州弗格森市由迈克·布朗（Mike Brown）之死而引发的抗议的紧张程度。改革家们经常提议招募更多有色人种警员，期望他们能以更加尊重和公正的方式对待社区居民。不幸的是，几乎没有证据支持这一美好愿望。即使是最多元化种族的警力，也同样具有种族定性和偏见等严重问题。黑人和拉丁裔警员的表现与他们的白人同事看起来没什么两样。

就国家层面而言，警察的种族构成非常接近全国人口的种族结构。72%的美国人为白人，而美国警察中的白人比例为75%。黑人占全国人口的13%，而黑人警察占比为12%。亚裔和拉丁裔警察的比例相比他们的人口数量而言，其代表性显得不足，但相差程度并不严重。[28]在那些规模很大的警察局中，白人警员只占56%。差异主要出现在有色人种社区，那里存在严重的种族隔离。在这些社区中，经常出现大量白人警员巡查主要是非白人生活的区域。与这种反差相反的情况则较少出现，因为白人很少担心遭遇非白人警员的警治，而且白人社区也往往较少与警察发生冲突。

现在有大量的研究关注警员个人的种族背景是否会对他们使用武力的情况产生影响。大部分研究发现没有影响。[29]令人有些失望的是，一些研究表明黑人警员更有可能使用武力或实施逮捕，尤其是针对黑人平民。[30]一项新研究发现，警员构成多样性的小幅增加会带来更坏的结果，而大幅增加才会显现些许改善，但也只有少量警察局达到了改善的标准。作者得出的最终结论是，"没有证据表明提高黑人警员的比例是一个直接有效的方案"。[31]武力使用行为高度集中在少部分警员身上，他们大多是年轻男性，且在犯罪多发区域工作。[32]这种高度集中的武力使用状况，可能因为软弱的问责机制，以及以正式或非正式的方式奖励攻击性警治的男子气概文化而恶化。正是这些文化和制度力量阻挠着非白人警员采取不同于此的行为方式。

在警察局层面，更加多样化的警力从社区满意度的角度看并没有多少改善，尤其是对非白人住户而言。这些警察局通常也可能存在滥用武力的系统性问题，正如近年来联邦政府在底特律、迈阿密和克利夫兰所干预的情形一样。纽约和费城都有高度多样化的警力——尽管逊色于它们人口多样化的程度，但两个城市也都因滥用武力和歧视性执法（如拦检搜身）而面临着严格的审查。这在很大程度上是因为警察局的优先事项是由地方政治领导人设定的。正是在他们的推动下，各种密集的、攻击性的和侵犯性的犯罪控制政策得到了采纳。这些政策，就其本质而言，都更倾向于以有色人种社区为目标。它们既有重点应对公共秩序混乱的破窗式执法，也有几乎主要在非白人社区开展的毒品战争。拥有更多黑人和棕色人种警员可能听起来像是一个有吸引力的改革措施，但是只要更大的警治系统原封不动，则没有证据表明这些措施会如人所愿地显著减少暴力执法或过度执法。

程序正义

与实质正义不同，程序正义涉及法律如何被执行的问题，这涉及系统运作的实际后果。奥巴马总统的《21世纪警治工作特别小组报告》（"President'sTask Force on 21st Century Policing"）聚焦于程序改革（如培训）和鼓励警员更加努力地说明为什么他们会拦停、讯问或逮捕人。[33]对于警察局，报告则建议制定一致的武力使用政策和机制，以便于公众监督和提升透明性。这份报告暗示，更多的培训、更广泛的多样性和更多的沟通有助于改善警察与社区的关系，有助于更有效地控制犯罪和获得更强的警治合法性。

类似的目标在20世纪60年代后期也曾经被提出过。1967年发布的《卡岑巴赫报告》（"Katzenbach Report"）除了主张犯罪的根源在于贫困和种族排斥外，还认为解决方案的核心要件在于发展出一套更加稳健、在程序上更为公平的刑事司法系统——一套维护全体人民免于犯罪的权利的系统。为了实现这一目标，该报告呼吁大幅扩大联邦政府在刑事司法方面的支出。地方住房和社会服务项目需要联邦政府支持，监狱、法院和警察也同样需要。"该系统的每一部分都营养不良。人力严重不足、培训不够、薪水也太少。"[34]委员会呼吁在培训、招聘中的种族多样性、流程创新、研究等方面加以改进。肯纳民事骚乱委员会（Kerner Commission on Civil Disorders）也得出相近的结论，呼吁"对少数民族贫困社区（ghetto community）要有针对性的培训、计划以及体量充分的情报系统和知识"。[35]

与之相似，约翰逊总统"1968年安全街道法案"（1968 Safe Streets bill）的草案要求将资源用于招募和培训警察、装备的现代化、加强刑事司法部门之间的协调，以及启动创新的预防和善后行动。该法案得到美国公民自由联盟（ACLU，American Civil Liberties Union）和其他自由改革团体的支持。[36]国会通过后，该法案向各州发放了大批拨款，让它们以自己认为适合的方式使用。无论如何，约翰逊总统签署了这项法案，声称将实现警察专业化的核心目标。在接下来的十年里，其结果是警察硬件装备、特殊武器与战术小组和禁毒执法队伍的大规模扩张，但几乎没有资金用于预防和善后工作。

改革者将警治的问题概念化为培训不够、专业化不足的问题，这就未能直接处理警治和法律系统如何维持并加剧了种族不平等这一本质性问题。他们名义上倡导一种不分肤色的"法律与秩序"，但实际上强化了一个系统，该系统将有色人种置于结构上的弱势地位，促成了他们在社会与法律意义上的被疏远状态。[37]从根本上讲，改革者未能领会到，就其最初起源而言，法律和治安就是要成为一种管理不平等并维持现状的工具。任何未能直面这一现实的警治改革注定只是对这一现实的再生产而已。

司法部关于弗格森警察局（Ferguson Police Department）的报告犯了同样的错误。[38]它严重依赖改进培训和扩大社区警务方面的创新来解决种族偏见和滥用武力问题。它还要求警察承认自身在种族压迫中扮演的历史角色，正如联邦调查局局长詹姆斯·科米（James Comey）最近所做的那样，而纽约市警察局局长威廉·布拉顿也在较小程度上做到了这一点。[39]此外，报告主要提出了使警治过程变得更加民主的程序性改革措施，包括与警员及其工会的内部协商、与公众的外部协商。报告还敦促各个警察局思考社区如何看待他们的行为，并与民众进行非惩罚式的互动以建立信任关系。这些改革可能会提高警察官僚机构的效率，改善其与积极参与警察－社区对话的活跃人士的关系，但对解决警治带来的后果之中的种族差异问题可能毫无益处。这是因为，即使交通执法过程中做到了种族中立，但处罚对象也总是那些最无力维修他们的交通工具也无力支付罚款的贫困市民。训练有素的警察继续依据正当程序去逮捕那些大部分都属于低级别犯罪的人，而其主要负担还将继续落在有色人种社区上。这是因为系统的运作就是这么被设定的，而不是因为警员的偏见或误解。

社区警务

社区警员了解并尊重社区——这是一个人人喜欢的好主意。不幸的是，正如我们将在第二章看到的，这是对城市警治的历史和本质的一种神话式理解。警察与其他城市部门的主要区别就在于，他们可以合法地使用武力。

虽然我们需要警察遵守法律并有限制地使用武力，但考虑到他们目前在社会中的角色，我们不能期望他们变得明显比现在更友好一些。当警察的工作是将所有的无序行为判定为犯罪，并通过开出大量罚单为地方政府增加收入时，他们与犯罪高发地区的公众的互动就至少是粗暴的和冷淡的，最坏的情况则是充满敌意的和侮辱性的。公众会抗拒他们，并将他们的行为视为侵扰性的和不正当的；警察则对此抗拒报以防御性和更多的专断性。在这些情形之下，社区警务是不可能的。

这个问题的另一部分原因出在社区本身。史蒂夫·赫伯特（Steve Herbert）的研究表明，社区会议往往由常住居民构成——他们包括有房自住而非将房屋出租的人、企业主以及房东。[40]租客、年轻人、无家可归者、移民以及处于社会最边缘的人的声音是无法被听到的。结果就是，这些常住居民更关注的是涉及低级别无序行为的"生活品质"问题，而非严重的犯罪行为。

在全国范围内，社区警务项目一直建立在这样一种观念之上："社区"应该把社区环境中的所有问题都带到警察面前，而警察将会与社区居民一道寻找解决问题的方案。但是，警察用来解决这些问题的工具通常仅限于惩罚性执法行动，如逮捕和罚款。社区警务项目经常呼吁增加对警察体育联盟（Police Athletic Leagues）*的信赖、对年轻人尽量采用非强制行动，并更多地关注社区成员的情况。但是，几乎没有研究表明这些努力可以减少犯罪或有助于克服过度执法。

低水平的毒品交易和使用产生了巨量的警事服务需求。判定这些行为有罪并没有减少个人或社区获取毒品的可能性及毒品带给他们的负面影响。但是，它对被捕者产生了实质性的负面影响，并已成为地方和州的主要资源消耗领域。

研究表明，社区警务没有给社区带来有意义的赋权。它扩张了警察的权力，但并没有减少加诸有色人种和穷人身上的过度执法的压力。但是，现在恰恰是寄希望于社区的时候。与扩大警治的权力和权限相比，参与式的预算编制和加强地方政治问责，更能增进社区的福祉。

加强问责

对警察问责是改革者关注的另一个焦点。激进主义者在多数情况下要求对涉案警察提起刑事诉讼，然而成功的机会渺茫，这也导致有人呼吁出台新的警察诉讼形式。许多因地方不作为而感到沮丧的改革者寄希望于联邦政府的干预，然而几乎没有成功的先例可供参照。最终，执法记录仪成为一种可能的技术解决手段，但也引发了对隐私问题的严重关切。

独立检察官

起诉警察面临着法律、制度和社会方面的巨大障碍。尽管难以获得准确的数字，但是一名警员因在执行任务时致人死亡而被成功起诉的案例极

---

* 警察体育联盟是许多美国警察局都包含的组织，组织内的警察会在体育锻炼方面对青少年进行训练和指导，帮助他们完成家庭作业和学校活动。该组织的目的包括改善警察与社区之间的关系、减少少年儿童接触非法药品的可能性等。——译者注

为罕见——尤其是在没有贪污指控的情况下。2015年的一份报告显示，过去十年间只有54名警员因在执勤过程中有致命枪击行为而受到指控；其中只有11人被定罪。[41]他们的平均刑期只有4年，有的只有几星期。这为数不多的定罪之所以成立，主要是因为有清晰的视频证据或同事的证词。

针对警察枪击事件的调查从一开始就面临着控告和起诉方面的结构性障碍。当有理由相信枪击可能不具有正当性时，检察官往往能发挥更大的作用。但是，他们必须依靠警察的合作以搜集必要的证据，包括证人的陈述。有时候，出现在案发现场的警员是唯一的事件目击者。警察与检察官之间紧密的工作关系，通常是凶杀案调查的一个有利条件，但在警察枪击事件调查中，两者则会形成根本的利益冲突，除非是那些最简单明了的案子。因此，检察官往往不愿主动接手此类案件。

此外，由于地方检察官（District Attorney）通常是由选举产生，他们往往不愿意被视为在与警察作对，因为公众将地方检察官看作是法律与秩序的守护者。即使是在对警察的不当行为高度关切的时期，大多数公民还是会强烈地倾向于站在警察这一边。我们可以在达伦·威尔逊（Darren Wilson）——他是在弗格森枪杀迈克尔·布朗的警员——一案中看到这一效应。检察官花费数月的时间取证和举证。尽管这样做会显得办事周密，但也给了公众一个"冷静期"，使得要求起诉的可能性逐渐消失。

另外，圣路易斯郡的地方检察官决定在这类案件上采取一种完全不同的策略。通常情况下，检察官向大陪审团简要介绍证据并要求他们考虑具体的指控。鉴于确定合理根据的门槛较低，加之诉讼程序的单边性，他们通常都能成功提起诉讼。在这种情况下，地方检察官决定向大陪审团提供各种各样相互矛盾的证据，但几乎不提供评估这些证据的框架。这样做是让大陪审团在没有任何提示的情况下自行决定起诉是否正当，以及因何种罪行而起诉。这使得地方检察官不用为结果承担任何责任，也有助于迷惑大陪审团并削弱其信心,同时也算是赌一把:大陪审团会为了稳妥起见而决定不支持起诉。通常情况下,大陪审团会得到明确的指引,并且只有在极端情况下才会驳回检察官的意见。

还有一些州所探索的替代方案是成立一个远离地方政治的、独立的警察检察官办公室。这样做是期望无论结果如何,这些独立的检控工作都能更具有合法性。此外,这些所谓的"蓝色办公桌"(blue desks)可以成为警察诉讼事务的相关专业知识的资源库。尽管依然与州一级的政治有关联,这些办公室因为他们的专注而更有可能让自己免受下述指控:对警察的起诉过于激进和不支持警察的工作。而这正是成立这些机构的主要目的。

不过,即使检察官有动力,也依然存在巨大的法律障碍。警察使用武力有州一级法律的授权,同时有最高法院裁决(Supreme Court decisions)的支持。这就使得警察在使用致命的武力方面具有很大的自主权。在1989年"格雷厄姆诉康纳"(Graham v. Connor)的案件中,最高法院做出裁决:警员可以使用武力去实施合法的逮捕,或者当他们合理地认为有人对警员自身或其他人构成严重的人身威胁时也可以使用武力。[42]这意味着警察可以针对任何抗拒逮捕的行为采取武力。在密苏里州和其他许多地方,任何被觉察到的抢夺警枪的行为都使得使用致命武力具有正当性。法院还表示,对事件整体情况的判定要充分理解警察的决策往往有当机立断的本质特征。因此,陪审团需要考虑的因素有很多,如行凶者的体格和前科行为、警员接受的训练和指导等。有时候,州的法律甚至没有跟进最新的联邦标准。最近发生在密苏里州和南卡罗来纳州的警察诉讼因为允许警察射击逃跑的嫌犯的州法律规定而陷入困境。

独立检察官还有一个无法克服的挑战是陪审团的心态。流行文化和政治话语都充斥着如下论调:警察在维护社会基本结构完整性方面具有核心重要性,以及他们的工作本身就充满危险——然而这两种论调都有误导之嫌。审判警察的法律标准也强化了这一认同警察的倾向。

最后,尽管有"后种族社会"(post-racial society)的华丽辞藻,种族主义和偏见在美国社会依然无处不在,而且在刑事司法领域表现得最为严重。大量的证据表明,陪审团偏见加剧了刑事审判结果中的种族差异,包括错误的定罪、死刑的使用和毒品定罪。最近的研究表明,白人与黑人住得越近,他们对警察的评价就越积极——这对于像圣路易郡这样的地方的起诉并不是一个好兆头。不过,无论警察与被害者是什么种族,白人陪审员都更有可能站在警察这一边。

联邦政府的干预

许多人以我们讨论过的地方警察与地方检察官的冲突为据,呼吁联邦政府更多地参与到对地方警察问责、对政策和实践开展系统性调查的活动中。[43]自民权运动兴起以来,政府如果认同当地的法律体系从而拒绝起诉种族主义暴力的肇事者,司法部(DOJ,Department of Justice)就会被授权以公民权诉讼的形式针对个别警员采取刑事诉讼措施。

当地方活动人士认为当地警察和政治官员对他们的系统改革要求没有回应时,他们也会向司法部求助。1994年以来,也就是罗德尼·金(Rodney King)事件发生之后,在有迹象表明存在违宪行为的情况下,司法部被允许采取调查、报告乃至是起诉等措施。[44]它揭露问题并向地方官员施压的能力,被视为监督地方政治和警察权力的一项重要机制。此外,许多活动人士希望联邦政府的干预能在他们与地方警察持续打交道时赋予他们更多的权力。

这样的起诉和调查在实践中很少见。地方警察往往不愿意合作,有些人压根儿拒绝配合,从而迫使检察官进行额外的起诉,进而增加了成本并推迟改革的进行。司法部的民权司（Civil Rights Division）只有50名律师，其中一些律师还被分配了其他任务。[45]在一些个案中，举证标准要求有证据表明当事人具有剥夺某些人的权利的意图。盛怒之下采取的行动，再加上任何可能对警员带来威胁的迹象，都会让这类诉讼变得困难。此外，指望联邦政府深度干预地方司法体系意味着只有那些案情最为清晰的案件才会进入联邦政府的视野——一年也就100起左右。全国大约有17000个独立的警察局，它们都有自己的行事方式，且有很强的自主性。在一个地方警察局获得成功的政治或法律变革，在另一个地方警察局可能毫无效果。

即使案件最终以自愿和解或法院的强制判决书（court-imposed consent decrees）作结，其成果也很少有重要性和持久性。1999年，司法部就解决"黑人驾驶"（driving while black）问题与新泽西州警方达成了一项同意法令（consent decree）。该法令要求当地警方在如何培训警员、给警员分派任务、实施交通拦检和维护日常文书工作等领域做出相应的改变。但是，一项有关他们5年后执法实践的研究显示，75%的拦检依然针对黑人和拉丁裔驾驶者。[46]在克利夫兰市，司法部与当地警察局达成协议：除非对生命有直接的威胁，否则禁止射击正在逃跑的交通工具。但是，当警员们开枪射击137次将手无寸铁的司机和乘客杀死之后，却发现他们是把引擎回火误认为了一次枪击时，这一协议看起来并没有多少效果。[47]如果地方警察局不做出改变，司法部有权撤销联邦拨款，但现实中它从未这样做过。司法部应该要求对警察在种族和阶级不平等中不断扩大的作用做一个长期的再审查工作，而非在提升警治合法性方面做一些经常性的修补美化工作。

这一方案的部分弱点在于，其所施加的变化正反映了本章概述的那些失败的改革措施：改进培训、加装仪表盘和执法记录仪、完善记录方法。司法部关于弗格森的警治实践报告确实有助于揭露联邦和州政府对市政行动的拨款不足这一现象，以及带有种族偏见、品质低下的警治和法院服务。它甚至建议限制使用高度自由裁量的传票和低级别的逮捕，以及减少学校中的警察执法行动。不幸的是，它主要建议实施一种"社区警务"（community policing）系统，却没有处理因之而起的所有问题。它没有探讨放弃（dialing back）毒品战争、警察军事化或破窗式执法的问题。

在特朗普政府执政期间，依赖这一策略来控制地方警察的理由甚至还少了。司法部部长（Attorney General）杰夫·塞申斯（Jeff Sessions）已明确表示，他将给予地方警察自主权，同时联邦政府的调查和起诉会更少——就像在乔治·W. 布什（George W. Bush）总统任职期间一样。与之相应，我们必须让地方官员直接对当地警察的行为和使命负责。

执法记录仪

改革者们已经指出，执法记录仪（body cameras）可以作为阻止警员不当行为、追究警员不当行为责任的一种手段。奥巴马政府接受了这项改革提议，并为其投入了数千万美元的警务预算。行车记录仪（dash cameras）很早以前就存在了，而现在变得越来越普及。警察局喜欢密切关注自己的警员，而这些摄像头也似乎减少了市民投诉和起诉警察的案件的数量。在某些情况下，它们也有助于起诉的进行。

这其中有一个警员配合的问题。在多起枪击案中，警员都没有打开他们的记录仪。比如说：出现在查尔斯顿市（Charleston）沃尔特·斯科特（Walter Scott）枪击案现场的一名警员就没有打开他的记录仪。2016年在华盛顿特区发生的一起枪击事件中，在场警员没有一人打开记录仪。18岁的保罗·奥尼尔（Paul O'Neil）在芝加哥被警察枪杀，当时警察也没有打开记录仪。[48]一项研究事实上发现，使用记录仪的警察局反而有更高的枪击率。[49]

说到底，执法记录仪只有在问责机制发挥适当作用的前提下才有效果。如果地方检察官和大陪审团不愿意认可记录仪提供的证据，法院也就无法成为一项有效的问责工具。允许地方投诉审查委员会（local complaint review board）查看录像带有助于调查的开展，但这些委员会的权力通常很有限。

执法记录仪还会引发隐私和公民自由方面的重要关切。这些影像资料会被如何处置？在过去，警方利用他们搜集来的信息建立帮派数据库、政治活动人士的"红色档案"以及关于没有刑事犯罪指控记录的个人的大型数据库。谁有权查看这些图像？在某些情况下，公众可能有机会查看这些资料。在西雅图，因为所在的华盛顿州有严格的阳光法案（strong sunshine laws），警方在YouTube上发布视频时已开始将个人肖像打上马赛克。尽管这确保了一定程度的匿名性，但那些对涉案环境熟悉的人还是有可能认出在视频里出现的人。如果公众支持执法记录仪主要是为了强化问责，那么这些影像资料可能就应该由一个独立机构而非警察部门来管理。[50]

替代方案

我们对强化警察责任的任何期望，都必须建立在更高的开放性和透明度之上。众所周知，警察部门具有防御性和孤立性。警察拥有唯一合法使用武力者的特殊地位，这就形成了一种"他们与我们对立"的心态，而这种心态又产生了一种保密文化。长期以来，警察将自身隔离于公众审查、开放的学术研究和媒体调查。但很多根深蒂固的惯常做法必须被清除，它们服务于非正当的目的和失败的政策，也助长了在普通警员中或现或隐的种族主义和面向公众的敌意文化。

警察不应再拒绝公众、研究人员和媒体的信息请求。他们应该通过将普通市民纳入主要决策机构的方式来鼓励更多的公众监督。正如许多医院、大学和公司的外部董事来自他们所服务的社区一样，警察也应该接纳外部人士，而非将其拒之门外。像西雅图、奥克兰这些地方就正在做这样的事情。这些地方成立了市民与警察委员会，且产生了令人鼓舞的效果。理想情况下，这些人应该由社区选举产生，而不是由警察甚至政治领导人决定。这是警治民主化的一个基本要求。正如纽约大学法学教授巴里·弗里德曼（Barry Friedman）指出的那样，因为未能充分监督警察的行为，我们的社会已经处于危险之中，尤其是当新兴技术使警察能够观察到我们私人生活的更多方面的时候。[51]

　　我们不能寄希望于少数心地善良的个人来控制被滥用的警察权力。我们需要设置抗衡性的权力制度基础，从而对警察实施积极的和全面的监督。

解除警察武装

　　自1900年以来，英国警察总计杀死了50人。而仅在2016年3月，美国警察就杀死了100人。[52]美国的确有更多的人口，而且美国警察也拥有更多的枪支，但警察杀人的规模却远远超出了这些差异。美国警察配备了一系列令人惊叹的武器装备：从半自动手枪、全自动AR-15步枪到榴弹发射器和点50口径机枪。许多军事化武器以"1033计划"的名义由五角大楼直接配发。这是一项始于1997年的武器移交计划，累计分配了价值40亿美元的装备。地方警察局无须支付任何费用即可获得这些额外的装备，也无须报告他们将如何使用这些装备。小型社区现在也能获得装甲运兵车、冲锋枪、榴弹发射器和各种"不太致命的"武器，如橡皮子弹、胡椒喷雾弹。国土安全部（Department of Homeland Security，DHS）已经划拨了340亿美元的"反恐怖主义专款"。这对试图扩大在民用警务市场上的影响力的军事承包商而言是一个巨大利好。[53]

特殊武器与战术小组已成为军事化武器和战术的主要消费者。[54]这些全副武装的小组几乎不再涉足成立之初的目标任务——解救人质或阻截嫌犯。相反，他们现在的职能是执行法令（serve warrants）、支援打击小规模毒品生产和买卖的行动，以及在犯罪高发区域进行巡逻。很多职能的扩张源自联邦政策的推动——相关政策直接地或通过资产没收法来为这些小组提供武器装备。

准军事部队的出动更加频繁，这已经导致了数十起警察误杀或误伤群众的事件，其中就包括2014年5月在乔治亚州一次毒品突袭行动中，朝一辆婴儿车投掷了一颗闪光手榴弹（flashbang grenade）的事件。[55]这个孩子被严重烧伤并陷入昏迷状态。这次行动没有发现任何毒品，也没有逮捕任何人。一名警员被指控作伪证，但最终无罪释放了。事实上，当地检察官还曾威胁要以导致儿童受伤害的名义控告他的家人。尽管存在着突袭失败、过度使用武力以及对嫌犯的非人性化处置等事实，但警察几乎没有被追究任何责任。这种状况必须得到纠正。首先应该解除这些军事装备，但即使是手枪也会带来关键性的难题。在大多数情况下，武装警察真的就是最合适的解决方案吗？

在警员受伤或遇害的情形下，他们携带的武器有时会让他们更有可能受到伤害。力图逃避警察的罪犯更有可能使用致命的武力，因为他们知道警员随身携带着各种装备。这意味着他们更倾向于使冲突升级。反之，一个携带武器的嫌犯射击一名手无寸铁的警员的可能性要小得多。那是否意味着有些人可能会逃避抓捕？确实会。但这也意味着，包括警察在内的许多人的生命得到了保全，警治的合法性也会得到广泛加强。如果警察不携带武器，那么交通拦检对于警察和公众来说就不那么致命了。[56]

尽管警察坚称他们需要枪械，但绝大多数警察从未使用过它们，一些警察甚至吹嘘说自己长久以来都没有在执勤时携带过枪械。有些人会说，武器可以作为一种威慑的力量，同时也增强了警察的权威，从而不必再使用其他武力。这在边缘地区可能是真的，但是依赖致命武器的威胁来获得顺从是对"基于同意的执法"的公然违背。警察感觉需要不断以致命暴力的威胁来维护自身权威，这就表明警治的合法性正面临着根本的危机。

警察的角色

不管怎样，我们需要考虑的最重要的问题，是警察在社会中的角色。警察的起源和功能与对种族和阶层不平等的管理密切相关。警治的中心议题一直都是镇压工人，以及对黑人和棕色人种的生活实行严密监视和微观管理。任何不解决这一现实问题的警治改革策略注定会失败。我们不能再寄希望于流程改革，而应批判性地评估警治的实质性后果。我们必须不断地重新评估警察都被要求做了什么，以及警治对管治对象的生活带来了什么样的影响。对穷人来说，一场更仁慈、更温和、花样更多的战争仍然是一场战争。正如克里斯·海耶斯（Chris Hayes）指出的那样，围绕着收费和罚款来组织警治，以求为地方政府提供资金，这就从根本上败坏了民主的基本理想。[57]只要警察的任务是同时向毒品、犯罪、骚乱和恐怖主义开战，我们就将继续面临侵犯性和攻击性的警治行为，也即继续以与他们占人口总数不相符的比例将年轻人、穷人、男人和非白人判定为违法犯罪者。我们需要扭转警察权力急剧扩张的势头，并改变其在大规模监禁这一"新种族隔离"（New Jim Crow）的关键措施中所扮演的角色。

我们正在目睹的是一场政治危机。在各个层级上、在两党中，我们的政治领导人们都接受了一种新保守主义的政治，也就是将所有的社会问题都视为治安问题。他们已经放弃了利用政府来改善种族和经济不平等，而似乎是在固执地恶化上述的不平等，并利用警察来管理相应的后果。几十年来，他们在唆使警察与公众对抗的同时，还告诉他们要表现得友善并努力改善与社区的关系。但鱼和熊掌不可兼得。

越来越多敢言的警方领导人在公开讨论这一改革策略的失败之处。在达拉斯市发生5名警员被害的惨剧后，总警监大卫·布朗（Chief David Brown）表示：

> 我们这个国家让警察做的事情太多了。我们就是这样要求的。每一项社会失败，我们都把它交给警察去解决。没有足够的精神健康资金，也让警察去处理……在达拉斯，我们遇到了狗乱跑的问题，于是我们就让警察去抓捕这些乱跑的狗。学校教育失败了，我们也去找警察解决……要求太多了。警察可不是用来解决所有这些问题的。[58]

我们被告知，是警察带来了正义。他们在这里是为了帮助维持社会秩序，以防有人遭受虐待。中立的执法让我们所有人都获得自由。但是，上述对警治的理解基本上是一种神话。美国警察，不管他们的动机是多么良好，在功能上都是建构根深蒂固的不平等现象的一种工具。因而在某种程度上，他们正在系统地为穷人、社会边缘人士和非白人生产非正义。

部分问题在于，我们的政治家、媒体和刑事司法机构往往将正义与报复等同起来。大众文化充斥着复仇的幻想：受害者给伤害他们的人带来可怕的报复。这常常涉及那些社会边缘人士针对强势人物的报复幻想；这是一种通过暴力来赋予权力的幻想。警察和监狱是我们在进行处罚时所偏好的工具。我们的整个刑事司法系统已经变成一个巨大的复仇工厂。三振出局法（Three-strikes law）、性犯罪者登记、死刑和取消假释都关乎报复，而无关安全。我们社会的所有部分都已经被认为是随时可能犯罪的。这不是正义；这是一种压迫。真正的正义是寻求回归人民和社区，重建社会信任和社会凝聚力，为人们指明前进的道路，同时减少驱使人们违法犯罪的力量，并且将受害者和加害者都当作是完整的人。我们的警察和更广范围的刑事司法系统不仅没能做到这些，而且甚至根本看不出来这与他们要实现的目标有何关联。

也有警察和其他刑事司法机构希望利用他们的力量去改善社区和个人的状况，并保护"好人"免受"坏人"的侵害。但是，他们同样依赖于视惩罚为正义这种低级见解，也与其所在机构的政治要求背道而驰。在全国范围内，越来越多心怀不满的警察因他们被赋予的使命和被告知要使用的工具而深感沮丧。他们对自己作为大规模的定罪和刑罚系统的一分子而感到厌恶和疲倦。这在非裔美国警员中表现得尤其显著，因为他们看到警察执法给社区带来了太多可怕的后果。一些警员开始公开表达不满，比如纽约市警察局的托威尔（Twelve）就因警察局的非法配额（illegal quotas）问题而与其对簿公堂。[59]当然，更多人不敢直言，只能保持沉默。

但是，不是所有警察都心怀善意。太多的警察参与了基于种族、性别、宗教或经济条件的虐待。在美国的警治实践中，明目张胆的种族主义依然生机勃勃。我们被要求相信这些事件只是"少数害群之马"（a few bad apples）的恶行。但是，为什么警治制度会始终如一地包庇这些恶行？我们经常看到这种现象：当有偏见性的执法被指出的时候，警察的反应总是一致对外，否认有任何故意伤害的意图，并阻止对涉案警察施加任何惩罚。这传达了一个毫不含糊的信号：警察可以凌驾于法律之上，可以按照他们的偏见自由行事而不用考虑后果。

我们的社会真的因为监禁了成百万、上千万人而变得更安全和更公正了吗？我们让警察牵头去处理无家可归、精神疾病、学校纪律、青少年失业、移民、青少年暴力、性工作和毒品等问题，这真是一条通往更加美好的社会的道路吗？在经过培训之后，警察真的能以专业和非强制性的方式来执行上述任务吗？在接下来的章节里，我将以阐述案例的方式表明，为何上述问题的答案都是"不"，同时概述一个构建替代性方案的计划。

任何真正的警治改革议程都必须以被赋权的社区取代警察来解决他们自身的问题。有色人种的贫困社区已经在承受犯罪高发和社会失序的后果。遭受枪击和抢劫的，正是他们的孩子。他们还不得不承受侵犯性的、攻击性的和羞辱性的警治行动的打击。警治永远不会是一项能为社区赋权的、公正且有效的工具，更不会是促进种族正义的工具。社区必须直面那些导致种族之间产生巨大鸿沟且贫富差距不断扩大的政治、经济和社会方面的制度安排。我们不需要空洞的警治改革。我们需要一种强有力的民主制度，让人民群众有能力要求他们的政府和他们自身提供实在的、非惩罚性的问题解决方案。

注释

1. 本章的部分内容曾出现在 *Nation, Gotham Gazette* 以及美国半岛电视台。

2. Killed by Police.net, 2015; "Police Shootings Database 2015," *Washington Post*, 2015; "The Counted," *Guardian*, continually updated.

3. Nicole Flatow, "Report: Black Male Teens Are 21 Times More Likely to Be Killed by Cops than White Ones," *Think Progress*, October 10, 2014; Jeff Kelly Lowenstein, "Killed by the Cops," ColorLines.com, November 4, 2007.

4. Jaeah Lee, "Exactly How Often Do Police Shoot Unarmed Black Men?" *Mother Jones*, August 15, 2014.

5. Jennifer H. Peck, "Minority Perceptions of the Police: A State-of-the-art Review," *Policing: An International Journal of Police Strategies and Manage-*

ment 38, no. 1 (2015): 173–203.

6. Victoria Bekiempis, "Why Do NYC's Minorities Still Face So Many Misdemeanor Arrests?" *Newsweek*, February 28, 2015, http://www.newsweek.com/nypd-race-arrest-numbers-309686.

7. Shane Dixon Kavanaugh, "NYPD officer's stop-and-frisk Harlem teen, threaten to break his arm: audio recording," nydailynews.com, October 9, 2012.

8. Helene Cooper, "Obama Criticizes Arrest of Harvard Professor," *New York Times*, July 22, 2009.

9. Sue Rahr and Stephen Rice, "From Warriors to Guardians: Recommitting American Penal Culture to Democratic Ideals," *New Perspectives in Policing* (April 2015).

10. Simone Weichselbaum and Beth Schwartzapfel, "When veterans become cops, some bring war home." *USA Today*, March 30, 2017.

11. James Q. Wilson and George Kelling, "Broken Windows: The police and neighborhood safety," *Atlantic*, March 1982.

12. Edward Banfield, *The Unheavenly City: The Nature and the Future of Our Urban Crisis* (Boston: Little Brown and Co, 1970).

13. Frederick Siegel, *The Future Once Happened Here: New York, D.C., L.A., and the Fate of America's Big Cities* (New York: Free Press, 1997).

14. James Q. Wilson and Richard Herrnstein, *Crime and Human Nature: The Definitive Study of the Causes of Crime* (New York: Simon & Schuster, 1985).

15. Ibid.

16. Richard Herrnstein and Charles Murray, *The Bell Curve: Intelligence and Class Structure in American Life* (New York: Simon &Schuster, 2010).

17. "Fair and Impartial Policing," www.fairimpartialpolicing.com.

18. Joaquin Sapien, "Racist Posts on NY Cop Blog Raise Ire at Time of Tension," *ProPublica*, April 16, 2015, http://www.propublica.org/article/racist-posts-on-ny-cop-blog-raise-ire-at-time-of-tension.

19. Melissa Crowe and Bianca Montes, "Victoria police officer investigated for tasing driver, 76," *Victoria Advocate*, December 13, 2014.

20. Peter Moskos, *Cop in the Hood: My Year Policing Baltimore's Eastern District* (Princeton, NJ: Princeton University Press, 2008). David Couper, *Arrested Development: A Veteran Police Chief Sounds Off about Protest, Racism, Corruption, and the Seven Necessary Steps to Improve our Nation's Police* (CreateSpace Independent Publishing Platform, 2012).

21. Seth Stoughton, "Law Enforcement's 'Warrior' Problem," *Harvard Law Review* 128, April 2015.

22. Jon Swaine, "Ohio Walmart video reveals moments before officer killed John Crawford," *Guardian*, September 25, 2014.

23. Jon Swaine, "Video shows John Crawford's girlfriend aggressively questioned after Ohio police shot him dead in Walmart," *Guardian*, December 14, 2014.

24. Jason Hanna, Martin Savidge and John Murgatroyd, "Video shows trooper shooting unarmed man, South Carolina police say," CNN, September 26, 2014.

25. "Close Quarters Battle: SRT Training, CQB Training, SWAT Training, High Risk Entry Training, Combat Training, Hand-to Hand Combat," www.cqb.cc.

26. "Trojan Securities International," trojansecurities.com/military.html.

27. Balko, *Rise of the Warrior Cop*.

28. Brian A. Reaves, "Local Police Departments, 2007," US Department of Justice: Office of Justice Programs, Bureau of Justice Statistics (2010).

29. Robert Friedrich, *The Impact of Organizational, Individual, and Situational Factors on Police Behavior* (University of Michigan: Ph.D. Dissertation, 1977); Joel Garner, Thomas Schade, John Hepburn, and John Buchanan, "Measuring the Continuum of Force Used by and Against the Police," *Criminal Justice Review* 20 (1994): 146–168; James McElvain and Augustine Kposowa, "Police Officer Characteristics and Internal Affairs Investigations for Use of Force Allegations," *Journal of Criminal Justice* 32, no. 3 (2004): 265–279; William Terrill and Stephen Mastrofski, "Situational and Officer-Based Determinants of Police Coercion," *Justice Quarterly* 19, no. 2 (2002): 215–248. John McCluskey, William Terrill, and Eugene Paoline, "Peer Group Aggressiveness and the Use of Coercion in Police-Suspect Encounters," *Police Practice and Research* 6, no. 1 (2005): 19–37; Brian Lawton, "Levels of Nonlethal Force: An Examination of Individual, Situational, and Contextual Factors," *Journal of Research in Crime and Delinquency* 44, no. 2 (2007): 163–184.

30. Bernard Cohen and Jan Chaiken, *Police Background Characteristics and Performance: Summary* (Santa Monica, CA: RAND Corporation, 1972). Ivan Sun and Brian Payne, "Racial Differences in Resolving Conflicts: A Comparison between Black and White Police Officers," *Crime and Delinquency* 50, no. 4 (2004): 516–541. Robert Brown and James Frank, "Race and Officer Decision Making: Examining Differences in Arrest Outcomes between Black and White Officers," *Justice Quarterly* 23, no. 1 (2006): 96–126.

31. Ryan Martin, "Having more black officers not a 'direct solution' for

reducing black killings by police, IU research show," *Indy Star*, February 27, 2017.

32. Steven Brand and Meghan Stroshine, "The Role of Officer Attributes, Job Characteristics, and Arrest Activity in Explaining Police Use of Force," *Criminal Justice Policy Review* 24, no. 5 (2014): 551–572.

33. President's Task Force on 21st Century Policing, *Final Report of the President's Task Force on 21st Century Policing* (Washington, DC: Office of Community Oriented Policing Services, 2015).

34. President's Commission on Law Enforcement and Administration of Justice, *The Challenge of Crime in a Free Society: A Report by the President's Commission on Law Enforcement and Administration of Justice* (Washington, DC: United States Government Printing Office, 1967).

35. National Advisory Commission on Civil Disorders, *Report of the National Advisory Commission on Civil Disorders* (New York: Bantam Books, 1968).

36. *Omnibus Crime Control and Safe Streets Act of 1968*, Pub. L. 90–351, 90th Cong. (June 19, 2007)

37. Monica Bell, "Police Reform and the Dismantling of Legal Estrangement," *Yale Law Journal* 2017(126): 7.

38. Civil Rights Division of the United States Department of Justice, *Report on the Investigation of the Ferguson Police Department* (Washington, DC, March 4, 2015).

39. James Comey, "Speech at Georgetown University, " (Washington, DC, February 12, 2015), FBI.gov; Christopher Mathias,"Bratton Says Police to Blame for 'Worst Parts' of Black History, but Reform Advocates are Un-

impressed," *Huffington Post*, February 24, 2015, http://www.huffngtonpost.com/2015/02/24/william-bratton-nypd-slavery-history-broken-windows_n_6746906.html.

40. Steve Herbert, *Citizens, Cops, and Power: Recognizing the Limits of Community* (Chicago: University of Chicago Press, 2006).

41. Kimberly Kindy and Kimbriell Kelly, "Thousands Dead, Few Prosecuted," *Washington Post*, April 11, 2015.

42. *Graham v. Connor*, 490 U.S. 386 (1989).

43. Judith Browne Dianis, "Why Police Shootings are a Federal Problem," *Politico*, April 13, 2015.

44. *Cause of Action, U.S. Code* 42 (1994), § 14141.

45. Simone Weichselbaum, "Policing the Police," *Marshall Project*, May 26, 2015.

46. David Harris, *Driving While Black: Racial Profiling on our Nation's Highways* (New York: American Civil Liberties Union, 1999).

47. Mark Berman, "Six Cleveland Police Officers Fired for Fatal '137 Shots' Car Chase in 2012," *Washington Post*, January 26, 2016.

48. Robin Meyer, "Body Cameras are Betraying their Promise," *Atlantic,* September 30, 2016.

49. Min-Seok Pang and Paul A. Pavlou, "Armed with Technology: The Impact on Fatal Shootings by the Police," Fox School of Business Research Paper No 60-020. September 8, 2016.

50. Alex S. Vitale, "A New Approach to Body Cameras," *Gotham Gazette*, May 2, 2017.

51. Barry Friedman, *Unwarranted: Policing Without Permission* (New

York: Farrar, Straus and Giroux, 2017).

52. "The Counted," *Guardian*. https://www.theguardian.com/usnews/series/counted-us-police-killings.

53. American Civil Liberties Union (ACLU), *War Comes Home: The Excessive Militarization of American Policing* (New York: ACLU Foundation, 2014).

54. Peter Kraska, *Militarizing the American Criminal Justice System: The Changing Roles of the Armed Forces and the Police* (Lebanon, NH: University Press of New England, 2001).

55. Tina Chen, "Baby in Coma after Police 'Grenade' Dropped in Crib During Drug Raid," *ABC News*, May 30, 2014.

56. Greg Smithsimon, "Disarm the Police," *MetroPolitics*, September 29, 2015.

57. Chris Hayes, *A Colony in a Nation* (New York: W.W. Norton and Co., 2017).

58. Brady Dennis, Mark Berman, and Elahe Izadi, "Dallas Police Chief Says 'We're Asking Cops to Do Too Much in This Country,'" *Washington Post*, July 11, 2016.

59. Saki Knafo, "A Black Police Officer's Fight against the NYPD," *New York Times*, February 18, 2016.

警察不是来保护你的

警察的存在是为了保护我们的安全,至少美国主流媒体和大众文化是这么告诉我们的。电视节目夸大了重度犯罪的数量,也夸大了大多数警员终日所做之事的实际性质。管控犯罪不过是美国警治活动的一小部分,而且向来如此。

对于穿着制服的警察来说,抓到无论何种类型的重罪罪犯都是一件稀罕事,大多数情况下一年都抓不了一个。如果一位巡逻警员在行动中真的抓到一个暴力犯,那这就是其职业生涯的重大时刻了。大多数警员的工作是巡逻。他们写报告,参与随机巡逻,处理违章停车、违章驾驶以及噪声扰民,开具罚单,对在公共场所饮酒、携带少量毒品或是有轻微"不守秩序的行为"的违法人员进行轻罪逮捕。我曾随访过的一些巡逻警察表示,他们的日子是"百分之九十九的无聊加上百分之一的极度恐怖"——但对大多数警员来说,甚至连这百分之一都含有夸大的成分。

即使是探员(他们只占警察部队总数的15%),大多数时间里也是在处理那些他们永远也不会侦破告结的犯罪报告——而且很多情况下甚至永远都不会去调查。要求警方处理每一起上报的犯罪案件是不可能的。就像电视真人秀《罪案现场之48小时》(*The First 48*)上强调的那样,如果两天之内没有明确的犯罪嫌疑人,就算是凶杀调查也会快速结案。入室盗窃和偷窃甚至更难得到彻底的调查,抑或根本就不会被调查。大多数被调查的犯罪案件也都不了了之了。

自由主义的警治观点

我是看《亚当-12》（*Adam-12*）一类的节目长大的，这些节目把警察描绘成铁面无私的执法者。随着1965年瓦茨暴动（Watts riots）[*]的发生，好莱坞在20世纪六七十年代帮助洛杉矶警察局（LAPD）炮制了其职业形象。如今大行其道的警察剧和电视真人秀节目也包含类似的特性和用意。虽然其中有些剧目相较而言更精致一些，但大体上这些节目都把警察描绘为是在复杂的——有时候还涉及道德上的矛盾冲突——环境中奋力打击犯罪。即使是在描绘警察腐败或残暴行径的时候——比如《警探哈里》（*Dirty Harry*）或《盾牌》（*The Shield*），这些剧目也都让人相信警察的初衷是为了抓到坏人。

警察的存在是为了保护我们不受坏人的侵害，这差不多是一种自由主义的奇想。正如经验老到的警察学者大卫·贝利（David Bayley）所言：

> 警察并不防范犯罪。这是现代生活中被保守得最好的秘密。专家们知道这个秘密，警察也知道，但是公众并不知道。然而警察却装扮成社会中抗击犯罪的最强保障，并一直辩称只要给他们更多资源——特别是人手，他们就将能够抗击犯罪、保卫社区。这是个神话。[1]

贝利继而指出，警察的数量与犯罪率之间不存在相关性。

在自由主义者看来，警察制度是一种为了全社会的利益而使用武力的正当机制。对他们而言，国家通过选举和其他民主过程而代表着社会的公

---

[*] 瓦茨暴动发生于洛杉矶的瓦茨居民区，时间是1965年8月11日到16日。暴动始于警察与非洲裔美国人马奎特·弗莱（Marquette Frye）的争执，最后发展为大规模的平民暴动。有约4000名国民警卫队队员参与了镇压，造成34人死亡。——译者注

意，这种代表性不逊于其他任何体制；所以，那些在行为上违背了相关利益的人就该由警察来处理。警察必须保持他们的公共正当性，以受公众尊敬的方式行事，并且时刻遵守法制。对自由主义者而言，警察改革向来就是一个逐步恢复这种正当性的问题。正是在这一点上，自由民主体制的警察区别于专制体制的警察。

这不是说自由主义者们认为美国警治无可指摘。他们承认警察有时会违背他们的原则，但是却把这些情况看作是个人的过失，应通过纪律规程、加强训练和监管来应对。如果警局从上到下都带有歧视、滥用职权、缺少专业素养，那么他们会提倡通过培训、调整领导以及种类繁多的监管机制来努力消灭偏见和不良行为，直到合法性得到重建。他们认为警察中的种族主义者和行为野蛮者可以被清出职场，此后一个不带偏见的执法系统就会按照全社会的利益得到重建。他们希望警察更加训练有素，更加尽职尽责，减少野蛮行径和种族主义——这些目标值得称赞，但是他们却丝毫没有触及警察基本的制度功能，而事实上这些功能向来都与公共安全和管控犯罪无关。

政治学家内奥米·村川（Naomi Murakawa）指出，正是这种自由主义的错误观念导致了之前不充分的警察与刑事司法改革。[2]在村川看来，自由主义者想要忽略种族主义的丰厚"遗产"。他们不是去承认奴隶制和吉姆·克劳法（Jim Crow）*在为白人创造财富、让黑人失去基本谋生机会的过程中所起到的核心作用，而是更愿意集中力量推行补救性的计划——依靠强有力的刑事司法系统来改变黑人的态度，好让他们能在劳动市场上表现出更强的竞争力。然而这样做的结果却让黑人一开始就处在弱势地位，增加了他们与刑事司法系统打交道的可能性，也让他们在系统中受到

---

* 吉姆·克劳法是始于19世纪70年代和80年代、终止于1965年的一系列法律的总称。这些法律旨在对美国南部各州以非洲裔美国人为主的有色人种实施种族隔离。强制隔离的内容覆盖了交通、教育、婚姻、餐厅和住宿等领域。——译者注

更严酷的对待。这种自由主义方案没有批判性地估量国家到底要警察去解决什么样的问题，以及警察到底是不是最适合解决这些问题。

事实是，警察首先是一个管理不平等，甚至生产不平等的系统，其运作方式是镇压社会运动、严密管理穷人和非白人的行为举止：这些人是经济政治阵列中的落败者。贝利认为，当新的政治经济构型发展成熟，而随之产生的社会动荡已不能被私人的、公共的和非正式的现有应对流程所管理时，警治就应运而生了。[3]警治最初的几个源头可以印证这一点，它们与18世纪对不平等的三种基本社会安排相关：奴隶制、殖民主义以及对新兴产业工人阶级的管控。这产生出了艾伦·西尔弗（Allan Silver）所说的"警治下的社会"（policed society），在这样的社会中，面对社会动荡和对公正的需求，国家力量得到了关键性的拓展。[4]克里斯蒂安·威廉斯（Kristian Williams）指出："警察代表着国家强制机器与国家公民生命的接触点。"[5]用马克·尼奥克里尔斯（Mark Neocleous）的话说，警察的存在是为了"营造社会秩序"，但这秩序却建立在剥削体系之上——而当精英们发现这个体系面临危险时，不论这些危险源于奴隶起义、总罢工还是街头犯罪与暴乱，他们都倚仗警察来管控这些活动。[6]如果可能，警察会主动出击，在运动和公众愤怒爆发之前就将其扑灭，但在必要的时候，他们也会转而诉诸武力。因此，随着不平等的性质和抵抗警治的形式的不断改变，虽然警治所采取的特定形式也已相应地发生变化，但其基本功能却得到了保留——为一个在经济和政治上不平等的体制来管理穷人、外国人和非白人。

警察部队的原型

大多数自由主义和保守派学者为了反驳以上论点，会引证伦敦警察局

（London Metropolitan Police）的状况，将其作为警察部队的"原型"。伦敦警察局在1829年由罗伯特·皮尔爵士（Sir Robert Peel）创建，"鲍比们"（Bobbies，英国警察的绰号）从他那里获得了名号。相比非正式、非专业的"看守"，以及过于暴力、常常受人憎恨的民兵和军队，这股新力量的效率更高。但这项高尚而辛苦的工作的核心目的却不是打击犯罪，而是管理失序状况，保护有产阶级不受乌合之众的侵害。皮尔在管理英国对爱尔兰的殖民占领工作时，产生了设立警察部队的想法，那时他正在摸索新的社会管控形式，以期实现持续的政治与经济统治，应对不断滋长的造反、暴动和政治起义。[7]多年以来，管制这些"暴行"的是当地的民兵组织，而且英国军队也会在必要时出手。然而，殖民扩张和拿破仑战争极大地减少了这些部队中可以调动的人手，而针对英国占领的反抗行动却在增多。此外，武装部队只有极为有限的装备可以用来应对暴动和其他形式的群众骚乱。他们常常被叫去向人群开火，成就一位位烈士，进一步加剧爱尔兰人的反抗。皮尔不得不建立一种开销更低、更具正当性的警治形式：一支由专业警察组成的"维持和平的队伍"，他们更加彻底地嵌入叛乱地区，以威胁和逮捕的方式确认并摆平滋事者和主谋，试图以此来管理大众。这最终导致了爱尔兰皇家警队（Royal Irish Constabulary）的创立，它在长约一个世纪的时间内都是爱尔兰主要的农村警察力量。作为中流砥柱，它维持着不列颠的统治，维持着一个由英国的拥护者们所主导的压迫性农业体系，该体系造成了普遍的贫穷、瘟疫和流离失所。

1819年的彼得卢屠杀作为一起标志性事件，反映出对专业警察的需求。大规模的贫困加上工业化对熟练工的取代，使得全国范围内出现了呼吁政治改革的运动。1819年8月，成千上万的人聚集在曼彻斯特市中心，不料集会却被宣布为非法。十几名抗议者被一队装备了军刀的骑兵杀害，受伤者则多达数百人。作为回应，英国制定了一系列的流浪法，旨在强迫人们从事"生产性的"工作。这就需要一支队伍，它既能维持政治管控，又有助于工业资本主义新经济秩序的产生。[8]身为内政大臣的皮尔创建了伦敦警察局来完成这项工作。尽管这种新式警察声称自己在政治上中立，但其主要功能却是保护财产、平息暴动、镇压罢工和其他产业的活动，以及制造出遵守纪律的工业劳动力。该体系在充斥着反工业化运动的英格兰得到了全面推广。卢德分子在车间从事破坏活动来反抗剥削。受到法国大革命启发的雅各宾分子，接连不断地制造麻烦。然而最具威胁性的却要数宪章派，他们代表穷困潦倒的英国工人，呼吁根本性的民主改革。地方上非专业的治安官和民兵不能有效地应对这些运动，也不能执行新的流浪法。[9]起初，他们请求新式的伦敦警察出手相助，后者被证明能够卓有成效地以最小的力量投入来镇压动乱和罢工。然而伦敦警察一旦出动，就颇有些中央政府介入的意味，这往往会进一步使运动激化。所以各个城镇最终以伦敦模式为基础，创建了自己的全职专业警察局。

伦敦模式在1838年被引入波士顿，并在之后的几十年间被北方城市广泛采用。在美国，大规模的移民和迅速的工业化使得社会与政治环境更加混乱，该模式需要适应这些状况。波士顿在经济和政治领域的领导者们需要一支新的警察队伍来管控暴动和涉及工人阶级的大规模社会动荡。[10] 1837年，15000名暴民在布劳德大街（Broad Street）的暴动中袭击了爱尔兰移民。直到整个团的民兵——包括800名骑兵——被派上街头，这场暴动才平息下来。此后，市长萨缪尔·埃利奥特（Samuel Elliot）推动创立了一支专业的民事警察队伍。

纽约后来居上，超过了波士顿，在1844年创立了一支规模甚至更大也更专业的警察队伍。纽约的新移民人数正在经历爆炸式的增长，这些新移民被快速而且往往是残酷的工业化进程所摧残，致使社会动荡不安、境况悲惨，具体表现为犯罪、种族和民族冲突以及劳工动乱。在1802年、

1825年和1828年，白人和黑人码头工人举行了罢工，进行了毁灭性的破坏活动。在1809年、1822年和1829年，被大规模生产所取代的熟练工人掀起了更大的罢工浪潮。这场运动最终导致了1829年劳工党（Workingmen's Party）的形成，劳工党要求十小时工作日，并且在1833年促成了总工会（General Trade Union）的建立。在此期间，不太具有显著政治性的暴动非常普遍，往往每月都会发生。在1828年圣诞暴动期间，有4000名工人在富裕街区游行，殴打黑人并且洗劫沿途的商铺。守夜人聚集起来打算拦截他们，却随即退让了——这让该市的精英们感到恐惧，他们在自己的宅第中、在城市酒店的派对中目睹了事件的进展。作为回应，报纸开始呼吁对看守队伍实施关键性的扩充和专业化，最终的结果就是警察的形成。[11]

富裕的新教本土主义者对新移民又怕又恨，这些新移民一般是天主教徒，没受过什么教育，不守秩序，在政治上好斗，并且往往投票给民主党。他们尝试对该群体实施规训和管控，方式是限制饮酒、赌博和卖淫，以及在更为日常的行为上加以约束，如女性发式、泳衣长度和在公共场合的亲吻行为。[12]芝加哥警察的形成就与这些措施直接相关。隶属法律与秩序党（Law and Order Party）的市长列维·布恩（Levi Boone）在1855年当选之后建立了第一支"特殊警察"队伍，其用意非常明确，就是要执行各种各样的本土主义道德性法律，包括对饮酒加以限制。在几十名酒吧老板遭到逮捕后，一个以德裔工人为主的团体试图释放他们，这引发了窖藏啤酒暴动（Lager Beer Riots）。根据历史学家山姆·米塔尼（Sam Mitrani）的研究，当地精英对此做出回应，召开了一次"法律与秩序"会议，会议甚至要求进一步扩大警察机构的规模，增强其专业性。会议过后的第二周，市议会也做出回应，创立了芝加哥第一支官方警察队伍。[13]

正是警察的创立第一次使得不良行为法乃至刑法典的普遍执行成为可能。[14]这些道德性法律既给予国家更大的权力来干预新移民的社会生活，也为贪腐行为大开方便之门。全国的警察局都普遍存在着恶性贪腐。虽然警局的地下室常常住着无家可归者,而且警官们也管理着大量沦为孤儿的青少年,但正如埃里克·蒙科宁(Eric Monkkonen)所指出的,这些工作的目的首先是监视、管控这些群体,而不是提供有意义的救助。[15]

早期的美国城市警察腐败无能。警官的任用常常由政治关系和贿赂来决定。大多数情况下,并没有公务员考试,甚至也没有正式的培训。他们还被政党当作工具来利用,用于打压反对派的投票,侦查并压制工人的组织、集会和罢工。如果一位当地商人和一位当地政客过从甚密,那他就只需要去一趟警局,一支警察小队就会出动,根据需要来威胁、殴打并逮捕工人。赌徒们向警察缴纳好处费,酒贩子也紧随其后,这些好处费是警员们的主要收入来源。警察的级别越高,收到的好处费也就越多。这个"开门索贿"的体系对很多重要的警察局来说一直都是标准程序,直到20世纪70年代出现的以弗兰克·塞尔皮科(Frank Serpico)为代表的举报者开始与之抗争。贪腐依旧是个问题,特别是涉及毒品和性工作的时候,但是贪腐现在渐趋孤立化,不那么具有系统性了,并且受制于内部的纪律管控——这正是自由主义的改革者为巩固警察的合法性所做的工作。

早期探员的主要工作是监视政治激进派和其他滋事者,并且取代了私人盗贼捕手的工作,后者将赃物归还原主以谋取酬谢。有趣的是,很少有窃贼最后会被新式警察逮捕。在许多情况下,警察与盗贼扒手密切协作,从他们的收入中抽成并为他们销赃,就省得这些人在黑市上低价出售货物了。像亚历山大·"夜店客"·威廉斯(Alexander "Clubber" Williams)这样的早期探员在这类交易中积攒了可观的财富。[16]

警察过于严重的贪腐使得商业领袖、新闻记者和宗教领袖团结起来揭发他们的腐败无能,要求警察更专业、更有成效地打击犯罪、不良行为和激进政治。[17]在19世纪末20世纪初,作为对这类呼声的回应,公务员考试、集中化的聘用流程、培训以及新兴技术等手段被用来促进警治的专业化。公然贪腐和残暴行径受到遏制，管理科学也被应用于警局。像奥古斯特·沃尔默（August Vollmer）这样的改革者开发了警察学课程和教材，使用新的交通和通信技术，并且引入了指纹识别和警用实验室。正如我们之后将要看到的，这些想法有许多都源于他作为美国在菲律宾占领部队的成员时所获得的经验。

从菲律宾到宾夕法尼亚

在一些情况下，早期警察部队的建立就是专门为了镇压工人运动。宾夕法尼亚州是19世纪末20世纪初一些最具战斗性的工团主义的发源地。当地警察人数过少，有时还同情工人，所以矿场主和工厂主们转而依靠州级机构提供的武装部队来管控罢工、恐吓组织者。州级机构最初的应对措施是委托一支叫作煤铁警察（Coal and Iron Police）的完全私有化的警察队伍来处理相关事宜。[18]当地雇主只要交付1人1美元的手续费就能指派他们选定的任何人来担任官方执法人员。这些队伍直接为雇主工作，往往还受着平克顿侦探社（Pinkertons）或其他私人安保队伍的监管指导。他们经常接受委派去破坏罢工，作为挑拨者混入罢工者群体，煽动暴力行为，以此破坏工人们的运动，并证明他们对得起自己一直领取的薪水。煤铁警察暴行累累，其中就包括1897年的拉蒂默屠杀（Latimer Massacre）。在这次屠杀中他们杀害了19名手无寸铁的矿工，此外还打伤了32人。压垮他们的最后一根稻草是1902年的无烟煤罢工（Anthracite Coal Strike），这场激战长达5个月，造成了全国性的煤炭短缺。

此后，政界领导人和雇主们决定使用公共资金建立一个新的劳工管理体系，这个体系对他们来说更便宜，也更具公共正当性和有效性。该决定的结果就是1905年宾夕法尼亚州警察机构的创立,这是美国第一支州级警察力量。它效仿的对象是菲律宾警察队(Philippine Constabulary),后者的任务是维持美国在菲律宾的占领,而菲律宾也成了新式警察技巧与技术的试验场。[19]当地群众痛恨美国的占领,建立起反殖民组织,开展反殖民斗争。国家警察部队试图与地方社群建立起紧密联系,以获准对颠覆活动实施监控。美国也迅速搭设了电话和电报线路,以便快速传递新的情报。在示威活动发生时,警察可以依托庞大的线人网络来进行预估,并且安插密探与煽动者来散播不和的种子,进而快速抓获或摆平领导者和其他鼓动者。

在宾夕法尼亚州,这支新的准军事力量标志着重要的权力转移——当地社区失去了权力。这一转移准确地投合了大雇主的利益,他们显然对州一级的政客有更大的影响力。虽然按理说警察处在公民政治的管控之下,但事实却是,州级警察一直是扑灭罢工的主要力量,尽管他们使用暴力的频率更低,而且在法律与政治上有着更强的权威性。然而结果却大致相同,他们参与破坏罢工、杀害矿工,1910年与1911年在威斯特摩兰郡煤炭罢工中发生的事情就是例证。他们的频繁袭击使得斯洛伐克裔矿工们把他们戏称为"宾夕法尼亚的哥萨克",也促使社会主义党的州立法委员詹姆斯·H.毛雷尔(James H. Maurer)征集、汇编、发表了大量的信件,以《美国哥萨克》(*The American Cossack*)为题来描述他们的粗暴手段。[20]有趣的是,许多信件都指出新的州级警察通常对管控犯罪毫无兴趣,而作为领取公帑的罢工破坏者却尽职尽责。1915年,州产业关系委员会把他们描述为:

> 粉碎罢工的极有效力量,但……却不能成功防范与罢工相关的暴力行为,不能成功维护争端各方的合法权利与公民权,也不能成功保

护公众。恰恰相反，当警察介入工业争端时，暴力就不减反增。许多情况下，工人的合法权利与公民权受到了侵犯。[21]

杰西·加伍德（Jesse Garwood）是美国在菲律宾占领部队的重要人物，他把军事化间谍活动和政治镇压的方法用在了宾夕法尼亚州的矿工和产业工人身上。

这些方法后来反哺了美国国内的警治。20世纪最重要的警界领导者奥古斯特·沃尔默从菲律宾服役归来后，成为加利福尼亚州伯克利市的警局长官，撰写了最具影响力的现代警治教科书。沃尔默率先使用了无线电巡逻车、指纹识别等如今被视为标准手段的技术。海军将军斯梅德利·巴特勒（Smedley Butler）创建了海地警察，并且在美国在尼加拉瓜共和国的占领事务中发挥了关键作用。他在1924年担任费城的警方长官，引领了技术现代化和警察战术军事化的浪潮。不过，在其镇压性手段激起民愤后，他被迫离职。[22]

20世纪初，美国又在中美洲和加勒比地区另外成立了殖民警察部队。杰里米·库兹曼若夫（Jeremy Kuzmarov）记录了美国在海地、多米尼加共和国和尼加拉瓜共和国参与建立镇压型警察部队的情况。[23]这些部队是"进步时代计划"（Progressive Era program）的一部分——该计划以现代化和民族构建（nation-building）为宗旨。但这些警察却很快转变为镇压性的力量，服务于以美国为后台的各个政体。这些由美国训练的安保部队接连犯下辱没人权的骇人暴行，包括拷问折磨、敲诈勒索、绑架诱拐和大规模谋杀。

整个战后时期，美国都在不断地建立警察部队——这是其对外政策的目标之一。日本、韩国和越南都有美国创建的警察部队，其主要目的是搜集情报、镇压叛乱。战后警界改革者O.W.威尔逊（O.W. Wilson）在二战期间曾是宪兵上校,参与过战后德国的去纳粹化事务。此后他前往伯克利教授警察学,并且在1960年被任命为芝加哥市警察委员。他关于预防性警治的观念影响了整整一代警方行政官。

得克萨斯骑警(the Texas Rangers)

美国也有自己国内版本的殖民警治:得克萨斯骑警。这些骑警起先是一支组织松散的"非正规军",受雇保护初来乍到的白人殖民者的利益。他们先是从属于墨西哥政府,之后则属于独立的得克萨斯共和国,最后成为得克萨斯州政府的一部分。他们的主要工作是追捕那些被指控袭击了白人定居者的原住民人群,也调查像偷牛这样的犯罪案件。

在白人与说西班牙语的墨西哥群体的争端中,骑警们频频为白人担任联防员。在长达一个多世纪的时间里,他们是白人殖民扩张的一支主要力量,通过暴力、恐吓和政治干涉来排挤墨西哥人。在一些情况下,白人会从墨西哥人的牧场上把牛抢走,而当墨西哥牛仔们试图取回这些牛时,白人就召集骑警们来收回他们"被偷走的财产"。反抗骑警权威的墨西哥人和美洲原住民会遭到杀害、殴打、逮捕或恐吓。迈克·考克斯(Mike Cox)把这描述为不折不扣的灭绝运动——几乎全部的土著群体都被杀害或赶出了该地区。[24]

卡里根和韦博(Carrigan and Webb)的《被遗忘的死者:美国境内针对墨西哥人的暴民暴力,1848—1928》(*Forgotten Dead: Mob Violence against Mexicans in the United States, 1848-1928*)[25]所描述的是一场运动的组成部分,众多的家庭、学者和较大规模的特加诺(Tejano)社群都参与其中,以求让这段被掩盖的历史重见天日。该运动的高潮是布洛克州立历史博物馆(Bullock State History Museum)举办的一场题为"边境上的生与死"的展览。这场展览记载了承袭墨西哥传统的得克萨斯人遭受的众多暴行，在他们受到白人定居者的排挤时，得克萨斯骑警充当了帮凶。[26]这些暴行包括1918年发生在波韦尼尔（Porvenir）的屠杀，骑警杀害了15名手无寸铁的当地人，并且因为害怕引发进一步的暴力冲突，把余下的社群都赶到了墨西哥。这导致了1919年一系列的立法听证会，听证会讨论了为白人农场主利益而进行的法外杀戮和以种族为导向的残忍行径。听证会没有带来正式的变革；为了不给骑警们的"英雄"事迹留下任何污点，暴行的图像资料在此后被封存了50年。

得克萨斯州墨西哥群体中的分离主义分子是导致这种激烈暴力行为的部分原因，他们厌倦了持续不断的土地侵占、种族隔离主义政策以及自己被排斥于政治进程之外的状况——所有这些事情都是由骑警和当地警察执行的。这些煽动性的运动激起了可怕而强烈的反弹，当地报纸赞和道："人所共知的强盗和不法之徒像郊狼一样被围猎，被逐一杀掉……这场灭绝之战还将继续，直到我们所知的每一个参与这场叛乱的人都被抹除。"[27]

在20世纪六七十年代，地方和国家精英利用骑警压制墨西哥裔美国人的政治和经济权利，并且通过终止集会、恐吓支持者、逮捕虐待纠察员和工会领导，在破坏农业工人运动的过程中发挥了关键作用。[28]骑警还频繁奉命恐吓墨西哥裔美国人，迫使他们在地方选举中放弃投票。大多数拉丁裔忍受着"胡安·克劳法"（Juan Crow）*，他们被剥夺了投票的权利，并且被禁止使用公共生活设施，如旅馆、餐馆、公交候车室、公共泳池以及盥洗室。对该制度的第一次直接冲击发生在1963年克里斯托市的一个农业镇上，该镇居民大都是特加诺人，但他们在政治上却没有代表性。由

---

* "胡安·克劳法"（Juan Crow）是指在美国与移民法令相关的某类法律或政策，其名称是对"吉姆·克劳法"的改用。这类法律法规出现在亚利桑那、阿拉巴马和佐治亚等州。——译者注

白人掌控的政治机构推行种族隔离政策，向拉丁裔征收更高的税费，却只向他们提供次等的服务。1962年，当地的墨西哥裔美国人开始尝试参与登记投票，却遭到当地警察和雇主的骚扰与恐吓。之后他们付出了更大的努力，通过场外监控器、媒体关注和法律诉讼等方式进行了登记，并于1963年组建了一支候选人队伍参与市议会的选举。作为回应，得克萨斯骑警开始实施一项恐吓计划。他们试图阻止选民集会，威胁候选人及其支持者，甚至实施了殴打和逮捕。最终，由于外部媒体的广泛关注，骑警们不得不让步，候选人们赢得了选举，开启了更能保障墨西哥裔美国人公民权的时代。

1935年，瓦尔特·韦布（Walter Webb）为骑警书写了一部宏大的历史，名为《得克萨斯骑警：一个世纪的边防》（*The Texas Rangers: A Century of Frontier Defense*），毫不含糊地为他们歌功颂德，把他们捧为美国警治的楷模。[29]林登·B.约翰逊（Lyndon B. Johnson）总统甚至在这本书再版的时候为其撰写了序言。[30]韦布的这本书启发了整整一代尊崇骑警的电影与小说，其顶点是20世纪90年代的电视连续剧《得州巡警》（*Walker, Texas Ranger*），该剧由右翼武术家查克·诺里斯（Chuck Norris）担任主角。

奴隶制的作用

奴隶制是形塑早期美国警治的另一主要力量。远在伦敦警察局组建之前，新奥尔良、萨凡纳和查尔斯顿等城市就已经给穿着制服的全职警察发放薪资了，这些警察对地方市政官员负责，并与更大的刑事司法体系存在关联。与东北地区的情况不同，这些早期警察队伍并不源于非正式的看守体系，而是源于奴隶巡逻队（slave patrols），组建它们是为了防范叛乱。[31]他们拥有凌驾于私人财产之上的权力,以此来确保奴隶们没有藏匿武器或逃亡者,没有开展集会或学习读写。通过在农村道路上进行常规巡逻,他们还是防止奴隶逃往北方的主要力量。

虽然大多数奴隶巡逻队都在农村,而且是非专业的,但是诸如查尔斯顿城市看守队(Charleston City Guard and Watch)这样的城市巡逻队早在1783年就已经实现专业化。到了1831年,其已经拥有100名领酬的市级看守和60名州级看守,这些人24小时执勤,包括进行步行巡逻和骑马巡逻。受奴役的人们常常会离开他们主人的产业,到仓库、工坊和其他工作场所工作,这是工业化的一部分。这就意味着大量无人同行的受奴役者只要拥有合适的通行证,就能够独自在城市行动。他们能与其他人碰面,频繁出入非法的地下酒馆,甚至还能组建宗教性和慈善性的社团;这些人还常常与那些在白人中间造成巨大社会焦虑的自由黑人们交往。因此,专业警察也就被认为是必不可少的。理查德·韦德(Richard Wade)在1845年引述一名查尔斯顿人的话说:

在人口稀少的乡村,成批的黑人被约束在固定的种植园中,由他们各自的主人来直接管控和训导。奴隶不被允许到处闲逛、寻衅滋事。……只要有一支巡逻队偶尔骑行巡逻、进行一般的监督就足够了。但在城市,某种更有活力、明察秋毫的体制则绝对必要。因为城市人口密集,定居点紧密相连,需要格外小心、加倍谨慎。[32]

按照韦德的说法,结果就是"不断努力减少黑人之间的亲善趋向,尤其要防止有组织的有色人种社群的滋长"。[33]实现这些目标的方法,就是对黑人群体进行持续的监控与检查。全副武装的警察定期检查受雇奴隶的通行证以及自由黑人的证件。警察发动了一场持久战,旨在取缔地下酒吧、学习小组和宗教聚会。警察权力受到的唯一限制在于这些被奴役的人是他人的财产，杀掉一个就会对财产所有者负有民事责任。在农村地区，虽然从奴隶巡逻队向警察的转变相对缓慢，但是二者在基本功能上的关联性也同样很强。[34]

当奴隶制被废除后，奴隶巡逻制度也随之消亡；小镇与城市地区建立起新的、更为专业的警治形式，以便对付初获自由的黑人群体。这一时期的主要关切与其说是防止叛乱，不如说是迫使初获自由的黑人接受经济与政治上的从属地位。宣布流浪非法的各项新法律被广泛推行，旨在迫使黑人们接受雇佣——通常是佃农制的雇佣。地方警察通过征收人头税（poll taxes）和其他执法活动来压制选民，以确保白人对政治系统的控制。

任何走在街上却没有雇佣证明的人，都会很快遭受警察行动的处置。对罪犯租赁（convict leasing）与劳改农场（prison farm）这对孪生恶魔来说，地方警察事实上充当了它们的帮凶。地方治安官会凭借极为薄弱乃至根本不存在的证据来逮捕自由黑人，然后把他们丢进残忍且不人道的刑事司法系统中，系统所判定的惩罚则往往导致死亡。这批治安官和法官还同时收取回扣，并且在一些情况下会替雇主开列体魄强健、工作努力的黑人名单以便进行监禁，而雇主们则随后把他们租赁出来，强迫他们从事劳动以谋取利益。道格拉斯·布莱克蒙（Douglas Blackmon）记载了涉事矿场和伐木场骇人听闻的状况，曾有几千人在这些地方殒命。[35]在吉姆·克劳法的时代，警治已然成为整个南方维持种族不平等的关键工具，以三K党为代表的特别联防队则起到辅助作用，地方警察不仅常常与这些联防队紧密协作，而且还充当其成员。[36]

北方的警治也同样受到黑人解放的深刻影响。北方的政界领导者十分害怕那些移居北方、初获解放的乡村黑人，他们通常的看法是：这些人即使不是种族意义上的下等人，也是社会意义上的下等人，而且未受教育、罪恶不堪。北方城市中设立了聚居区（ghettos）来管控这个人数不断增长的群体，其中警察起着遏制与维和的双重作用。直到20世纪60年代，警察完成这些任务的主要途径，是带有种族歧视的执法行为和大规模使用过当的武力。黑人们非常清楚行为上和地域上的界限在哪里，也清楚在使自己身陷实施吉姆·克劳法的南方和聚居区化的北方的过程中，警察到底扮演着怎样的角色。

战后时代的政治警治

随着民权运动的高涨，警治的镇压性也增强了。在南方，警察成了压制民权运动的一线人员。他们拒不发放抗议许可，威胁并殴打示威者，实施歧视性的逮捕，而且没能保护示威者免于愤怒的暴徒和联防员行动的伤害，使他们遭到殴打、炸弹袭击和暗杀以致失踪。所发生的一切都是为了维护一个正式地包含着种族歧视和经济剥削的体制。

在北部和西部的城市，起初对运动的压制采取了更为微妙的手法，但随着这些手法宣告失败，公然的暴力接踵而至。许多城市都允许种类繁多的抗议行为发生，只对其加以较小的约束。支持南方团结的抵制活动和纠察队大都得到了容许，就像那些向政府要求工作、教育和社会服务的抗议一样。然而，当这些运动日益壮大，变得更具战斗性的时候，它们就面临更具镇压性的应对策略。新"红色小队"（Red Squad）成立了，它通过线人、渗透者乃至从事煽动活动的密探来收集情报，这些人的工作就是主动破坏像黑豹党（Black Panthers）和争取种族平等大会（Congress of Racial Equality，CORE）这样的团体。最终地方警察——常常是与联邦调查局合作——也对这些运动进行了公开的压制，他们靠着捏造出来的指控来施行针对性逮捕，最后甚至还暗杀运动的杰出领导者，比如黑豹党的领导者弗莱德·汉普顿（Fred Hampton）就在他位于芝加哥的公寓中半夜遭到警方的突然袭击，死于乱枪之下。美国印第安人运动（American Indian Movement）和以拉丁裔为基础的棕色贝雷帽运动（Brown Berets）还有青年领主运动（Young Lords）都遇到了相似形式的镇压。

这些运动之所以会被压制，其部分原因在于种种反叛乱战略，这些战略萌生于当时的对外政策。1962年到1974年，美国政府推行了一项重要的国际警察培训新方案，由经验老到的美国警察执行长官们充当工作成员，名为公共安全办公室（the Office of Public Safety，OPS）。该机构与中央情报局紧密协作，为冷战冲突地区提供警察培训，这些地区包括南越、伊朗、乌拉圭、阿根廷和巴西。根据内部文件，这些培训非常强调反叛乱工作，培训内容包括谍报活动、炸弹制作以及审讯技巧。这些警员在全世界多个地区参与了拷打、制造失踪事件以及法外杀害等亵渎人权的行为。超过2亿美元的枪械和设备被分发到国外的警察部门，1500名美国人员参与了对百万名国外警员的训练。更加令人不安的是，培训人员中有许多人进入了执法部门，包括缉毒局（the Drug Enforcement Agency，DEA）、联邦调查局以及众多的地方与国家警察部队。他们饱受冷战指令浸染的警治观念更具军事化特征，要求通过反侦察的、军事化的暴动压制技巧以及凌厉的犯罪管控手段来压制社会运动。[37]他们将这种反叛乱的思路用于对付国内的政治起义。

公共安全办公室主人拜伦·恩格尔（Byron Engle）先于肯纳民事骚乱委员会证明了"通过与不同国家间的警察协作，我们在处理从示威、暴动到游击战的暴力活动方面积累了丰富的经验。其中许多经验应该会在美国派上用场"。[38]其结果就是，派发给约翰逊治下美国警察的联邦拨款得到了大幅提升。在警察专业化的幌子下，联邦政府开始支出数以亿计的美元来为警察提供更多的培训与设备，却很少提出附带条件。这场新的专业化运动没有减少种族化警治的负担，它仅仅是使警力变得更强，并且直接导致了特殊武器与战术小组（SWAT）的设立以及大规模监禁。这何其不幸，但又在意料之中。

当今的警治

过去几十年见证了警察活动在范围和强度上的急剧扩大。与之前相比，越来越多的警察越来越多地执行着越来越多的法律，由此造成的监禁、经济盘剥和虐待已然是天文数字。警察活动的扩大反映了大规模监禁的兴起。它始于20世纪60年代"犯罪战争"（War on Crime）的说辞，并凭借两党的共同支持而不断发展壮大，直至今日。

警察力量的增长与一系列经济与政治危机相关。在政治层面，随着民权运动的开展，政客们急于寻找新的方式来驾驭白人选民的支持。正如米歇尔·亚历山大（Michelle Alexander）等人所指出的，尼克松通过"法律与秩序"的镜头挑动种族恐惧，说服南方白人投票给共和党。这种做法自内战后重建时期以来还是头一遭。随着迈克尔·杜卡基斯（Michael Dukakis）因为"对犯罪手软"而在1988年的大选中惨败，民主党人也开始完全接受这种策略。这就造成了像比尔·克林顿的"1994年犯罪法案"（1994 Crime Bill）这样的灾难，该法案扩编了成千上万的警察，并且扩大了打击毒品与犯罪的战争。

美国不断变化的经济现实也在这一过程中起着至关重要的作用。克里斯蒂安·帕伦蒂（Christian Parenti）已经说明过，联邦政府为了阻碍工人力量的兴起，是如何在20世纪70年代让经济陷于崩溃的。这使得几百万人失去工作，并且还创造出一个新的、主要由非洲裔美国人组成的固定底层阶级。这个阶级大体上被排除在正式经济之外。[39]作为回应，政府在各个层面都展开了动员，通过密集的警治和大规模监禁来管控这个新的"剩余人群"（surplus population）。针对穷人和非白人社群的警治变得更加严酷。随着失业、贫穷和无家可归人数的增多，政府、警察和检察官们齐心协力，在诸如破窗理论和超级掠夺者神话（superpredator myth）等意识形态的辅助下，对这些人群狠狠挥动定罪的镰刀。

我们不能把所有的警治都化约为对社会运动的积极压制和对少数种族的管控。如今警察显然也关注公共安全和犯罪管控的问题，尽管他们的应对方法并不对路。使用数据比照系统（Compstat）等管理技术的目的确实是处理严重犯罪问题，为此投入的资源也相当可观。但这种打击犯罪的导向本身就是一种社会管控的形式。从乔纳森·西蒙（Jonathon Simon）的《由罪而治》（Governing Through Crime）[40]到米歇尔·亚历山大的《新吉姆·克劳》（New Jim Crow）[41]，大量研究表明，形塑了犯罪和管控对象之标准的，正是对种族和阶级不平等问题的关注，以及社会和政治动荡的可能性。杰弗里·雷曼在《富人更富裕，穷人进监狱》（Rich Get Richer and the Poor Get Prison）中指出，刑事司法系统对造成严重社会损害的富人犯罪宽宏大量、熟视无睹，却对穷人和非白人的行为进行激烈的定罪——这些行为中有些并不造成什么社会损害。[42]当富人所犯之罪被处理时，一般是通过行政管控和民事执法的形式，而不是攻击性警治、刑事诉讼和监禁——这些手段大都留给了穷人和非白人。没有任何一个银行家因为2008年的金融危机而锒铛入狱，尽管美国经济中的巧取豪夺造成了大规模的失业、无家可归和经济混乱。

利用惩罚来管理"危险阶级"，美国的犯罪管控政策正是围绕着这一点构造起来的，但它却伪装成了一个关乎公正的体制。警察对犯罪问题的关注使得他们的社会管控更容易让人接受。从使用民兵到使用民事警察，这个转变过程为国家在国内外的社会管控功能营造了更大的接受度。

如今的现代警察与他们的殖民主义先辈们并没有什么太大差别。他们执行的法律体系同样是用来再生产并维持经济不平等的——通常遵循着种族化的路线。正如米歇尔·亚历山大指出的：

> 我们的各个社区需要一个行之有效的犯罪防控体制，但该体制不是如今的体制。如今的体制设计更擅长创造犯罪，创造一个贴着罪犯标签的永恒阶级。……有人说大规模监禁是糟糕透顶的失败之举，这不无道理，可这必先假设这个刑事司法系统的用途是防控犯罪。但如果把大规模监禁理解为一个社会管控体制——尤其是种族管控——那么该体制就是大获成功的。[43]

最饱受诟病的案例就是毒品战争（War on Drugs），其间有几百万人经由刑事司法系统而遭到监禁，其中大多数是黑色和棕色皮肤的群体。他们的生活毁于一旦，他们的社区动荡不安，而毒品的使用和供应却没有减少。

每个人都希望生活在安全的社区中，但当个人和社区指望警察来解决他们的问题时，他们实质上启动了压迫他们自身的机器。警察将会经常开展管控犯罪的运动，这些运动就算没有彻头彻尾的敌意，也还戴着阶级与种族怀疑主义的有色眼镜——尽管并非总是如此。虽然警员个人可能并不怀有很深的偏见——尽管许多警官确实偏见颇深——整个制度的最终目的却总是管控穷人和非白人，而不是带来任何像是真正的公正那样的东西。人们向警察求助，是希望他们能提供安全和保障，这可以理解。面对街头犯罪行为，穷人首当其冲。在几十年的新自由主义紧缩之后，地方政府没有意愿或能力去寻求能够改善现状的社会政策，使得能够在不动用武装警察的情况下处理犯罪和骚乱问题；正如西蒙所指出的，政府基本上已经把贫穷的街区扔给了市场的力量，而后者则受到镇压性刑事司法体系的支持。该体系创造出一种恐惧文化，并宣称自己才是解决这种恐惧的不二之选，这就是它把持权柄的方式。[44]随着贫困的加深和房价的上涨，政府对经济适用房的扶持已然消失，继之而起的则是流浪者收容所外加以破窗理论为导向的攻击性警治。随着精神健康设施的关停，警察成了为精神健康突发事件提供协助的第一回应者。当年轻人没有足够的学校、工作或娱乐设施时，他们就拉帮结派以求互相保全，或者为了生存而涉足充斥着赃物、毒品和性的黑市，最后被无情地定罪。现代警治大体上是一场针对穷人的战争，在促进人民安全和社区发展等方面毫无建树。就算是有一些成果，那也是通过国家力量中最具强制性的形式来完成的，而这毁掉了几百万人的生活。我们不应再去请求警察来解决我们的问题，而是必须团结起来谋求真正的公正。我们需要创造出这样的社会：它旨在满足人民的需求，而非沉湎于不计代价地追求财富。

注释

1. David Bayley, *Police for the Future* (Oxford, UK: Oxford University Press, 1996), 25–28.

2. Naomi Murakawa, *The First Civil Right: How Liberals Built Prison America* (Oxford, UK: Oxford University Press, 2014).

3. David Bayley, "The Development of Modern Policing" in *Policing Perspectives: An Anthology*, ed. Larry Gaines (Oxford, UK: Oxford University Press, 1998), 67.

4. Allan Silver, "The Demand for Order in Civil Society," in *The Police*, ed. David J. Bordua (New York: John Wiley and Sons, 1976), 21.

5. Kristian Williams, *Our Enemies in Blue: Police and Power in America* (Oakland, CA: AK Press), 119.

6. Mash Neocleous, *The Fabrication of Social Order: A Critical Theory of Police Power* (London Pluto Press, 2000).

7. Galen Broeker, *Rural Disorder and Police Reform in Ireland, 1812–1836* (Abingdon, UK: Routledge, 2015).

8. Donald Read, *Peterloo: The 'Massacre' and its Background* (Manchester, UK: Manchester University Press, 1958); Robert Walmsley, *Peterloo: The Case Re-opened* (Manchester, UK: Manchester University Press, 1969).

9. F.C. Mather, *Public Order in the Age of the Chartists* (Manchester, UK: Manchester University Press, 1984).

10. Roger Lane, *Policing the City: Boston, 1822–1885* (New York: Atheneum, 1971).

11. Paul Gilje, *The Road to Mobocracy: Popular Disorder in New York City, 1763–1834* (Chapel Hill, NC: University of North Carolina Press, 1987).

12. Raymond Blaine Fosdick, *Crime in America and the Police* (New York: The Century Co., 1920).

13. Sam Mitrani, *The Rise of the Chicago Police: Class and Conflict, 1850–1894* (Chicago: University of Illinois Press, 2013).

14. Lane, *Policing the City*.

15. Eric Monkkonen, *Policing Urban America: 1860–1920* (Cambridge, UK: Cambridge University Press, 1981).

16. Roger G. Dunham and Geoffrey P. Alpert, *Critical Issues in Policing: Contemporary Readings, Seventh Edition* (Long Grove, IL: Waveland Press, Inc., 2015).

17. Daniel Czitrom, *New York Exposed: The Gilded Age Police Scandal that Launched the Progressive Era* (Oxford, UK: Oxford University Press,

2016).

18. Spencer J. Sadler, *Pennsylvania's Coal and Iron Police* (Chicago: Arcadia Publishing, 2009).

19. Alfred McCoy, *Policing America's Empire: The United States, The Philippines, and the Rise of the Surveillance State* (Madison, WI: University of Wisconsin Press, 2009).

20. Pennsylvania State Federation of Labor, *The American Cossack* (New York: Arno Press & The New York Times, 1971).

21. "Pennsylvania State Police [Politics] Historical Marker," *ExplorePAhistory.com*, http://explorepahistory.com/hmarker.php?markerId=1-A-3BB.

22. Jeremy Kuzmarov, *Modernizing Repression: Police Training and Nation-Building in the American Century* (Amherst, MA: University of Massachussetts Press, 2012), 39.

23. Ibid.

24. Mike Cox, *The Texas Rangers: Wearing the Cinco Peso*, 1821–1900 (London, UK: Macmillan, 2008).

25. William Carrigan and Clive Webb, *Forgotten Dead: Mob Violence against Mexicans in the United States, 1848–1928* (Oxford, UK: Oxford University Press, 2013).

26. Aaron Cantu, "The Chaparral Insurgents of South Texas," *New Inquiry*, April 7, 2016; Rebecca Onion, "America's Lost History of Border Violence," *Slate*, May 5, 2016.

27. Benjamin Johnson, *Revolution in Texas: How a Forgotten Rebellion and Its Bloody Suppression Turned Mexicans into Americans* (New Haven, CT: Yale University Press, 2005).

28. Julian Samora, Joe Bernal, and Albert Peña, *Gunpowder Justice: A Reassessment of the Texas Rangers* (Notre Dame, IN: University of Notre Dame Press, 1979).

29. Walter Webb, *The Texas Rangers: A Century of Frontier Defense* (Boston: Houghton Mifflin, 1935).

30. Walter Webb, *The Texas Rangers: A Century of Frontier Defense*, 2nd ed. (Austin, TX: University of Texas Press, 1965).

31. Sally Hadden, *Slave Patrols: Law and Violence in Virginia and the Carolinas* (Cambridge, MA: Harvard University Press, 2001).

32. Richard Wade, *Slavery in the Cities: The South 1820–1860* (Oxford, UK: Oxford University Press, 1967), 80.

33. Ibid, 82.

34. Hadden, *Slave Patrols*, 4.

35. Douglas Blackmon, *Slavery by Another Name: The Re-Enslavement of Black Americans from the Civil War to World War II* (New York: Anchor Books, 2008).

36. Williams, *Our Enemies in Blue*, Ch. 4.

37. Micol Seigel, "Objects of Police History," *Journal of American History* 102, no. 1 (2015): 152–161.

38. Kuzmarov, *Modernizing Repression*, 235.

39. Christian Parenti, *Lockdown America: Police and Prisons in the Age of Crisis* (Brooklyn, NY: Verso Books, 2000).

40. Jonathon Simon, *Governing Through Crime: How the War on Crime Transformed American Democracy and Created a Culture of Fear* (Oxford, UK: Oxford University Press, 2007).

41. Michelle Alexander, *The New Jim Crow: Mass Incarceration in the Age of Colorblindness* (New York: The New Press, 2013).

42. Jeffrey Reiman, *The Rich Get Richer and the Poor Get Prison: Ideology, Class, and Criminal Justice* (Boston: Pearson, 2007).

43. Alexander, *The New Jim Crow*, 224–5.

44. Simon, *Governing Through Crime*.

学校通往监狱的通道

2005年,佛罗里达州3名警员以在学校行为不端为由强行逮捕了一名5岁的非裔美国女孩。这一幕被监控视频拍了下来。与其他大多数人一样,歌手和民权活动人士哈里·贝拉方特(Harry Belafonte)对其看到的这一幕感到惊骇,并发起了一场培养下一代民权活动人士的运动——保卫正义集会(the Gathering for Justice)。该运动进而促成了正义联盟(Justice League)的形成,而后者是"黑人的命也是命"(Black Lives Matter)运动的一支重要力量。正义联盟的组织诉求的核心是呼吁停止对学校中的青少年进行定罪。[1]

"学校资源官"(school resource officers)

在过去的20年里,驻校警员的数量出现了爆炸式增长。这也是警察权限和权力最具戏剧性的、取得明显适得其反效果的扩张现象之一。在2013—2014学年,美国有超过4.3万名学校警员。[2]现在,超过40%的学校有分派给它们的警员,其中69%的警员不仅维持治安和执行法律,还参与学校的纪律惩罚。

虽然"学校资源官"的起源可以追溯到20世纪50年代,但他们的数量和工作重心在20世纪90年代经历了一次巨大的变动。这在很大程度上要归功于司法部的"驻校警察"（Cops in Schools）计划——该计划拨款7.5亿美元用于雇佣6500名新的驻校警察。[3]尽管这些警察当中的许多人努力为学生提供安全的环境，还同时担任导师和顾问，但依靠武装警察来解决安全问题的总体策略已经导致了被逮捕的学生数量大幅增加。这从根本上破坏了学校的教育使命，使其成为更大范围的监狱国家的一部分，并且培养出了所谓的由学校通往监狱的通道。

驻校警察人数的增加与各种各样的社会和政治因素有关，这些因素在20世纪90年代汇合并持续到了今天。首先，保守的犯罪学家约翰·蒂留里奥（John Dilulio）与破窗理论的提出者詹姆斯·威尔逊一同，在1995年指出，美国将很快会经历一次青少年犯罪浪潮，这是由贸易破产（crack trade）、高比例单亲家庭以及一系列与价值衰微和道德败坏有关的种族立法问题推动的。[4]蒂留里奥预测，到2010年将会新增27万的青少年掠夺者混迹街头，这会导致暴力犯罪的大幅增加。他把这些年轻人描述为不知悔改的罪犯："这些暴躁冲动、残忍无情的……小学少年们随身携带的不是午餐而是枪"，并且"对人的生命毫无尊重"。[5]蒂留里奥和他的同事们认为，除了将这些孩子们排除在可能伤害他人的环境之外，并最终尽可能长时间地监禁他们之外，没有别的选择。但是，蒂留里奥的观点建立在虚假的证据和包含意识形态动机的假设之上，它们最终被证明是完全不准确的。自那以后的每一年，美国校园内外的青少年犯罪都是在下降的。[6]

但是，这一"超级掠夺者"神话的影响力非常大。它导致了大量的新闻报道、社论述评和立法行动。其中一个直接后果就是一系列降低成人刑事责任年龄的新法律的出台，这使得年轻人更容易被监禁在成人监狱，以此来与更加广泛的无能化政治（politics incapacitation）和大规模监禁相一致。这也是加强学校纪律政策和在学校中增加警力的核心举措。

促使驻校警察增多的第二个主要因素是发生在1999年的哥伦拜恩中学

屠杀事件（Columbine school massacre）。尽管当时校园里面有武装警察，2名科罗拉多高中学生还是谋杀了12名同学和1名教师。这一惨剧因其本身的极端性，以及发生在通常认为是犯罪率较低的白人郊区而引起极大的关注。中产阶级家庭很容易对发生在非白人城市学校中的更加频繁的暴力视而不见，但这一事件促使他们希望有关部门采取行动，让学校变得对年轻人而言更加安全。

与更加广泛的采取强硬刑事司法措施的社会思潮相一致，有关部门的应对措施是增加校园内的武装警察数量，而非解决校园霸凌、精神疾病和枪支获取等更为基础的社会议题。虽然他们对校园霸凌也有一些关注，但其中的许多措施都采取了惩罚性的形式，由此推动出台了新的"零容忍"纪律规程和更进一步的诸如休学、开除等惩罚，以及凭借脆弱的证据和轻微的违法行为就采取逮捕的措施。

第三个主要因素则是新自由主义的学校改组的兴起，其重心转向选拔性考试、预算削减和惩罚性纪律制度。对学校的评判渐渐几乎取决于学生在标准化考试中的表现。教师的工资、可自由支配的开支甚至是学校的存亡都与这些考试息息相关。这就在学校中营造了一种高压氛围，将提高考试分数作为首要关注点，并将教师、管理人员的利益与学生的利益对立起来。[7]想要保住工作或是想拿到奖金的教师或管理人员，就有动力摆脱那些因为成绩不佳或是有干扰其他学生成绩的行为而拖累考试分数的学生。这使得这些学校有很强的动力去赶走这些学生，其手段不是暂时休学，就是永久开除或退学。

选拔性考试与社会控制

那些严重依赖高风险考试的州倾向于将教学重心转向备考和死记硬

背。这是扼杀创造性和个性的学习模式，而当学生们对学习提不起兴趣或者感到厌恶时，这些措施就会助长纪律问题。学校往往采取更加严格、更具惩罚性的纪律制度来应对这种势头。结果就是休学、逮捕和开除的增多，学校在将学生赶出校门的同时把他们送入刑事司法系统。在这种环境下，教师的士气下降，辍学率上升。

北卡罗来纳州在1996年成为最早全面实施这些措施的州之一。那里的老师报告说，用于考试准备的时间越来越多，而不在考试范围内的科目则被大幅缩减了，如社会研究、科学和体育。在联邦法案《不让一个孩子掉队》（No Child Left Behind）通过之后创建的新的惩罚性纪律制度，导致了更多的休学和逮捕。10天以内的休学增加了41%，长期休学增加了135%。截至2008年，学校资源官的人数已经翻倍，导致了16499名学生被逮捕。被休学者的种族差异也变得更加严重，黑人学生被休学的可能性是其他学生的3.5倍。[8]

佛罗里达州从1998年开始采纳了一种选拔性考试制度。到2003年，校外休学的学生人数几乎增加了20%。2004年，有2.8万名学生在校园中被逮捕，其中差不多2/3的学生是由于轻微犯罪被捕——这些事件曾经是由学校来处理的。此外，更多的学生被视为无能之辈，失去了参加考试的机会。教师的士气大大受挫。2006年的一项调查显示，超过一半的教师表示他们正在考虑改行。还是在2006年，佛罗里达州的毕业率下降到了57%，全国倒数第四。由于较高的开除率和辍学率，2003到2007年，参加普通高中同等学历证书（GED）考试的人数增加了25%。[9]

德克萨斯州处在这场转变的中心位置。它的私有化措施和大幅削减公共部门开支的做法与社会控制领域惩罚性机制的扩张势头正相适应。德克萨斯州是20世纪90年代最早推行选拔性考试的一个州。时任州长乔治·W.布什扩大了它的作用，并实施了一系列的惩罚性措施，而其中的大部分措施都采用了零容忍策略。正如我们所看到的,由于考试促使老师们将成绩差和捣乱的学生赶出教室,休学率一飞冲天——其中95%的学生都属于轻微违规。[10]截至2009－2010学年,整个德克萨斯州有200万名学生休学,其中190万都是因为"违反当地行为准则",而不是因为更加严重的违法行为。为了应对飙升的休学率,与州共和党领人关系密切的营利性企业开发出了一种被安妮特·富恩特斯(Annette Fuentes)称作"监狱学校"(Supermax Schools)的机构。[11]这些学校使用指纹扫描仪、金属探测器、频繁检查、严密的视频监控和严格的纪律制度来管理那些被普通学校开除的孩子们。在很多情况下,在走廊和餐厅孩子们是不允许说话的。教师们几乎没有接受过专业的培训,而低薪待遇也意味着这里的合格教师要比普通学校少。学校的工作重心是上机学习和频繁考试。来自外部的评估受到了严格的控制;为数不多的外部检查已发现其中存在骇人的行为和监狱般的生活学习环境。

总的来说,用以描述考试分数显著提升的所谓"德克萨斯奇迹"(Texas Miracle),建立在伪造的考试成绩、一飞冲天的休学率和辍学率,以及将问题学生分流到州考试制度之外的监狱般的学校的基础之上。布什就是利用这个骗局一路走进白宫,并在那里以"不让一个孩子掉队"的法案的形式向全国进行制度化的推广。

这场教育变革的最终表现,就是完全拥抱选拔性考试和惩罚性纪律制度的特许学校运动。支持者已经呼吁要在特许学校中广泛采用基于破窗理论的政策,将其作为灌输更严格的教室纪律的一种方式。[12]最终,围绕这些方法的讨论变成了"从小事做起"(sweating the small stuff)和以"别找借口"(no excuse)为基础的纪律。这些方法也是"为美国而教"(Teach for America)和"改革教学中心"(the Center for Transformative Teaching)这两个机构重点强调的方法,它们也都对传统公立学校的教师培训有着重要影响。尽管这些话语也会激发致力于教学的专业人员的热情，激励他们努力工作以克服一切困难，但其真正的意思是出台更严格的规则，提高惩罚的频率和提升严格程度，以及淘汰那些可能会拖累考试成绩的学生。黑人男孩尤其会遭到这些学校的驱赶，但不是因为成绩差，而是因为他们没能安静地坐在教室里并穿着颜色正确的鞋子。纽约一所特许学校的一名学生在一年级时被休学了19次。学校表示，这名学生"天资聪颖，但就是管理不好自己的行为"。[13]美国公共广播公司的《新闻一小时》（News Hour）节目发现，即使是对幼儿园阶段的孩子，特许学校也会因为他们的行为违规而对其采取休学措施。[14]许多孩子都离开了特许学校，部分原因在于他们的父母无法应对经常出现的训诫会和休学。《纽约时报》发现，纽约大型成功学院（Success Academy）特许学校网络的休学率为10%，其中一些学校高达23%，但城市公立学校的休学率一般只有3%。[15]一位母亲被告知，如果她6岁的女儿继续在教室里有不当行为，老师就不得不打报警电话了。有一所学校甚至有一个"我得走了"清单，列出了那些他们认为没有好好遵守学校严苛的行为准则的学生。

结果就是，最终在特许学校毕业的学生大多是女生。这些学校进而声称毕业率很高，因为那些离开的学生纯属自愿，且并非因为成绩差而是另有他因。

学校通往监狱的通道

最终，这些力量与迈向更严厉惩罚的总体趋势相吻合，在更大的范围内推动了大规模监禁的增加。20世纪90年代的政治家们已经接受了下述观点：犯罪是一种根深蒂固的道德衰败，并在很大程度上不受任何改革的影响。他们主张，唯一适当的应对策略是长期监禁。这从"三振出局法"和其他强制性最低量刑计划的兴起就可以看出来。在这种政治环境下,每一次的公共安全威胁都立即变成了实施更多刑罚和控制的新机会。

比尔·克林顿总统非常乐意为此尽一份力。1994年他推出了《无枪学校法案》(Gun-Free Schools Act),该法案采取了"零容忍"的学校纪律政策。在那之后,立法人员和学校管理人员采纳了一系列严厉的纪律规范,在学校中配备了监视系统、金属探测器和大量的警察。

尽管犯罪率在下降,这些政策所导致的对年轻人的刑事定罪却越来越多了。教育部的数据显示,2011—2012学年共发生了9.2万起逮捕行动。[16]一项研究发现,在控制了学生的种族、收入等人口统计学变量以后,有学校资源官的学校的逮捕率几乎是没有学校资源官的学校的5倍。[17]这些政策对有色人种和残障学生的影响尤其严重。有色人种学生比例高的学校更有可能采取零容忍政策,并导致更多的休学、开除和逮捕。[18]

根据美国教育部2011—2012年对7.2万所学校的调查发现,黑人、拉丁裔和有特殊需求的学生都不成比例地遭遇了刑事司法诉讼。[19]虽然黑人学生占在校学生总数的16%,但在遭遇执法行动的学生中他们的比例为27%,在与学校有关联的被捕学生中,他们的比例为31%。相比之下,白人学生占在校学生的比例为51%,而遭遇执法的白人学生比例为41%,被捕学生中的白人学生比例为39%。有些地区的数字更为醒目。在芝加哥,2013—2014年这两年时间里有8000名黑人学生被逮捕,黑人学生被捕的概率是白人学生的27倍。[20]超过一半的被捕学生还不满15岁。

学生被捕常常都是因为一些轻微的违纪和破坏行为,如使用手机、不尊重老师、大声争论等。配备学校资源官的学校越来越多地将学校纪律事务交由那些警员们处理,因为它们发现单单叫一名警员进来,将学生带走并逮捕,要比通过开明的纪律制度努力营造合理的课堂环境要容易得多。即使是好心的老师,其选择也很有限。健康、有效的纪律制度需要投入人力与资源,尽管它们的成本通常比雇佣额外的武装警察要低得多。

休学——这是未来会被逮捕的一个重要预兆——在种族方面也严重地不成比例。南方贫困法律研究中心(Southern Poverty Law Center)2010年的一项全国性研究发现,在9000所中学中,有28%的黑人男生被休学,比例是白人男生的3倍,而黑人女生被休学的比例是白人女生的4倍多。[21] 俄亥俄州儿童保护基金会(Children's Defense Fund of Ohio)发现,黑人学生被休学的比例是白人学生的4倍。这些结果已为全国各地的研究所所印证。[22]

有特殊需求的学生在被移交警察处理的学生中的占比超过了25%(尽管他们的总人数在所有学生中的比例仅为14%),这有时会导致可怕的后果。[23]国际公共广播电台(Public Radio International)2015年春天报道了这样一个案例:一名来自弗吉尼亚州林奇堡市(Lynchburg)的患有自闭症的11岁男生,被学校资源官多次提起刑事犯罪指控。[24]有一次,这名少年因行为不当而被责骂后踢了一个垃圾桶,结果导致警察以妨碍社会治安为由将其起诉至少年法庭。在另一起事件中,这名男生因为在被带离教室的过程中有所反抗,同一位学校资源官将其猛地摔倒在地并戴上了手铐。这起事件导致了一项妨碍社会治安的轻罪指控和一项袭击警员的重罪指控。令人震惊的是,一名家庭法院的法官裁定这名少年犯了指控中的所有罪过。事实表明,在被指控实施与学校相关的犯罪的儿童比例方面,弗吉尼亚州领先全国。[25]LGBTQ*学生同样是面临惩罚性纪律和逮捕的高风险群体。他们经常受到学生甚至是老师的排斥,他们的行为也由此被视为是"反社会"的。

2015年8月,美国公民自由联盟针对肯塔基州一名副警长提起了联邦

---

* LGBTQ是女同性恋者(lesbians)、男同性恋者(gays)、双性恋者(bisexuals)、跨性别者(transgender)和酷儿(queer)的英文单词首字母。——译者注

诉讼，起因是两名残障学生——一名8岁男孩和一名9岁女孩——因为与残障有关的轻微不当行为而被他戴上了手铐。两个孩子太小，以致警察将手铐铐在了他们的肱二头肌上。这给孩子们带来了进一步的伤害。铐男孩的过程被录了音。警察告诉他："你要么按照我们说的做，要么后果自负！"[26]很显然，在处理有特殊需求的儿童方面，这位警员没有接受过专门的培训。学校依靠未经培训的武装警察来管理有特殊需求的学生，这一决策很成问题，而且正如美国公民自由联盟所说，这也从根本上违反了《美国残疾人法案》（Americans with Disabilities Act）以及公民权利和人权。

学校的军事化

另一个令人关切的现象是学校的日益军事化。在全国范围内，警方已经从五角大楼接收了大量剩余的军事装备。驻校警察机构也加入了进来。这些机构已经采购了防地雷反伏击车辆（MRAP）、AR-15突击步枪、霰弹枪和榴弹发射器。据《华盛顿邮报》报道，30个州有至少120支附属于学校的警察部队启动了1033武器转运计划（第一章曾讨论过）。[27]2003年，南卡罗来纳州鹅溪中学（Goose Creek High School）的管理人员借调了一支大规模的特殊武器与战术小组对学校进行突袭，目标是搜查出毒品和枪支。在没有任何明确的合理根据的情况下，全副武装的警察拔出枪并命令数百名学生——大部分是黑人学生——趴在地上，而学校管理人员则在四处寻找要搜查和逮捕的学生。有关这起事件的一段视频显示，当身穿黑衣的警察从壁橱和楼梯间冲出，呼啸着发出命令并用枪指向学生时，学生们被吓得一动不动或四散奔逃。[28]警犬也被带来了，用来搜寻那些用以证明突袭行动之必要性的毒品。结果，一无所获。组织此次突袭行动的学校管理人员向家长们道了歉，但同时又指出，"只要警察在校园里，一切就都在控制之中"——而这正是问题的所在。[29]

枪支和军事化装备的使用破坏了学校作为支持性学习环境的基本理念，并代之以恐惧和控制。[30]全国学校资源官协会（National Association of School Resource Officers）已经成为这一进程的堡垒。它的年度大会就是一大批军事承包商在努力向学校出售新的安保系统、为学校训练警员掌握准军事技术、证明学生不断面临来自自身或外界的风险。安妮特·富恩特斯出席过一次这样的会议，当时就震惊于主旨演讲人的发言。这位没有接受过美国国内法执法培训和教学方法培训的"反恐专家"，对现场数百名警员发出下面的警告：

> 你们的学校里有人正在策划下一起哥伦拜恩中学屠杀事件。每个城镇、每所大学现在都有一个乔（Cho，弗吉尼亚理工大学枪手）；而在每个州，也都有基地组织（Al-Qaeda）的分支在筹划这样的事件。每所学校都是一个可能的袭击目标……你已然成为一个作战单兵……你必须有足够的枪支、弹药和防弹衣以确保自身安然无恙……你应该每天携带全套战术装备，带着半自动武器和五梭子弹在学校里四处走动……你再也不能把自己当成和平时期的警察……你必须把自己想象成战场上的士兵，因为我们会要求你像士兵那样行动。[31]

这种心态正在渗透进学校的警治之中。南方贫困法律研究中心2010年对阿拉巴马州伯明翰市的学校提起集体诉讼，声称他们系统性地过度使用武力。[32]他们声称，从2006年到2014年，有199名学生被喷射了一种被相关机构称为"冻结+P"（Freeze+P）的胡椒喷雾和催泪瓦斯的混合物。它会引起极端疼痛和皮肤刺激，并会妨害到呼吸和视力。所有被喷射的学生都是非裔美国人。其中一名学生正怀着孕，很多学生都是无辜的旁观者，还有一些学生被喷射时完全没有任何暴力行为。大多数情况下，警察对被喷射的学生不做任何治疗，有一些学生被带到警方拘留室，穿着喷满化学药剂的衣服等待传讯。2015年，一家联邦法院认定了该学区侵犯公民权利的犯罪事实，并要求禁止使用这种喷雾剂。[33]德克萨斯州一名17岁的高中生被一名正努力制止一场校园斗殴的学校资源官用泰瑟枪击伤。这名学生因摔倒和头部遭到冲击而受了重伤，在医疗昏迷状态（medically induced coma）中度过了52天。[34]监控视频显示，这名学生被泰瑟枪击中时事实上正在远离那些警员。

学校资源官所制造的更为常规的暴力也同样非常普遍。2015年10月，有学生录下了南卡罗来纳州一位被分配到学校的副警长暴力逮捕一名上课带手机的少女的一幕。这名警员将女孩和桌子一起推倒，然后连拉带拖将其带走。[35]一名录下该事件的同学在她对发生的事情表达口头抗议时，受到了人身威胁并被逮捕。2010年，一名有过创伤性脑损伤的15岁学生在一所特殊需求学校中被伊利诺伊州道尔顿市的一名警员殴打，原因是这名学生解开了自己的衬衫。这起事件被监控视频拍到，但这名警员没有受到任何处分，他甚至都没有报告这起事件。[36]类似事件在全国各地的学校中普遍存在。

根据《琼斯母亲》（*Mother Jones*）杂志的一篇报道，2010—2015年，有28名美国学生被学校资源官重伤，另有一名学生因此而死亡。[37] 2010年，14岁的德里克·洛佩兹（Derek Lopez）在圣安东尼奥市郊区被一名学校资源官枪杀。洛佩兹在校园里用拳重击一名学生。警员丹尼尔·阿尔瓦拉多（Daniel Alvarado）看到这一幕并命令洛佩兹不许动，然后追赶他到附近的后院小屋。在那里，他开枪打死了洛佩兹。阿尔瓦拉多声称，当他打开小屋的门时，洛佩兹向他"猛冲"（bull-rushed）过来。2012年8月，大陪审团做出不起诉阿尔瓦拉多的决定。[38]

低等级的暴力更加普遍。虽然没有全国性的数据——部分原因是联邦和州政府没有这方面的报告要求，但地方研究还是披露了大量使用武力的现象。《休斯顿纪事报》（Houston Chronicle）发现，2010到2014年，休斯敦郊区10所中学学区的警察报告了1300起使用武力的事件。[39]很多大的地区没有这方面的数据或拒绝提供合作。教育机构和警察监督机构也都没有提交这类报告的要求。

驻校警察的大规模扩张建立在它能使学校更加安全的观点之上，但事实并非如此。相比没有警察的学校，与之类似但配备大批警力的学校反而经常报告说它们感觉不太安全。没有证据表明学校资源官减少了犯罪。仅有少数案件表明警察在避免潜在的持枪犯罪方面发挥了一定作用（这些案件大都涉及威胁）。在2013年的一起案件中，亚特兰大市的一名警员阻止了一起正在发生的校园枪击事件。当时受害目标已被击中，一名学校员工也中弹了，而且被捕时行凶者已经不再射击。[40]研究普遍显示，拥有学校资源官的学校所报告的犯罪事件事实上是增加了。[41]部分原因在于他们比以前发现了更多的违禁品，并将更多的事件视为刑事案件。没有确凿的证据表明他们减少了盗窃或暴力。[42]

改革措施

学校资源官的作用还在不断地扩大。这是因为当现实的安全威胁解除时，他们会被赋予更多的职责，并且主动找更多的事情做。武装警察目前在很多学校中担任正式或非正式的咨询顾问。他们负责管理"抗药物滥用教育"（Drug Abuse Resistance Education，DARE）和其他的毒品预防项目。不幸的是，对于他们所要扮演的这些角色，警察几乎没有受到过任何的监督和培训。通常来说，学校资源官在提供咨询、指导和教学方法方面很少或根本没有接受过任何指导。虽然他们的一些努力值得称赞,但另外一些就非常可笑了。过去几十年的研究已经表明,像"药物滥用防范教育"这样的项目一直都没有什么效果。此外,在要求孩子们把警察当作指导员和顾问这件事上,存在着一个根本性的冲突。尽管警员们希望年轻人们能信任他们,但他们同时也是执法人员。这意味着,交流的信息可以用作证据并导致警方更快地采取执法行动,抓捕对象很可能就是自己指导的学生。在一个零容忍的年代里,这可能会带来灾难性的后果。

教育部在其2014年度关于最佳训诫实践的《指导原则》(Guiding Principles)报告中呼吁对驻校警察进行有关青春期发展、冲突化解、隐含偏见,以及如何最好地应对残障和有创伤历史的学生等方面的培训。[43]另外一些专家继续肯定警察作为榜样和导师的价值,但前提是他们理解他们的作用是为学生和学校提供安全保障,而不是作为学校纪律的执行人。[44]然而,这一思路假定,由身着统一制服的警察扮演的这个角色——而不是让教练、教师、顾问或管理人员来扮演——具有内在的价值。这其中隐含的目标是确立警察在学生心目中的重要性和合法性;由于是一名正式的权威人物,警察在学校中是有价值的。这种观点认为,年轻人可以得益于对高度建制化的权威的认同。这是第一章讨论过的自由主义所坚持的程序正义的一个内在方面:问题不在于学校里有正式的国家管控代理人,而在于他们有时候行为不当并且滥用这一至关重要的权威。

事实上,驻校警察的最早起源就充斥着这种心态。在20世纪50年代,密歇根州弗林特市(Flint)在学校中配置警察的目的,就是在青少年暴力高发和社会不满情绪高涨的时代重建警察在年轻人眼中的合法性与价值。出于同样的目的,驻校警察在20世纪60年代经历了又一个扩张时期。[45]这无关学校或青少年的安全和治安问题。事实上,大部分的早期项目都是在犯罪率和暴力程度比高中低得多的小学和初中创建和实施的。在很多方面,这是社区警治思维的一种扩展。在这种思维中,警察融入社区中搜集信息和表达善意,而这种善意之后就转化为更密集和更具侵入性的警治形式。根据国家学校资源官协会主席凯文·奎因(Kevin Quinn)的说法,他们工作的一项核心内容就是发展融洽的关系以促进情报搜集:"一旦学校资源官在社区中确立了自己的地位,孩子们就会愿意站出来报告事件、发送电子邮件、语音留言或直接走进警员的办公室。"[46]这种融洽关系难道不能由受过更合适的培训、更忠于学生福祉的顾问——而非通过执法的形式——产生吗?

有些人建议,为了培训工作和最佳的实践效果,需要建立国家标准。[47]奥巴马总统的21世纪警治工作特别小组在这个议题上有一些好坏参半的建议。它建议警察机构对那些最终将儿童推向刑事司法系统的政策和程序进行改革,但在警察撤出校园的议题上表示了沉默。事实上,它通过号召警察"制定和监督"纪律政策并且与学校管理人员合作"造就一系列适宜且相称的建设性成果",从而扩大了警察的职权。但正如丽莎·图劳(Lisa Thurau)和约翰娜·瓦尔德(Johanna Wald)所质疑的:"为什么没有任何培训和背景的警察要去帮助学校设计教育政策和实践?"[48]

近年来,一些学区已经开始寻找方案来替代警察强制施行的零容忍方式,但却一直不愿意安全放弃惩罚性的导向。2007年,洛杉矶联合学区(Los Angeles Unified School District)采用了一种叫作"积极行为干预和支持"(Positive Behavioral Intervention and Supports)的新方法。在这种新方法中,学校将社会技能培养和行为管理纳入他们的课程计划当中。[49]在学校表现不佳的学生成为额外干预——如自我管理技能方面的辅导和咨询——的目标。教师致力于给各种行为贴上"好的"和"坏的"标签。他们密切监视学生的行为举止,并通过分级处罚来确保学生的服从。这些措施确实减少了休学和警察执法,但是仍旧依赖于一种与古典控制理论相似的自上而下的纪律形式。在这种理论中，父母和其他相关人员被鼓励通过识别和控制不当行为的方式来使他们的孩子社会化。学校纪律专家阿尔菲·科恩（Alfi Kohn）称之为"把孩子当宠物"（Treating Kids Like Pets，TKLP），因为它是一种使用贿赂而非威胁的控制方法。

替代方案

纽约的一个特别工作小组发现，惩罚性纪律制度较少的学校，即使处在贫困和犯罪率高发的社区环境中，也能给学生带来更多的安全感，同时拥有较低的逮捕率和休学率以及更少的犯罪行为。[50]我们需要的是一套非惩罚性的纪律措施，能在确保孩子们留在学校的同时找出破坏性行为的根源，但学校当局通常没有提供这样的措施。学校不可能解决学生带来的所有问题，但它们可以成为解决方案的一部分，而非刑事司法系统的一部分。要做到这一点，他们需要更多的资源来应对作为一个整体的学生。我们不能以年轻人的身体和情感为代价，只教他们参加考试，或是只关注基础知识和技能。大量的研究表明，当年轻人心神不宁或注意力不集中时，学习不可能有效率。但是，依赖警察意味着将学生的身体、情感和行为方面的教育从教师的职责中转移出来并外包给警察。这是一个巨大的错误。

教师需要的是培训、顾问和协助人员，以便能为学生和他们的家人提供有意义的服务。目前纽约市的学校里来自纽约警察局的员工的数量比各类顾问都要多，每年要花费大约7.5亿美元。[51]我们需要投资能够解决家庭和社区问题的校内服务和课外服务。凭教师自身的力量是无法解决这些问题的，特别是在预算削减和实施选拔性考试制度的背景下。事与愿违，他们发现自己正被迫将孩子们赶出他们的教室、最终赶出校园并将他们推向刑事司法系统。

为了满足这些需求，美国教师联合会（American Federation of Teachers，AFT）最近一直在支持一项叫作"社区学校"的创举。[52]这些学校提供一系列的全方位服务，如医疗和精神卫生保健、个人心理咨询、家教辅导、社区服务和社会公正项目，以及成人教育和面向父母的咨询服务。这些服务通常由与学校合作的社区组织提供，也可以根据所在社区的特定需求提供定制式服务。在犹他州的盐湖城，美国联合慈善总会（the United Way）与11所社区学校合作，为1万多名学生提供服务，其中超过一半的学生来自收入极低的家庭，超过1/4的学生是英语初学者。该项目提高了学业成绩，减少了长期逃课现象，而长期逃课是学生未来会出现问题的一个有力的迹象。巴尔的摩（Baltimore）有45所社区学校，服务对象绝大多数是贫困和少数族裔学生。这些学校提高了学生的出勤率，并通过恢复性司法项目减少了休学现象。在很多学校，毕业率和考试成绩也有了显著提高。巴尔的摩的学校里有一些身穿制服的警察，但是州法律要求他们不得携带武器，而且还存在进一步减少他们在校园中现身的公共压力。[53]

除了更普遍地为高需求学校提供更好的资助外，政府官员们还应该采纳各种有据可依的，与警察相比成本更低、更有效率的改革措施。社会和情感教学、行为监控和强化、和平学校项目以及恢复性司法系统都已经证明，可以在不依赖控制和惩罚逻辑的前提下减少学校的纪律问题。

其中，恢复性司法项目是这些替代措施中发展最为成熟的。它们最初的设计构想是为了应对社区中的犯罪，但现在已广泛运用于学校。在全国范围内，许多学校正在实施的这类项目不再用惩罚的方式去管理学生的行为，而是围绕解决学生行为不端的根本原因的机制，努力让学生作为负责任的社区成员融入社区，而不是像当前的纪律制度那样将他们赶出社区。

恢复性司法实践立足于世界各地的本土实践——它们在传统的、社会关系紧密的社区中占据主导地位，以促进社区的稳定性、凝聚力和自我可持续发展的方式解决所面临的问题。这些实践有多种实施方式，包括同伴陪审团、问题解决小组（problem-solving circles）、社区服务和冲突调解。为了真正产生效果，这些项目需要教师和管理人员的持续支持以获得学生的信任。所有这些机制的核心在于希望使学校成为一个受年轻人欢迎的地方，不论他们给学校带来了什么问题，同时努力以符合学生和更大范围的学校社区最佳利益的方式一起去解决这些问题。

美国国家教育协会（National Education Association，NEA）、美国教师联合会和进步计划（the Advancement Project）合作完成了一本面向教师的指导手册以促进相关措施的实行。[54]这本《恢复性实践：在学校中培养健康的关系和促成积极的纪律》（*Restorative Practices: Fostering Healthy Relationships and Promoting Positive Discipline in Schools*）阐述了恢复性司法实践的基本原则，比如解决冲突的方式是要求人们对他们的行为承担起有意义的责任并努力改变它们、在学校里建立健康的人际关系、减少有害行为、修复伤害和恢复积极的人际关系。

这些项目需要资源支撑。教师需要接受培训，课堂时间需要被抽用。此外，那些因预算削减和追求考试成绩而正承受压力的学校会发觉自身很难培养出一种支持性和关照性的氛围，也不愿从教学活动中抽出有效实施这些项目所必需的时间。用强制性的社区服务——如打扫走廊——代替休学并不会彻底扭转局面。

在"社会和情感学习"项目中，学生与教师一起努力发展各种生活技能，以帮助他们处理冲突和在学校更有效率地学习。[55]该项目有贯穿整个过程的五项指导原则：自我意识、自我管理、社会意识、人际关系技巧和负责任的决策。这一项目最著名的实施案例是始于1995年的"创造性解决冲突项目"（Resolving Conflict Creatively Program，RCCP）。纽约市的一些学校和其他几十所学校一直积极推行这一项目。它采用互动的方式向孩子们传授愤怒管理、协商、调解、合作和跨文化理解方面的技能。广泛的研究表明，这些项目对学校纪律和教育成果有持续的改善效果。无论是校内项目，还是校外项目，无论学生有无残疾、是何种种族，结果都是一致的。[56]哥伦比亚大学的一项研究发现，从老师那里接受了"创造性解决冲突项目"指导的学生比同龄人表现得更积极：他们以一种不那么敌对的方式看待他们的社会世界，认为暴力是一个不可接受的选项，并选择非暴力的方式去解决冲突。他们在阅读和数学的标准化测试中得分也更高。[57]

"行为监控与强化"是一个主要面向中学生的项目，旨在帮助那些很可能要面对刑事司法系统的学生、吸食毒品或辍学的学生。该项目依赖正面强化和赋权的策略。与对照组的学生相比，参与项目的学生成绩更高，出勤率也更高。一项为期一年的追踪研究显示，参与项目的学生自我报告的违法犯罪、药物滥用、休学、逃课、迟到、学业失败和失业等事项，都要比对照组学生少。一项为期5年的追踪研究发现，这些学生出现于郡法庭记录的次数也比对照组的学生少。[58]

这些项目与目前重视选拔性考试的氛围互不相容，因为后者衡量一个学校成功的标准几乎完全取决于学生在这些考试中的表现。而那些涉及学生整体福祉的项目常常被视为是对从教学到最重要的考试的一种干扰。因此，任何使学校变得更加安全、更少惩罚的努力都必须摆脱原来那种教育方式，并以更全面的方式满足学生的需求——也就是考虑他们的特殊需求和更广泛的学习背景。研究表明，当学生感到安全并获得支持时，他们的学习也会得到改善。虽然训练有素、意图良好，但是武装警察所执行的纪律零容忍制度破坏了这种安全感和支持感。警察的本质就是一种维护秩序和管控的力量。即使他们想要成为积极的导师，也总是会得到惩罚性和强制性能力的支持，而正是这些能力将他们与教师、顾问区别开来。

正如教育学教授马修·迈耶（Matthew Mayer）和彼得·利昂（Peter

Leone）在他们1999年关于学校犯罪的开创性研究中所发现的那样：金属探测器、校园警察和纪律零容忍守则离间了学生与老师之间的关系，营造了一种不信任的氛围——这种氛围在事实上推动了破坏性行为和犯罪行为的增加。[59]这种状况也减少了学生提醒教师和管理人员注意真实威胁的机会。在大部分由学生实施的校园枪击事件中，都有学生事先对计划和威胁有所警觉。但通常情况下，他们都没有报告自己的忧虑。迈耶和利昂认为："创造一个不受欢迎的、形同监狱的、严密审查的环境可能会助长学校管理人员想要避免的那些暴力和混乱。"[60]他们指出，学校应该"集中自己的精力；有效的沟通而非控制才是在学生心目中确立学校纪律体系正当性的最佳方式"。[61]

　　我们必须彻底放弃在学校中使用警察的想法。非警务人员不能很好处理的问题，他们也发挥不了多少积极的作用。也许有必要保护学校免受侵入者的破坏，但是到目前为止，在学校里配备武装警察看起来并不是解决问题的办法。即使需要武装警察，他们也无权在校园内活动。如果有必要，他们可以驻扎在学校周边或在需要时被派遣到学校中。校园里会发生悲剧吗？是的。但让校园里有更多的武装警察已被证明并不是减少这类事件的有效方式。恰恰相反，他们卓有成效地将成千上万的学生赶出校园并推入刑事司法系统。即使校园武装警察是减少少数暴力事件的一个有效工具，但是这一方式的社会成本是令人不可接受的。我们必须找到比把孩子们的学校变成武装堡垒和监狱更好的方法来确保他们的安全。是时候让将警察离开校园并放弃以严厉惩罚为核心的学校管理方式了。我们的年轻人需要的是同情和关怀，而非强制和控制。

注释

1. David Bayley, *Police for the Future* (Oxford, UK: Oxford University Press, 1996), 25–28.

2. Naomi Murakawa, *The First Civil Right: How Liberals Built Prison America* (Oxford, UK: Oxford University Press, 2014).

3. David Bayley, "The Development of Modern Policing," in *Policing Perspectives: An Anthology*, ed. Larry Gaines (Oxford, UK: Oxford University Press, 1998), 67.

4. John Dilulio, "The Coming of the Super-Predators," *Weekly Standard*, November 27, 1995, 23; James Q. Wilson, "Crime and Public Policy," in *Crime*, eds. James Q. Wilson and Joan Petersilia (San Francisco: Institute for Contemporary Studies Press, 1995).

5. Dilulio, "The Coming of the Super-Predators."

6. Melissa Sickmund and Charles Puzzanchera, eds., *Juvenile Offenders and Victims: 2014 National Report* (Pittsburgh, PA: National Center for Juvenile Justice, 2014).

7. Advancement Project, *Test, Punish and Push Out: How Zero Tolerance and High-Stakes Testing Funnel Youth into the School-To-Prison Pipeline* (Washington, D.C.: Advancement Project, January 2010).

8. Ibid, 32.

9. Ibid, 31.

10. Augustina Reyes, *Discipline, Achievement, and Race: Is Zero Tolerance the Answer?* (New York: Rowman and Littlefield, 2006).

11. Annette Fuentes, *Lockdown High: When the Schoolhouse Becomes and Jailhouse* (Brooklyn, NY: Verso, 2013).

12. Abigail Thernstrom and Stephen Thernstrom, *No Excuses: Closing the Racial Gap in Learning* (New York: Simon and Schuster, 2004).

13. Kate Taylor, "At a Success Academy Charter School, Singling Out Pupils Who Have 'Got to Go,'" *New York Times*, October 29, 2015.

14. *PBS Newshour*, "Is kindergarten too young to suspend a student?" October 12, 2015.

15. Taylor, "At a Success Academy Charter School."

16. US Department of Education Office for Civil Rights, "Data Snapshot: School Discipline," Civil Rights Data Collection, no. 1 (March 2014).

17. Libby Nelson and Dara Lind, "The school to prison pipeline, explained," Justice Policy Institute, February 24, 2015.

18. Tamar Lewin, "Black Students Face More Discipline, Data Suggests," *New York Times*, March 6, 2012.

19. Ibid.

20. Project Nia, "Data on School 2013–2014," *Policing Chicago Public Schools* 3 (2015).

21. Daniel Losen and Russell Skiba, *Suspended Education: Urban Middle Schools in Crisis* (Montgomery AL: Southern Poverty Law Center, 2010).

22. Jonathan Brice, "Baltimore Leader Helps District Cut Suspensions," *Education Week*, February 6, 2013; Rachel Graham Cody, "Expel Check," *Williamette Week*, September 24, 2013; Jill Tucker, "Oakland schools to get suspension monitor," *SF Gate*, September 27, 2012; Lewin, "Black Students Face More Discipline"; Children's Defense Fund—Ohio, "Issue Brief: Zero Toler-

ance and Exclusionary School Discipline Policies Harm Students and Contribute to the Cradle to Prison Pipeline," *Kids Count*, November 2012.

23. US Department of Justice and US Department of Education,"Dear Colleague Letter: Nondiscriminatory Administration of School Discipline," January 8, 2014.

24. Susan Ferriss, "Update: How kicking a trash can became criminal for a 6th grader," *Center for Public Integrity*, September 3, 2015.

25. Ibid.

26. American Civil Liberties Union, "Kentucky Case Spotlights Problem of Untrained Law Enforcement Disciplining Students with Disabilities," August 3, 2015.

27. Niraj Chokshi, "School police across the country receive excess military weapons and gear," *Washington Post*, September 16, 2014.

28. American Civil Liberties Union, "South Carolina Students Were Terrorized by Police Raid with Guns and Drug Dogs, ACLU Lawsuit Charges," December 15, 2003.

29. Rebecca, Leung, "Ambush at Goose Creek: Drug Worries Lead to Raid at S. Carolina High School," CBS News, February 2, 2004.

30. Bethany Peak, "Militarization of School Police: One Route on the School-to-Prison Pipeline," *Arkansas Law Review* 68, no. 2 (2015): 195–229.

31. Fuentes, *Lockdown High*, 155.

32. Dana Goldstein, "In Your Face: Does Tear Gas Belong in Schools? Do Police?" Marshall Project, January 26, 2015.

33. Emma Brown, "Judge: Police can no longer pepper-spray students for minor misbehavior at school," *Washington Post*, October 1, 2015.

34. Elliot McLaughlin, "Texas student tased by police exits coma, enters rehabilitation, attorney says," CNN, February 3, 2014.

35. Thad Moore, Nicole Hensley, and Corky Siemaszko, "Deputy involved in body-slam arrest of Spring Valley High student is dating a black woman so he can't be racist, sheriff says," *New York Daily News*, October 27, 2015.

36. "Police Brutality—Officer Beats Special Ed Kid," YouTube video, 3:29, posted by "StopTheBrutality," October 27, 2010, https:// www.youtube.com/watch?v=HU5fAGOVvEM.

37. Jaeah Lee, "Chokeholds, Brain Injuries, Beatings: When School Cops Go Bad," *Mother Jones*, July 14, 2015.

38. Eva Ruth Moravec, "Teen shot by Northside officer identified," *My San Antonio*, November 15, 2010.

39. James Pinkerton, "Local school police used force on students hundreds of times in recent years," *Houston Chronicle*, March 27, 2015.

40. "Additional counselors at Price Middle School after shooting," *WGCL-TV Atlanta*, February 28, 2013.

41. Chongmin Na and Denise Gottfredson, "Police Officers in Schools: Effects on School Crime and the Processing of Offending Behaviors," *Justice Quarterly* (2011): 1–32.

42. Barbara Raymond, "Response Guide No. 10: Assigning Police Officers to Schools," Center for Problem-Oriented Policing, 2010.

43. US Department of Education, *Guiding Principles: A Resource Guide for Improving School Climate and Discipline* (Washington, D.C.: US Department of Education, 2014).

44. Seth Stoughton and Josh Gupta-Kagan, "Why are Police Disciplining

Students?" *Atlantic*, October 29, 2015.

45. R.E. Hamilton, "School, Police, and Probation: A Winning Team in Fresno," *School Safety* (Spring 1996): 20-23.

46. Kevin Quinn, "My View: More school resource officers, more safe school," CNN, January 17, 2013.

47. I. India Thusi, "Systemic Failure: The School-to-Prison Pipeline and Discrimination against Poor Minority Students," *Journal of Law and Society* 13 (2011): 281–299; Peak, Militarization of School Police.

48. Lisa Thurau, "Cops and Kids: We Need New Thinking," *Crime Report*, April 2, 2015.

49. US Department of Education, Office of Special Education Programs, "Positive Behavioral Interventions and Supports," pbis.org.

50. New York City School-Justice Partnership Task Force, *Keeping Kids in School and Out of Court: Report and Recommendations* (Albany, NY: New York State Permanent Judicial Commission on Justice for Children, 2013).

51. Urban Youth Collaborative, "The $746 Million a Year School-to-Prison Pipeline," Center for Popular Democracy, 2011.

52. American Federation of Teachers, "Community Schools," http://www.aft.org/position/community-schools.

53. Emma Brown, "Some Baltimore youth have fears of police reinforced in their schools," *Washington Post*, May 2, 2015.

54. Ibid.

55. Collaborative for Academic, Social, and Emotional Learning, "What is Social and Emotional Learning?" n. d.

56. John Payton, Roger Weissberg, Joseph Durlak, Allison Dymnicki,

Rebecca Taylor, Kriston Schellinger, and Molly Pachen, *The Positive Impact of Social and Emotional Learning for Kindergarten to Eighth Grade Students: Findings from Three Scientific Reviews* (Chicago, IL: Collaborative for Academic, Social, and Emotional Learning, 2008).

57. J. Lawrence Aber, Sara Pederson, Joshua Brown, Stephanie Jones, Elizabeth Gershoff, *Changing Children's Trajectories of Development: Two-Year Evidence for the Effectiveness of a School-Based Approach to Violence Prevention* (New York: National Center for Children in Poverty, 2003).

58. National Dropout Prevention Center/Network, "Model Program: Bry's Behavioral Monitoring and Reinforcement Program," n. d.

59. Matthew Mayer and Peter Leone, "A Structural Analysis of School Violence and Disruption: Implications for Creating Safer Schools," *Education and Treatment of Children* 22, no. 3 (1999): 333–356.

60. Ibid, 349.

61. Ibid, 352.

"我们报警求助,他们却杀了我儿子"

在过去40年间,警治中最为可悲的变化,是他们管理患有精神疾病和其他精神障碍人士的职责的大规模扩张。[1]只要患有精神疾病的个人有犯罪行为,或是有碍于公共安宁,警察就总是不得不出动应对。随着精神健康服务的大规模倒退,这类警民互动的范围和数量已经发生了变化。警方常常是应对某些精神疾病患者人群的主要机构,警察既参与突发事件的处置,也参与持续性的管理工作。虽然警察在与精神疾病患者互动时大多处事得当,但仍有很多时候以逮捕、监禁患者,或使其受伤甚至死亡收场。鉴于警察的其他功能,他们尤其不适合这项工作;以警察、监狱和急诊室来"管理"这些饱受精神健康问题折磨的人,既昂贵又低效,而且对于改善他们的生活质量而言也几无建树。

美国尤其缺乏充足的精神健康医护服务。虽然精神类药物在过去几十年间已经给很多人带来更大的自主性,但还是有很多人不能或不愿维持药物治疗,许多人得不到基本的精神健康服务,而现有的、以社区为基础的服务则非常稀缺。其结果是,病人和家属在疾病紧急发作时只得拨打911——那么就通常是由警察来应对了。

埃贡·比特纳(Egon Bittner)在他1967年所做的经典研究中指出了警

员们到达现场时所要进行的艰难抉择。[2]在理想情况下，警员会对现场状况进行评估，决定当事人是否应该被送去精神急救室进行自愿或可能非自愿的临时拘留，决定是否逮捕当事人，决定是否尝试以非正式的方式解决问题。警察通常倾向于选择非正式的方式，但却常常被迫选择其他方式，其原因是当事人的行为举止具有危险性，或是如果不加以应对就可能毫无改观。在以上情况下，警员必须羁押当事人，而这有时会与当事人的意愿相悖。这意味着倘若可能就婉言相劝，如有必要则诉诸武力。

据《卫报》统计，美国警察每年都会杀死几百名精神疾病患者。[3]治疗倡议中心（Treatment Advocacy Center）审阅了有关出警致死的文献后做出了估算：每4个被警察杀死的人中就有1个是精神疾病患者，这意味着他们被警察杀死的可能性是其他人的16倍。[4]对精神疾病患者的杀害包括若干种一般形式。在一些情况下，警察到达现场，遇到有人拿着某种在他们看来是武器的东西，例如一把螺丝刀或厨具。那人拒绝放下手中的东西，并且有时还威胁警员或其他人，促使警察开火。在最近3起有视频记录的事件中就可以看到这类情况：

· 2014年8月，卡杰米·鲍威尔（Kajieme Powell）明显处于惊慌失措的状态，并且手持刀具。警员们到达现场后，在几十英尺外的地方高声命令他。鲍威尔向他们走了几步之后，他们就开枪打死了他。[5]

· 2015年5月，杰森·哈里森（Jason Harrison）的母亲拨打了911，请求警察帮助她那个拒绝接受药物治疗的儿子。警察赶来后，她自然地走了出来，她的儿子紧随其后，手持一把螺丝刀。警员看到他后就开始高声命令他放下螺丝刀，并在几秒内开火杀死了哈里森。[6]

· 2014年12月，纽约警察杀死了一名男子，该男子在一所犹太宗教学校持刀捅伤一人，并且高呼杀死犹太人。录像显示，当地的围观群众试图让他冷静下来,并且恳求警察不要开枪;但是警察大声命令并用武器瞄准该男子,因此激化了事态。[7]

在以上三个案例中,警员们都遵循着对付武装嫌犯的标准流程,也即高喊命令并准备使用致命武力——尽管他们大多数都接受过培训,知道如何缓和与精神疾病患者之间的冲突。

在英国和其他警察不太可能携带武器的地方,这种处理方式就不那么普遍。警察会使用不太致命的手段来管理精神疾病患者。三个近期案例就反映了这一点。

· 2014年9月,患有幻想性精神分裂症的尼古拉斯·萨尔瓦多(Nicholas Salvador)在斩首了一名邻居之后,在他所在的伦敦街区内横冲直撞。当地的非武装警察遇到了这名嫌疑犯,一边用言语稳住他,一边救下附近的孩子。最后,武装警察赶到,用泰瑟电击枪制服了他。[8]

· 2014年8月,在白金汉宫外,警察没有对一名挥舞着刀子的男子开火,而是使用了泰瑟电击枪。[9]

· 2011年,在伦敦南部,一名手持砍刀的男子在与多达30名警察对抗了7分钟后被逮捕。警员们先后使用了垃圾桶、警棍和防暴盾来牵制他,最终才将他击败并制服。[10]

在所有这些案例中,警察即使在可以合法使用致命武力时也没有这样做,而是以身涉险地来努力解决现场的问题。而在美国,似乎所有这类事件都会以当事人的死亡收场。

该处理方式的另一种形式就是"借警察之手自杀",即某人算准了武装警察会以致命暴力来应对威胁,并借此自杀。在这些悲剧性案例中,自杀的个人装备着玩具枪或其他无害的器具，希望自己能有效引发警察的致命性回应，而后者则过频过快地为其效劳。从某种角度来看，这似乎是个不可避免的问题。然而，该过程中的一些重点却值得注意。这整个场景有一个前提，即自杀者假设与自己对峙的将会是武装警察。如果事件的应对者不是武装警察，而是富有经验的、平民身份的精神健康工作者，乃至是非武装警察，那么事情的走向可能会非常不同。在英国，警察不太可能携带武器，借警察之手自杀的情况极其罕见。[11]

这并不是说英国警治在处理精神健康问题时就万无一失了。国家健康服务（National Health Service）为病情危急或有长期精神健康需求的人提供了诸多实实在在的选择。警察根据指示把处在精神健康危险期的人带到"安全处所"，这类处所包括医院和社区医护站，万不得已时也包括警察局。英国警方使用精神健康联络官（Mental Health Liaison Officer，MHLO）系统，系统中有一些训练有素的人员。他们负责应对棘手的求助，并协调服务提供者和警察之间的公务手续。此外，从事精神健康护理工作的执业医师也进驻警方的派遣室，给回应求助的警员提供患者的病史和实时建议。他们还持续增加街头诊断分类小队（street triage team）的数量，每个小队中有一名护理员与回应求助的警员一同出动。整体上的态度是提供护理而非平息威胁。然而，在实践中仍存在着问题。在几次行动中，警察造成了当事人死亡或其他不当后果，引起了广泛的关注。一个国家级委员会在2013年发现：相关的培训不够充分，精神健康联络官们没有从警方的服务中得到很好的支持，警察局提供的健康服务也不充足，用于压制精神疾病患者的武力过多过强，而且警方、医院和社区精神健康工作者之间也并不总是存在良好的工作关系。[12]

研究表明，在美国，所有出警事件中有5%～20%都与精神疾病患者有关。这些事件处理起来更加耗时，也更可能以逮捕收场。[13]此外，被监禁的精神疾病患者数量也急剧增长。国家精神疾病联盟（NAMI）发现，每年有200万人被投入美国的看守所；其中15%的男性和30%的女性患有严重的精神疾病。[14]美国最大的精神病人住院机构是洛杉矶郡看守所（LA County Jail）、纽约的莱克斯岛看守所（Rikers Island Jail）以及芝加哥的库克郡看守所（Cook County Jail）；看守所和监狱中精神疾病患者的人数与州级医院相比是10∶1。[15]在看守所和监狱中，自杀是第二大致死原因；看守所一般直接接收被警方羁押的人员，而且只提供很有限的病情检查和断断续续的精神健康护理。[16]根据国家精神疾病联盟的评估，看守所中83%的精神疾病患者得不到他们所需的治疗。[17]在监狱中能够经常得到药物治疗的人，在被释放后最多能得到一瓶药片和一份介绍函。这就使得他们反复遭到逮捕和短期监禁，但根本的精神健康状况却得不到实质性的改善。如果说患者的行为使得他们被捕，那么他们的精神健康状况往往才是导致这些行为的根本原因。

我们所目睹的种种现象，本质上是对精神疾病进行定罪，而警察活动则处在推动这一过程的前线。对于无家可归的人和难以得到优质精神健康服务的人而言尤其如此。这两类人群的数量在过去几十年中明显增多。虽然《平价医疗法案》（Affordable Care Act）承诺要改善现状，但直到2011年，在有精神健康问题的人群中，60%以上的人报告说自己得不到精神健康服务。[18]即使在有精神健康服务的时候，这些服务往往也不够充分。由于缺少住房和收入，精神健康问题不断恶化，使得治疗更加困难，从而造成了公共场合中的精神障碍行为，而所有这类行为都增加了报警的可能性。

减少社会服务并代之以惩罚性的社会管控机制，这么做收效更差、开销更高。大量研究表明，提供住房和精神健康服务所需的开支，要低于让人们在急诊室、流浪者救助站和看守所之间周转往复的开支。[19]比起对效率的考虑，意识形态是定罪过程更为重要的动因：精神疾病患者不是被看作新自由主义重构公共健康服务过程中的牺牲者，而是被视为骚乱的危险根源，要通过强有力的、攻击性的警治加以管控。想要减轻警治对这个群体所造成的负面影响，就必须直接挑战警治所依循的这种意识形态进路。

改革措施

培训

丰富和改善警员培训的措施包含若干方面。第一，在培训中详细说明真心准备自杀者在思想和行为上的标志，提供安抚他们的种种策略，以便对他们实施监护。第二，在培训中告知警员们有哪些可用的服务，诸如社区诊所或门诊诊所，以及在突发状况下获得紧急医护的方式，包括在急诊室中进行临时照护。培训还向警员讲授不同精神疾病的性质，以及在传统的暴力方式之外应对紧急状况的不同策略。

这种改革方案存在严重的弊病。首先，指望巡警在现场对病人进行有效的临床评估是不明智的。虽然一些警员可能会凭经验来辨认较为常见的特定行为，但进行细致入微的评估就不太可能了，而这会极大地影响警员如何与病人进行互动。虽然有些病人能很好地回应那种给人施加限制的语言，但另一些人会觉得这些表达充满威胁且具有攻击性——当尝试使用这种语言的是缺乏经验的从业人员时，尤其如此。

其次，对大多数地方而言，可获取的精神健康服务非常少，对病情不危急的人来说尤其如此。在警察与精神疾病患者的互动中，很多时候警察在公共场合要应对的病人都是他们会不时遇到的那几位，这些人不过是惹人讨厌的家伙，而非公共安全的切实威胁。急救室不适合这种状况的病人，而且一般情况下也不会接受他们。告诉警察精神健康服务的有或无，这往往不过是传达了如下信息：警员们只能靠自己。实际上他们必须在非正式处理和实施逮捕之间进行选择。

最后，正如第一章中所提到的，标准的警察培训灌输了一种战士心态。受训后的警察要在任何遭遇中看出潜在的威胁，用他们的进驻、肢体语言和口头命令来掌控局面，对任何暴力威胁或在场的武器做出迅猛反应。研究表明，警察的标准行为方式事实上更容易加剧现场的不稳定状况。高喊命令、亮出武器可能会促使精神疾病患者逃跑或变得更有攻击性。同样成问题的是，处于妄想和精神发病状态的人可能无法听到、理解并遵守警察的命令。这可能导致悲剧性的结果。

最近，有些警察局实行的培训强调与适合的精神健康服务提供者一起进行交流、遏制和协调的工作，以此作为"命令与控制"进路的替代方案。虽然这类新的培训对于避免加剧现场的不稳定状况有一些作用，但它仍可能导致悲剧性的结果。纽约的警察们接到报警后与一名正统派犹太人在其公寓中对峙，他们那时所贯彻的正是这一方针。该男子持有一把用于宗教仪式的装饰性锤子。当该男子试图带着锤子离开地下室时，警员们则按照自己所受的围堵训练来尝试包围他。然而，当该男子试图逃避围堵的时候，他们就开枪击毙了他。[20]最近，旧金山警方在逮捕一名已经捅伤旁人的带刀男子时也使用了类似的策略。警员们堵截包围了袭击者，要求他丢掉刀具，还开枪射击他身边的两个豆袋椅（beanbag rounds），但袭击者仍拿着刀具并尝试离开。警员们随即对他进行了15轮射击，杀死了他。[21]围堵和不太致命的武器仍然能够造成现场死亡。

当某个可能患有精神疾病的人对警员本人和其他人表现出威胁的时候，期望那些屡屡使用带有攻击性手段来树立其权威的警员们立即改变行事方式是不明智的。这就可以解释为什么就算涉事的警员们已经接受过精神健康培训，与持械精神疾病患者的对峙仍然屡屡以激化的局面收场。

危机干预小组

"孟菲斯模式"（Memphis Model）依靠的是少数专业化的警员。当有人报警请求处理精神疾病发作的人时，警局就会安排他们去进行处理。[22]这些警员的知识和经验都更为丰富，更擅长对现场状况做出准确的评估，并根据临床知识采取适当措施来降低局面激化的可能性。虽然该模式在实施它的城市中已显示出成功的征兆，但前提是这些城市要具备警察可以倚仗的、有效的精神健康医护服务。问题在于，这类服务常常并不存在；此外，该模式仍旧以警察为中心，有通过逮捕等武力手段来处理局面的强烈倾向。

有些地区已经尝试通过设立危机应对小组来缓解这种倾向，这类小组配备了训练有素的精神健康工作人员。加拿大、英国、欧洲和澳大利亚等地普遍采用这种方案。经过特别训练的警员与精神健康专业人员一同应对涉及精神疾病患者的报警求助。在许多情况下，带头工作的都是平民身份的精神健康工作者，警察只在绝对必要时才进行协助。这些小组在减少逮捕、减少武力使用和减少住院看护等方面都颇有成效，这是由于他们能够进行更完整的评估，采取措施来稳定当事人并且为他们匹配适宜的门诊服务。

拓援小队（*Outreach Teams*）*

在一些地区，地方警员长期面临着精神疾病患者在公共场所造成的麻烦。其中，一些患者无家可归；还有些住在破败的房屋中，没有工作，无所事事，长时间在街头游荡。该群体有时可能会经历精神健康问题的急性发作，但他们被警察盯上、被当作是骚乱之源的可能性却远大于此。骚乱的表现形式可能是妨碍了"生活品质"，比如在公众场合酗酒、小便、违

---

* 拓援（outreach）是指对有困难的人或潜在的问题主动实施干预或援助，而非在有人求助后再做出回应。——译者注

反秩序，或是在公园、地铁和人行道睡觉。在一些辖区内，官员们尝试通过建立警察拓援小队的方式来处理这类问题。有些小队被指派专门与无家可归者打交道，而另一些小队则更专注于应对精神疾病患者，但二者的功能有重合之处。

但为什么针对无家可归的慢性精神疾病患者的拓援工作应该由武装警员们来监督呢？使用武装警察开支甚巨而又收效甚微。训练有素的精神健康及社会服务拓援工作者能够完美地胜任这项工作。不同于以警察为基础的小队，他们更可能具备建立长期关系并取得信任的能力。精神健康状况复杂而且往往有着药物滥用问题的个人是被高度孤立的，长期关系和信任是对他们进行拓援所需的基本要素。警方的强制性应对方式中暗含的威胁把这些人进一步推向了孤立状态，而没有使他们获得适宜的照护。平民组成的小队花费也更低廉。

转移计划

还有一些措施尝试将精神疾病患者从监禁中转移出来。像执法辅助转移计划（Law Enforcement Assisted Diversion Program，LEAD）这样以警察为基础的模式，允许警员识别那些长期涉足低水平犯罪和违规的人，将他们列入旨在解决他们根本问题的计划之中，不论他们卷入性工作和毒品交易等黑市活动的原因是精神健康问题、药物滥用还是贫穷。[23]这些计划降低了逮捕率和监禁率，为需要帮助的人们提供了新的服务，也改善了社区的状况。但为何要由警察来担任这个看门人的角色呢？将这项工作置于警治问题的框架中，就意味着警员对解决某个公共秩序问题的动机强弱会决定相关人员能否得到所需的服务。一个衣冠不整、散发臭味、在光鲜亮丽的购物区内喃喃自语的人，就会比藏身桥下、有着自杀倾向的少年更可能引起警察的持续关注。二者都需要服务，但警察不太可能出面处理少年的问题,也不太可能把少年的问题归咎于精神健康。但是,**精神健康拓援工作者更有可能认为有自杀倾向的青年所面临的危险更为紧迫,并采取措施稳定他的状况。**

大批精神健康法庭的出现是另一个重要的进步。这些专门化法庭旨在将精神疾病患者从看守所转移出来,它们为患者匹配适当的服务,并加以监督和威慑,如果患者没能遵守计划目标和法庭指令,就有可能被监禁。[24]法官们常常在监管和奖励过程中发挥着重要作用;对一些被告来说,这意味着一条实现精神稳定的珍贵且重要的途径。这些法庭的运转成本并不比常规的轻罪法庭低多少,但它们减少了进入看守所的人数,而看守所的成本是极高的:由于其高周转率,看守所的运转远比监狱昂贵,每个铺位一年的开销就在20万美元以上。[25]

然而这些法庭还是要依赖惩罚性制裁的持续威慑。没能遵守个案管理规划的人总是会被送进看守所,因为认罪常常是接受治疗的一项条件。此外,法庭的服务只提供给那些已被逮捕的人,这意味着许多需要服务的人还是得不到满足。就执法辅助转移计划而言,其要旨在于减少滋事行为并节省资金,而不是要建立起一个提供必要精神健康医护的合理体系。

替代方案

我们永远不能完全避免警察与精神疾病者之间的互动。我们确实需要对所有警员做进一步的培训,甚至在应对病情的急性发作时还需要警员的现场参与。然而我们所面对的状况,是对精神疾病患者粗暴的定罪。现今的制度并不必然会使警员个人对精神疾病患者持有偏见,也不会使他们经常性滥用自己的自由裁量权——研究表明,警员们确实没有这样做。[26]现今的制度只会使我们维持一套存在根本缺陷的精神健康体系,一套无法为人们提供足够医护的体系——我们做到了这一点。这意味着应对病情危急人员的责任无一例外地落在了警察身上，不论他们喜不喜欢。是的，危机应对小组、专门化法庭以及改进培训，这些措施能够减少刑事司法系统对精神疾病患者的影响，也能减少精神疾病患者对刑事司法系统的影响，但是它们却无法代替一套合理且行之有效的精神健康体系。

勤于思虑的警员们和领导者们对此心知肚明。许多人都把与精神疾病患者的互动看作工作中最不情愿、最令人焦心的部分。许多人都被急救室、看守所和警方拘留之间的快速周转折磨得身心俱疲，这些手段似乎永远不能解决问题。警察在太多的情况下被迫逮捕某人，因为他们得不到医院、诊所和其他机构的帮助，抑或这些机构无法或不愿接收当事人。警方官员也开始发声，比如纽约州新温莎警察局的前长官迈克尔·比亚索蒂（Michael Biasotti）。作为纽约州警察局长协会（New York State Association of Chiefs of Police）的主席，他支持采取措施来增加对精神健康服务的资助，并指出将35万名精神疾病患者安置在监狱和看守所中的不合理性。他提出，真正的转移计划会把服务范围拓展到重症精神疾病患者，并且让他们在警察找上门之前得到治疗，在站在法官面前之前得到治疗，在他们发现自己身处看守所之前得到治疗……增加服务意味着更少地与刑事司法系统打交道，意味着精神病患者及其家属生活质量的提高。[27]

迈克·科瓦尔（Mike Koval）是威斯康星州麦迪逊警察部队的长官，随着警察杀死精神疾病患者的情况的发生，多年来他一直倡导以社区为基础的精神健康服务。他认识到，即使警察接受过强化培训，掌握了专门化的应对方式，他们所能做的仍然有限："除非我们在某个人的精神健康问题恶化到非常严重的地步之前就致力于进行更具前瞻性、更先发制人的干预，否则这些报警求助所带来的独特挑战就将导致悲剧性的后果。"[28]他甚至在麦迪逊市的许可下起诉了威斯康星州关停一所精神健康门诊的行为。他指出，由于缺少了这家诊所的服务，巡逻工作流失了大量的警力资源和经费，因为警员们现在必须把当事人运送到更远的地方去。

根据佛罗里达精神健康研究所（Florida Mental Health Institute）的研究，用于慢性精神疾病患者的费用是刑事司法体系的一项主要开销。协会的研究发现，97名"长期犯事者"在5年多的时间内，造成共计2200次逮捕、2.7万天的看守所拘留天数以及1.3万天的危情室（crisis units）、州立医院和急救室滞留天数。纳税人仅仅为这些人就要花费将近1300万美元，相当于每年为每个精神疾病患者花费27.5万美元。在迈阿密－戴德看守所（Maimi-Dade jail），有约1400名在押人员服用精神类药物，这让教育改造系统成了佛罗里达精神疾病患者的最大仓储地。那里的精神健康护理费用每年要用去纳税人8000万美元。[29]维拉司法研究所发现，监禁精神疾病患者的花费是在社区对其进行治疗所需花费的2～3倍。[30]

我们不应只是把越来越多的金钱投入到专门化的警察单位上，投入到强化看守所和监狱的精神健康服务上，我们还需要对我们的精神健康体系进行全面修整。近几十年来，由于各州关停了昂贵且经营不当的医院，但又没能有效地资助以社区为中心的医护服务，公共精神健康服务经费被削减多达数十亿美元。与其依靠强制治疗，我们更应该让人们能够更方便地按需获取更加多样化、在文化上更为适当的社区服务。甚至有着严重身心障碍的人也能在长期的支持性护理下和稳定的生活环境中独立生活，从而只对社区造成很有限的影响。一些地区在尝试朝这个方向努力。迈阿密的官员们正在着手把一所被关停的医院改造成一家为重症精神病患者服务的康复中心。该设施会提供安全的咨询协助场所、治疗设备和短期住宿服务。[31]虽然这是朝着正确方向迈出的一步，但它仍不提供带有适当医药治疗服务的长期稳定住宿。该设施的一部分也将用于为精神健康法庭提供办公场所——这些资源本可以更好地用于住宿和医药服务。

严重问题缠身的患者所需的服务需要得到特别关注，诸如精神分裂症这类问题如果得不到治疗，就会导致严重的反社会行为乃至潜在的危险行为。仅仅给人们提供药物治疗并把他们送进流浪者收容所或福利旅馆是不够的。不能安定下来得到扶持的患者停止接受药物治疗的可能性更大。安全的、扶助性的居住环境比监禁或强制性药物治疗更有助于患者的安定。对于那些现在无家可归、脱离药物治疗的人来说，我们需要的是平民拓援小组和安全的咨询协助场所。

最后，当人们真的经历精神健康问题的重度发作时，我们在处理问题时应当总是尽最大可能降低应对措施的对抗性。训练有素的平民应对人员应该是首选。他们对精神疾病患者威胁最小，这使得互动关系激化的可能性也最小。是的，这些互动行为可能存在危险，但经受过训练并且富有经验的人在应对精神疾病患者时了解这些风险，并且掌握了相关的技巧。即使在收容着具有暴力史的病人的州立精神卫生医院中，员工们一般也都能以最低程度的暴力来管理患者。训练有素的小组确实会使用暴力，而且有时甚至会过度使用暴力，但是这样的小组造成死亡的可能性要远远小于一名武装警员。

注释

1. 本章标题取自一篇新闻报道。参见Michael Pearson, Christina Zdanowicz and David Mattingly, " 'We called for help, and they killed my son,' North Carolina man says," CNN, January 7, 2014。

2. Egon Bittner, "The Police on Skid-Row: A Study of Peace Keeping," *American Sociological Review* 32, no. 5 (1967): 699–715.

3. *Guardian*, "The Counted."

4. Doris Fuller, H. Richard Lamb, Michael Biasotti, and John Snook, *Overlooked in the Undercounted: The Role of Mental Illness in Fatal Law Enforcement Encounters* (Arlington, VA: Treatment Advocacy Center, 2015).

5. Powell Shooting (Cell Phone Camera), YouTube video, posted by Sol Rayz, August 20, 2014, www.youtube.com/watch?v=j-P54MZVxMU&feature=youtu.be&bpctr=1470409330.

6. Naomi Martin, "Video: Dallas cops fatally shoot mentally ill man wielding screwdriver," *Dallas Morning News*, March 17, 2015.

7. Joseph Berger, "Officer Fatally Shoots Man After Stabbing in Brooklyn Synagogue," *New York Times*, December 9, 2014.

8. Alexandra Sims, "Nicholas Salvador became 'obsessed' with beheading videos weeks before killing grandmother Palmira Silva," *Independent*, June 24, 2015.

9. Ben Cohen, "This is How UK Police Stop Someone with a Knife," *Daily Banter*, August 21, 2014.

10. Daily Mail Reporter, "The moment thirty riot police tackled machete-wielding man with a wheelie bin," *Daily Mail*, May 20, 2011.

11. Rebecca Allison, "UK's first 'suicide by cop' ruling," *Guardian*, May 9, 2003.

12. Independent Commission on Mental Health and Policing, "Report," May 2013, http://news.bbc.co.uk/2/shared/bsp/hi/pdfs/10_05_13_report.pdf.

13. Fuller et al., *Overlooked in the Undercounted*; Martha Williams Deane, Henry Steadman, Randy Borum, Bonita Veysey, Joseph Morrissey, *Emerging Partnerships Between Mental Health and Law Enforcement* (Arlington, VA: American Psychiatric Association, 1999); Melissa Reuland, Matthew

Schwarzfeld, and Laura Draper, *Law Enforcement Responses to People with Mental Illnesses: A Guide to Research-Informed Policy and Practice* (New York: Council of State Governments Justice Center, 2009).

14. National Association on Mental Illness (NAMI), "Jailing People with Mental Illness," n.d.

15. E. Fuller Torrey, Mary Zdanowicz, Aaron Kennard, H. Richard Lamb, Donald Eslinger, Michael Biasotti, and Doris Fuller, "The Treatment of Persons with Mental Illness in Prisons and Jails: A State Survey" (Arlington, VA: Treatment Advocacy Center, 2014).

16. Martin Kaste, "The 'Shock of Confinement': The Grim Reality of Suicide in Jail," NPR, July 27, 2015.

17. NAMI, "Jailing People."

18. Substance Abuse and Mental Health Services Administration, *Results from the 2011 National Survey on Drug Use and Health: Mental Health Findings* (Rockville, MD: U.S. Department of Health and Human Services Substance Abuse and Mental Health Administration, 2012).

19. Dennis Culhane, Stephen Metraux, and Trevor Hadley, "Public Service Reductions Associated with Placement of Homeless Persons with Severe Mental Illness in Supportive Housing," *Housing Policy Debates* 13, no. 1 (2002): 107–163; Robert Rosenheck, Wesley Kasprow, Linda Risman, and Wen Liu-Mares, "Cost effectiveness of Supported Housing for Homeless Persons With Mental Illness," *Archives of General Psychiatry* 60, no. 9 (2003): 940–951; Thomas Chalmers McLaughlin, "Using Common Themes: Cost-Effectiveness of Permanent Supported Housing for People With Mental illness," *Research on Social Work Practice* 21, no. 4 (2011): 404–411; David Cloud and Chelsea Davis,

Treatment Alternatives to Incarceration for People with Mental Health Needs in the Criminal Justice System: The Cost-Savings Implications (New York: Vera Institute of Justice, 2013).

20. Andy Newman, "Disturbed Man Wielding a Hammer Is Killed by Police in Brooklyn," *New York Times*, August 31, 1999.

21. Vivian Ho, Jenna Lyons, and Kale Williams, "Killing by S.F. police sets off public debate," SFGate, December 4, 2015.

22. CIT International, "Memphis Model," n.d., www.citinternational.org/training-overview/163-memphis-model.html.

23. Saki Knafo, "Change of Habit: How Seattle Cops Fought an Addiction to Locking Up Drug Users," *Huffington Post*, August 28, 2014.

24. Lauren Almquist and Elizabeth Dodd, *Mental Health Courts: A Guide to Research-Informed Policy and Practice* (New York: Council of State Governments Justice Center, 2012).

25. Christian Henrichson, Joshua Rinaldi, and Ruth Delaney, *The Price of Jails: Measuring the Taxpayer Cost of Local Incarceration* (New York: Vera Institute of Justice, 2015).

26. Linda Teplin, "Keeping the Peace: Police Discretion and Mentally Ill Persons," *National Institute of Justice Journal* (July 2000): 8–15.

27. Michael Biasotti, "Policing the Mentally Ill," *Law Enforcement Today*, November 20, 2014, http://www.lawenforcementtoday.com/2014/11/20/policing-the-mentally-ill/.

28. Michael Koval, "Chief Koval's Blog: Madison Police Department Announces a new Mental Health Officer pilot program," *city of madison.com*, January 26, 2015, *http:*//www.cityofmadison.com/police/chief/blog/?Id=6324.

29. David Ovale, "In Miami-Dade, hope, help for offenders with mental illness," *Miami Herald*, September 29, 2014.

30. Cloud and Davis, *Treatment Alternatives to Incarceration*.

31. Ovale, "In Miami-Dade, hope, help."

对无家可归的定罪

尽管无家可归本身不是一项犯罪行为,但无家可归的人却与警察有着广泛的接触,特别是成年男子和精神病患者(PMI)。警察经常被要求向无家可归者提供社会服务、维持秩序和执行相关法律,其结果是逮捕、转介(referrals)和命令他们"赶紧走"。所有这些对他们一点帮助都没有。

针对穷人和无家可归者的警治并不是什么新鲜事。尽管现代意义上的无家可归出现在20世纪80年代,但整个19世纪和20世纪早期的大规模的无家可归浪潮已经给警察带来了重大挑战。当19世纪晚期的移民潮到来时,城市里挤满了找不到工作、买不起房子的人。在繁荣时期这不是什么大问题,但在金融崩溃期间,很多人失去工作、无家可归。除了一些私人慈善机构,那时候还没有社会保障体系,因而很多人处于绝望的境地。

人们期望警察能为这些人提供一些帮助,但主要是为了减少他们对公众的影响。在纽约、芝加哥、华盛顿和波士顿等城市,警察局的地下室变成了他们夜间住宿的地方。尽管这类场所往往只有肮脏的地板和微温的壁炉,但它们还是提供了基本的安身之处。但是,将这些人安置在警察局而不是其他政府建筑中的决定,正表明了警察作为公共秩序一般维护者的作用,以及这些人代表了一种潜在的危险社会力量的观念。

今天,大多数城市都提供一定标准的应急救助站,尤其是面向家庭的，但可用的床位几乎总是不够。一些救助站对夜间可用空间采取了抽签策略，抽不到的人就只好尽自己最大努力找地方躺下。那些在公园和其他公共空间过夜的人经常面临被警察骚扰的风险，因为当地居民和企业老板会抱怨他们不断恶化的"生活品质"。警察通常会拆除无家可归者的露营地，将他们驱赶到更加偏远和孤立的环境中，但那会使他们更容易遭遇抢劫、袭击和风吹雨打。

即使是那些晚上有地方住的人，在白天除了尽己所能寻求社会服务和寻找工作以外，也往往无事可做。许多人有精神疾病或药物滥用问题，或是二者都有。这使得他们在公园、地铁和人行道等公共场所出现时显得更具威胁性。一些人参与黑市活动；其他人则对遵守中产阶级的行为和礼仪准则不感兴趣，或者根本做不到。因此，警察经常被要求管制他们的行为。有时候，一次严厉的警告或一句要求离开的命令就已足够。在其他情况下，警察可能会因为乱扔垃圾、随地小便或其他轻微违规行为而开出罚单。这些罚单很少被支付，并且通常会导致无家可归者在法院、监狱和更多的逮捕之间循环往复，因为轻微违规和未付罚单的增多会作为前科而成为再次被捕的依据。这些罚单对改善一个人的处境没有任何帮助，且通常是为了将人们赶出某些空间而非改变他们的行为。频繁监禁破坏了他们获取社会服务的机会，损害了他们的就业能力，也切断了他们脱离无家可归境地的潜在途径。

当这一策略不奏效时，许多城市往往寻求出台更密集的策略和新的法律，从而为警员提供"他们所需的工具"以照顾"问题人群"。国家无家可归和贫困法律中心（The National Law Center on Homelessness and Poverty）一直在记录那些对与无家可归相关的行为进行定罪的新法律的兴起。[1] 它对187个城市的调查显示，33%的城市全城禁止在公共场所露营，57%的城市禁止在特定地点露营，与此同时有18%的城市全城禁止在公共场所睡觉，27%的城市禁止在特定地点睡觉。另外，25%的城市有乞讨限制，33%的城市禁止街头游荡，53%的城市禁止在指定区域坐着或躺着，43%的城市禁止在车里睡觉，还有9%的城市法律规定禁止分享免费食物。这类法律的数量还在增加。从2011年到2014年，露营禁令增加了60%，睡觉禁令增加了34%。此外，全城禁止乞讨的法令增加了25%，游荡和流浪禁令增加了35%，坐或躺的禁令增加了43%，禁止在交通工具上睡觉的法令增加了119%。这是一个在全国范围内重新出现的问题。

西雅图在将无家可归进行定罪方面走向了极端。在试验了各种新法律之后，他们决定采取一种新的"民事侵权"（civil violation）的方法。每当发现一名无家可归者犯下一些经常与无家可归相伴随的轻微罪行时，他们不会被逮捕，而是被禁止进入某个特定区域，比如公园、廉价的汽车旅馆，甚至是整个社区。这些禁令有时候会持续一天，有时候持续时间较长。对于那些违反禁令的人来说，结果就是遭到逮捕以及时间更长、范围更广的禁令。如此这般数年后，一些人就会被禁止进入所有的城市公园和城市的大部分区域。凯瑟琳·贝克特（Katherine Beckett）和史蒂夫·赫伯特认为，这是向中世纪用来管理穷人和不受欢迎者的臭名昭著的驱逐实践的回归。[2]

由于这些措施属于民事命令而非刑事命令，警察在发布和执行此类禁令时几乎具有完全的自由裁量权。贝克特和赫伯特所记录的数十起案件显示，警察根据对社会地位的判断而非具体行为进行歧视性执法。此类案件往往没有正式的听证会，人们无权聘请律师，举证责任也很轻。一般来说，警察使用这些命令也是因为他们有其他的执法机制：将问题从自己的任务清单中转移到其他警察那里，并进一步孤立和隔离目标人群。

大大小小的城市都在报告无家可归人群的增多。近年来，纽约、洛杉矶和西雅图都经历了在户外和在避难所睡觉的人数大幅飙升的状况。结果就是，这些城市和另外一些城市的公共秩序越来越混乱。即使是行为表现良好的人，在户外居住时也会成为人们的眼中钉。他们的食物、床上用品和随身物品都呈现出败坏的表象。在公共场所小便和睡觉是不可避免的，但这又被定性为违法行为，这就导致了一种可怕的态势。并非所有的无家可归者都表现良好，这也是事实。精神疾病和滥用药物助长了扰乱社区的无序和违法行为，因为它们使公共空间变得不再舒适，在极少数情况下还充满危险。

通过定罪来驱逐无家可归者的一些做法显然与经济发展举措有关联。洛杉矶的安全城市倡议（Safe Cities Initiative，SCI）毫不掩饰它通过将无家可归者赶出历史悠久的贫民区（Skid Row）从而为绅士化（gentrification）让路的企图。[3] 具有讽刺意味的是，贫民区本身最初就是专门为特别贫困的人集中提供社会服务而创建的，为的是让他们远离其他居民区。但随着洛杉矶变得更加发达、更有吸引力，贫民区现在又成为一个具有房地产开发价值的区域。

安全城市倡议的主要目标是通过密集的破窗式执法来减少50个目标街区的犯罪行为。额外的50名警察和多个特别小组被分派到这片区域。结果就是无家可归者的营地被清除，数千人被捕和更多的人被传讯。此外，警察还有一个明确的用途：通过各种正式的转移计划和非正式的街头实践驱使这些人接受社会服务。福雷斯特·斯图亚特（Forrest Stuart）描述了警察在对待被纳入项目的人们时通常都比对那些他们认为是"抗拒服务"的人更加宽容。不过，一般来说，这些基于各种自助的和"十二步方法"（twelve-step approaches）的项目很少会取得成功，部分原因在于没有长久的住房、稳定的工作和持续的医疗服务。这种状况导致了一种旋转门现象，以及大量的受害者对事实上失败的社会保障体系的指责。

最后，支持者宣称安全城市倡议已使目标区域内的抢劫案件数量每年减少约50起，代价则是每年在警治方面的支出超过600万美元，另有1.18亿美元为用于法庭和监狱方面的支出。相比之下，市政府、州政府和联邦政府在整个洛杉矶郡用于无家可归者服务上的支出也只有每年6亿美元。确实，密集的和攻击性的警治行动转移了无家可归者，甚至可能转移了一些犯罪行为，但这无助于减少无家可归人群的总体数量。

在某些情况下，强行驱逐无家可归者会有致命的后果。2014年3月，阿尔伯克基（Albuquerque）警方在试图将詹姆斯·博伊德（James Boyd）从其靠近一个郊区社区的、未经允许的露天营地驱离时杀死了他。[4]在接到一位居民关于博伊德因精神分裂症而持续咆哮的投诉后，警察赶到了现场，博伊德当时拿着一把刀，并对警察进行威胁。该案件的执法记录仪显示，一个训练有素的危机干预小组与其进行了充分的谈判。五个小时的僵持之后，博伊德似乎在收拾他的东西准备和警察一起离开，就在那时他因警察的多次枪击而死亡。枪杀他的两名警官接受了审讯，结果是陪审团未能做出一致裁决，地方检察官也决定不再寻求重审。博伊德长期卷入刑事司法系统，也因严重的精神疾病而长期接受治疗。

2015年春天，洛杉矶警察局杀死了两名无家可归者。第一位受害者是查理·科南（Charly Leundeu Keunang）。当时警察想要向他了解一起抢劫案的情况，在此过程中双方发生争执，科南因背部中枪而死。[5]科南曾患有精神疾病，在监狱待过，也服用过甲基苯丙胺（methamphetamine）*，当时正等待被驱逐出境至喀麦隆。一段手机视频显示，警察在洛杉矶贫民区的一个临时营地附近追捕他，并对表示抗拒的科南大声发号施令。在其中某一时刻，一名警员大声喊了一些关于其搭档佩枪的话，然后就朝科南开了枪。该事件的现场执法录像尚未公开，但看过录像的消息人士和现场的目击者都否认科南夺得或试图抢夺那名警员的武器。

---

* 甲基苯丙胺，俗称"冰毒"。——译者注

第二位受害者是布兰登·格伦（Brendon Glenn）。他在威尼斯海滩地区已经游荡多年。尽管酗酒，附近的许多住户都很了解他并对他有好感。[6]警察因为回应一个骚扰求助电话而与格伦通话，一开始大家都相安无事。不过，当警察后来找到他时，他正与一名保镖发生冲突。在争执过程中，警察射杀了他。附近一个安全摄像头的监控视频显示，格伦没有携带武器，似乎也没有对警察和公众构成威胁。这促使警方官员对这一事件表示严重关切，并导致了数起抗议行动和多次社区会议。

上面提到的三位男子都对公共秩序甚至是公共安全造成了常规意义上的威胁。然而，利用警察来管理这些威胁在很大程度上是无效的，而且最终是致命的。这些人对逮捕和监禁的威胁并无惧意，因为他们过去都经历过这些威胁。以刑罚为重点的刑事司法系统无法解决无家可归、精神疾病和药物滥用等现象背后潜在的和相互交织的问题，而这些问题才是他们问题行为的根源。因而警察在"管理"他们以减少他们对社会上其他人影响的棘手任务上徒劳无功。

但是，给无家可归者定罪的动力依然很强大。虽然许多人对社会边缘人士抱有一些同情，但也存在一种因部分城市地区的日益衰败而产生的高度沮丧感。对"生活品质"的关切加深了人们——看到自身生活水平在不断下降的人们——更广泛的不安全感。一些人非常担心他们的社会和经济地位会因为无序行为的增加而受到损害。与此同时，由于房价不断上涨，许多富裕的人也感到压力很大。纽约和旧金山等地的人用于住房的支出要占到他们收入的一半，有时候还要更多。由此导致了一种社会福利和财产方面的不安全感。这种不安全感驱使自由主义者呼吁地方政府对他们当中的无家可归者"采取强硬措施"。我自己的研究记录了向来主张自由激进主义的社会活动人士在要求纽约和旧金山警察拆除无家可归者的营地时所发挥的作用。[7]

此外，商业场所在要求驱赶附近的乞讨者、露宿者或行为怪异的人时，也感到了巨大的压力。创建"商业改良区"（business improvement districts）的动力之一就是为了管理这个问题。该项目从地方商户筹集资金以加强卫生和安全服务，在某些情况下甚至建立无家可归者服务中心。在最坏的情形下，他们还涉嫌使用武力非法驱赶无家可归者、乞讨者和精神病患者。[8]

随着善意的自由主义者已为新保守主义者所取代，与大规模无家可归有关的无序现象，在更加保守的城市政治的兴起过程中发挥了一定的作用。前者呼吁社会对无序行为保持宽容并试图寻找长远的解决方案，虽然从未实现；后者质疑政府解决经济问题的能力，转而依赖侵犯性的警治手段将无家可归者赶出公众的视野。目前这一态势的核心就是极度保守的"破窗"理论。一般来说，破窗式警治只不过是制造了一扇旋转门——无家可归者被逮捕，依次通过监狱和法院系统，然后以与他们离开时同样的状态被释放回社区。这一过程很少能让人真正安定下来。这些机构几乎从来无法提供稳定的住所，甚至无法提供长期的心理健康和药物滥用治疗服务。因此，重新逮捕是常见的结果。纽约市最近的一项研究发现，在那些大部分时间都是在监狱系统里循环反复的800人中，有超过一半是无家可归者。对这些案件做出的最高指控包括轻微盗窃、持有毒品和非法侵入。[9]因为这些罪行而不断地将无家可归者重新逮捕无助于改变他们未来的行为或减少他们对社区的影响。这当然也无助于结束他们无家可归的状况。

维持这一过程的成本高得离谱。过去5年间，纽约市为了监禁这800人花费了1.29亿美元。也就是说，每人每年的开支超过3万美元。[10]用于支持性住房的开支都没有那么多。上述数额还不包括在急诊室就诊、救助站住宿、拓援措施（outreach efforts）等方面的支出。犹他州住房和社区发展部2013年的一份报告披露,平均一位无家可归者每年的急诊室治疗费用和服刑期间的费用超过1.6万美元,而提供一间全额补贴公寓的成本只有1.1万美元。[11]新墨西哥大学的一项研究显示,为人们提供住房可使监狱开支降低64%。[12]佛罗里达中部的研究人员发现,为长期无家可归者提供永久住房和支持服务可在监禁和医疗保健领域为当地纳税人节省1.49亿美元的支出。[13]南加州大学的研究人员开展的一项深度案例研究发现,为流落街头两年的人提供公共服务,其人均总成本为187288美元,相比之下,若是两年间为其提供永久住房并附带支持服务,人均总成本为107032美元,节约了80256美元,接近43%。[14]刑事司法成本则从平均超过2.3万美元减少至0美元。

许多用来对无家可归者定罪的法律与现行法律相抵触。许多反乞讨法令被认为是违反宪法的,因为它们侵犯了第一修正案所规定的言论自由权——乞讨者正在募集捐款。[15]法院已经驳回了一些案件,因为它们在是否违宪的问题上比较模糊,使得警察在将无害行为和无序行为定罪的问题上拥有太多的自由裁量权。很多城市往往因为在清理露营地以及在此过程中损坏人们的财物而陷入法律纠纷。法院已经明确表示,任何被扣押的财产都必须小心保管并等待有人来认领。[16]

司法部2015年发布的一份法律意见书指出,如果人们没有其他可行的选择而只能在那些受限制的地方睡觉,则全国范围内很多正在实施的反睡觉和反露营的法令可能是非法的。[17]当一个城市没有为有需要的人提供足够的应急救助站,那么睡觉禁令就格外成问题。那些被留在救助站外面的人不应该因为睡觉而被定罪。

对无家可归者的定罪也违反了《反酷刑公约》(International Covenant Against Torture)和《公民权利和政治权利国际公约》(International Covenant on Civil and Political Rights)。[18]其中,后者指出,所有人都拥有住

房权,而政府有责任将人民的福祉置于对无序和美观的关注之上;它同时强调,无家可归给深受其害者带来巨大的代价。定罪的做法加剧了上述代价,却没有让更多的人有房可住。

国际人权法同样赋予人们行动自由的权利。有些法令试图通过流浪法(loitering laws)限制无家可归者进入某些地区,有些缓刑条件也限制人们进入某些地区——这些都可能是违反国际人权法的。有些法律在种族和财产等问题上包含歧视性的意图和后果。它们也可能违反了国际条约以及《国际人权宣言》(International Declaration of Human Rights)。国际法还赋予了擅自占用空地者一些权利:如果没有提供替代住房,那么清除长期无家可归者的营地的做法是不合法的。

联合国人权委员会(UN Human Rights Committee)2014年就美国履行《公民权利和政治权利国际公约》的情况表达了严重关切:

> 委员会对流落街头者因其吃饭、睡觉、坐在特定区域等日常活动而被判定有罪的报告表示关注。委员会注意到,此类定罪的做法引发了关于歧视、残忍、非人道和有辱人格的待遇的担忧。[19]

美国已经签署了这份公约,美国的法院也必须遵守它。以上是美国履约情况的一个官方调查结果。它还为判定将无家可归者定罪是否残忍、非人道和有辱人格提供了一个分析框架,这与美国宪法对残忍和非人道惩罚的禁止,以及国际上对酷刑的限制相一致。

即使定罪策略是成功的、合法的并符合成本效益的,它仍然是不道德的。在我们目前生活的经济和社会环境下,市场没能为处在经济秩序底层的那部分人提供住房,同时政府也不愿弥补这个差距。考虑到这种现实,我们如何证明将无家可归视为一个刑事司法问题是正当的?法律看起来是普遍适用的,但没有考虑到这样一个事实:穷人总是有更大的违法压力,也遭受更大的法律诉讼风险。正如阿纳托尔·法朗士（Anatole France）于1894年所指出的："法律以其庄重的平等，一视同仁地禁止富人和穷人睡在桥下、在街头乞讨和偷商店的面包。"

这里有一个实质公正的问题。即使法律得到公正的执行，不带丝毫的偏见和恶意，它最终将会监禁的仍是大量的无家可归者、精神病患者和穷人，而非那些冷酷无情的掠夺者（hardened predators）*。从根本上讲，将无家可归者定罪应被理解为通过越来越多的惩罚性国家控制机制来管理日益加剧的不平等的一种手段。针对无家可归者的侵犯性警治似乎是为了改善中产阶级居民的生活品质，在某种程度上它确实奏效了，但它的奏效也只能是以恶化无家可归者的生活状况为代价。在这个过程中，它还解除了当选官员接受一种变革性的城市政治的责任。这种政治关注穷人因住房和就业市场的结构性变化而产生的需求，以及基本社会服务方面（如医疗保健）的需求。

改革措施

一些警察部队成立了专门的拓援小组。这些小组接受过相关的培训，知道如何应对这一高需求人群。他们的典型培训项目包括避免冲突升级、发展信任关系、处理精神健康和药物滥用问题，他们也会被告知可获得的服务及转送的流程。警员们常常与平民拓援工作人员一起以团队的形式开展工作。他们与无家可归者取得联系并建立日常关系，期望能将他们纳入服务范围并使其远离街头。但这类项目的一个基本局限在于，它们很少能提供实质性的服务，也几乎从来没有现成的稳定住房。这意味着，这些团

---

* 作者这里指的是上层精英人士。他们将中下层人士的劳动成果占为己有，掌握大量资源，具有"掠夺者"的意味。——译者注

队虽然包含了社会工作者、志愿者或临床医生,但仍然具有惩罚性。当一名身着制服,佩有警徽、枪和手铐的警员告诉你不要在这里露营,这就隐含着一种之后可能逮捕你的威慑。事实上,随着时间的推移,逮捕、损坏财物和驱逐确实会接连发生。专业的拓援工作人员一直报告说,长期的稳定关系既需要信任,也需要适宜的服务。没有这些,结果就会让所有参与者感到沮丧,而这往往会导致人们再次呼吁采取强硬政策和实施逮捕行动。

无家可归者法院

在过去的20年里,专门法院有了巨大的发展。像"法院创新中心"(Center for Court Innovation)这样的组织就已经创造出了青年法院、毒品法院、精神健康法院、退伍军人法院和无家可归者法院。在理想情况下,这些法院旨在将特定人群与相关服务联系起来,而不是让他们在刑事法庭与监狱之间转圈。就它们在某种程度上实现了这些目标而言,它们还是有些价值的。

亚利桑那州马里科帕郡(Maricopa County)的无家可归者法院"在严格监督的恢复计划中将惩罚与治疗、服务结合起来,这些计划通常会超过正常法庭程序中类似的有罪裁定的量刑要求"。[20]这一方案清楚地表明,这仍是一个以个人有罪和不负责任为预设的惩罚性过程。尽管缺乏低成本住房的现象普遍存在,这类特别法院也只面向"那些承诺不再四处游荡的无家可归者"。法院授权的服务几乎从来不包括提供稳定的住房,更不会提供附带支持性服务的永久住房。相反,它们让人们参与的一系列社会服务和法院委派项目也很少能解决他们的根本问题。即使上述方案真的实施了,也根本没有扩大面向收入极低或无收入人群的住房供应。本质上讲,它们是对获得特定住房的人进行重新安排,而不是去解决经济适用住房的结构性短缺问题。

这类法院和分流计划越来越流行，引发了另外一个重要关切：刑事司法体系逐渐成为获得迫切需要服务的唯一途径。这些项目想要做出成功的样子，而它们的成功取决于拥有适宜的服务。由于这类项目很少创造出有意义的新服务，它们转而尝试从现有项目中抽出一定的资源，将本来可能从救助站工作人员或其他社会服务提供者那里获取服务的机会转移到自己手中。例如，在某些情况下，法院会掌握一定数量的应急救助站床位，以便提供给需要床位的出庭人。但那就意味着，其他任何有需要的人都无法使用这些床位。有人在自愿抽签中失掉了床位而在公园夜宿，并很可能因此被逮捕，但之后从法院获得了同一个床位。这就使得警察和法院有更多的资源和权力决定谁应该得到救助，而不是依靠训练有素的社工干事来进行救助。

替代方案

现在有大量的证据表明，解决无家可归问题的最终办法是提高低薪工作的报酬，建造更多经济适用的住房，并为有需要的人提供支持性服务。应急救助站、过渡性住房、生活技能培训和强制储蓄计划对减少无家可归者的总量作用不大。住房市场自身无法为越来越多被排除在正规经济之外或与其保持微弱联系的人提供住房。在这种情况下，国家除了直接干预没有别的选择。

收入支持

无家可归，主要是收入与住房成本不匹配的问题。在过去的40年里，收入变得越来越两极分化，且这一分化过程在2008年金融危机后雪上加霜。这让更多的人陷入贫困,另一方面也极大地提高了美国许多地区的住房成本。美国有1000多万收入极低的租房户,但他们找得到、租得起的出租屋却只有320万套。因而,另外75%的极低收入租房户的住房支出要超过他们收入的一半。[21]在过去的20年里,房租上涨的幅度超过了通货膨胀率和房价上涨的幅度。这在租房市场的最底端表现得尤其明显,因为供给在持续减少。

此外,政府以福利金和所得税抵扣的形式提供的收入支持也跟不上住房成本上涨的步伐。美国许多地区的福利救济金甚至比市场底部的住房成本还要低。这类福利支出或等价代金券的显著增加可以让人们有机会进入低成本租房市场。不过,如果不建造新的住房,大量的租房者将进一步推高租价。因此,政府要么大幅提高转让价值以激励新的低成本住房建设,要么自己亲自提供住房,二者必选其一。

住房优先

我们在过去20年中学到的一课是,让人们离开街头和救助站的最佳方式就是以极低的价格或是免费向他们提供直接可用的永久住房,并提供一系列可选的支持性服务以帮助他们安心居住。这就是所谓的"住房优先"的方法,而且它的重要性与日俱增。在过去,无家可归者项目着力于提供应急和过渡性救助站,同时相信,如果让这些人稳定下来,并给他们提供一份工作或福利金,他们就可以进入住房市场并获得稳定的长期住房。事实并非如此。低薪工作或政府福利与日益昂贵的住房之间的不匹配使得上述期望难以实现。政府将不得不通过建造大量享受高额补贴的住房来干预住房市场。联邦政府可以通过大规模地重新引入第8条补贴(Section 8 subsidies)的形式提供资助,即将补贴金汇集起来以提供资金支持。但地方和州政府必须要建造房屋,只是很多地方现在还没有动作。就连纽约市的自由派市长比尔·白思豪也在坚持使用分区奖励和其他激励措施让开发商在新建项目中纳入更多经济适用的住房。然而，这些住房从来不是目前在救助站和街头生活的人能负担得起的，而且这些住房没有附带必要的支持性服务以帮助他们维持稳定的住宿。

弗吉尼亚州一直是住房优先方案的主要支持者，包括快速安置房和永久的支持性住房。从2010年到2016年年中，该州无家可归者的总量下降了31%，其中无家可归的家庭数量下降了37.6%。2015年，它成为第一个消除退伍军人无家可归现象的州。[22]犹他州也是较早采纳住房优先方案的一个州。总体而言，官员们对结果非常满意，因为无家可归者的总量和长期无家可归者的数量都有显著的下降，其中后者是那些与警察、法院、急诊室和监狱打交道最多的人。尽管该州关于长期无家可归者减少了91%的说法有些夸大其词，但结果依然是令人瞩目的。[23]按照犹他州无家可归特别工作小组负责人劳埃德·彭德尔顿（Lloyd Pendleton）的说法："对于约占无家可归人口10%的长期无家可归者而言……当这些人有了属于自己的、让他们感到安全的地方时，酗酒和吸毒就会减少。再加上有效的案例管理支持，我们发现一个积极的支持性社区已经形成。"[24]

社区修复过程

面向无家可归者的救助站和其他相关项目往往附带很多明显的限制，比如要求他们干净、清醒、没有威胁等。这些要求看起来很合理，但却将大部分流浪街头者排除在外。有时候，这些限制超出了实际考虑而转向了道德说教。一些有宗教背景的服务提供者，甚至世俗的非营利组织，继续因循个人责任模式。这种模式直接或间接地将无家可归者的状况归咎于他们自身，并要求他们在接受服务之前表现出遵守某些道德准则的意愿。这些道德准则对LGBTQ人群尤其具有限制性，甚至具有歧视性。

即使我们立即开始向住房优先模式发展，依然有人要等待一个可以暂时住上一段时间的地方。就算房源充足且全部就位，也总会有人被忽视。所以我们需要给人们安排一个地方来帮助他们稳定状况，同时减少他们对周边社区的影响。实现这一目标的最佳方式是依靠一个专注于让人们远离街头的、由救助中心和应急救助站组成的系统，而不是依赖警察、刑事司法系统或其他惩罚性机制——即使那些人有心理健康、药物滥用和其他行为问题。这类中心可配备社会工作者、提供心理健康服务、咨询服务以及信箱、体检、食物和衣物等。这种场所确实存在，它们通常非常成功且成本相对较低。但政府对其的支持往往不充分或根本不存在。马萨诸塞州剑桥市有一家名为"面包和果酱"（Bread and Jams）的社区服务提供机构。它提供以上所有服务项目，也包括寻找住房和工作、福利宣传、医疗保健和政策宣传等方面的帮助。尽管它在让无家可归者稳定下来、改善他们的生活品质、减轻无家可归者对周边社区的影响等方面发挥了一定的作用，但不幸的是，它因为资金不足于2014年春季倒闭了。[25]

理想情况下，这类空间也应该满足当地社区的需求。救助站和其他服务项目常常很突兀地出现在社区中，很少与社区居民一起制订减轻它们对社区的影响的方案。例如，社区有时候会抱怨救助站一大早将人们全都赶出来，迫使他们在街上游荡。旧金山的使命社区资源中心（Mission Neighborhood Resource Center）尝试解决这些问题。[26]它们提供了一个无限制条件的救助中心，并担当了医疗保健、社会服务和救助站的中间人的角色。它们也做领导力发展的培训，帮助无家可归者提出改善服务和获得永久住房的主张。它们还与社区合作以确认能减轻无家可归者的影响的服务项目，如可用的淋浴设备和能够回应街头遇险的人们的求助的拓援团队，而不必让警察介入。

我们必须超越下述虚假的选择：要么生活在普遍的混乱中，要么依赖警察来担任文明的执法者。纽约市警察工会2015年7月呼吁其成员和支持者拍摄无家可归者制造公害的照片，以此向政府施加压力：让警察重新以定罪的方式自由地管制他们的行为。[27]警察工会暗示新上任的白思豪市长"束缚了他们的双手"，并对公共文明的衰落负有责任。对警察工会来说，唯一合适的对策是增加攻击性和侵犯性的警治行动。这不可能是真正的答案。我们知道如何解决街头大多数无家可归者的问题，我们也知道如何不依赖警察去减少无家可归者对社区的影响。我们需要的只是做这些事的政治意愿。只要我们还在要求警察局作为领导机构来处理街头流浪者，结果是不会好的。虽然警察可以强迫人们搬离，把人们驱赶到隐蔽处或将他们送入刑事司法系统，但他们没有采取任何措施来减少无家可归者的数量。警察的行动只是以巨大的代价进一步隔离他们并让他们更加穷困。

注释

1. National Law Center on Homelessness and Poverty, *No Safe Place: The Criminalization of Homelessness in U.S. Cities* (Washington, D.C.: National Law Center on Homelessness and Poverty, 2014).

2. Katherine Beckett and Steve Herbert, *Banished: The New Social Control in Urban America* (Oxford, UK: Oxford University Press, 2009).

3. Alex Vitale, "The Safer Cities Initiative and the Removal of the homeless: Reducing crime or promoting gentrification on Los Angeles' Skid Row," *Criminology and Public Policy* 9, no. 4 (2010):867–873; Forrest Stuart, *Down and Out and Under Arrest: Policing and Everyday Life in Skid Row* (Chicago: Chicago University Press, 2016).

4. Rick Rojas and Joseph Kolb, "Albuquerque Officers Are Charged with

Murder in Death of Homeless Man," *New York Times*, January 12, 2015.

5. Kate Mather, Joel Rubin, and Gale Holland, "Video of LAPD killing turns harsh light on skid row," *Los Angeles Times*, March 2, 2015; Kate Mather, James Queally, and Gale Holland, "L.A. Police Commission clears officers in skid row shooting but faults officer in Burbank killing," *Los Angeles Times*, February 2, 2016.

6. Kate Mather, "LAPD killing of unarmed homeless man in Venice was unjustified, Police Commission says," *Los Angeles Times*, April 12, 2016.

7. Vitale, *City of Disorder*. Alex Vitale, "Enforcing Civility: Homelessness, 'Quality of Life,' and the Crisis of Urban Liberalism" (City University Graduate School: Ph.D. dissertation, 2001).

8. David Firestone, "3 Tell Council They Beat Homeless to Clear Out Business District," *New York Times*, May 11, 1995.

9. Ross MacDonald, Fatos Kaba, Zachary Rosner, Allison Vise, David Weiss, Mindy Brittner, Molly Sherker, Nathaniel Dickey, and Homer Venters, "The Rikers Island Hot Spotters: Defining the Needs of the Most Frequently Incarcerated," *American Journal of Public Health* 105, no. 11 (2015): 2262–2268.

10. Ibid, 2262.

11. Jonathan Wrathall, Jayme Day, Mary Beth-Ferguson, Aldo Hernandez, Alyson Ainscough, Kerry Steadman, Rachelle Brown, Patrick Frost, and Ashley Tolman, *Comprehensive Report on Homelessness: State of Utah 2013* (Salt Lake City, UT: Utah Housing and Community Development Division, 2013).

12. Paul Guerin and Alexandra Tonigan, *City of Albuquerque Heading Home Initiative Cost Study Report Phase 1* (Albuquerque, NM: University of New Mexico Institute for Social Research, 2013).

13. Gregory Shinn, *The Cost of Long-Term Homelessness in Central Florida: The Current Crisis and the Economic Impact of Providing Sustainable Housing Solutions* (Orlando, FL: Central Florida Commission on Homelessness, 2014).

14. Michael Cousineau, Heather Lander, and Mollie Lowery, *Homeless Cost Study* (Los Angeles, CA: United Way of Greater Los Angeles, 2009).

15. Andrew Liese, "We Can Do Better: Anti-Homeless Ordinances as Violations of State Substantive Due Process Law," *Vanderbilt Law Review* 59, no. 4 (2006): 1413–1455; Robert C. Ellickson, "Controlling Chronic Misconduct in City Spaces: Of Panhandlers, Skid Rows, and Public Space Zoning," *Yale Law Journal* 105, no. 5 (1996): 1165–1248; Maria Foscarinis, "Downward Spiral: Homelessness and Its Criminalization," *Yale Law and Policy Review* 14, no. 1 (1996): 1–63.

16. Kirk Johnson, "Property of a Homeless Man is Private, Hartford Court Says: Justices break new ground on the rights of the homeless," *New York Times*, March 19, 1991; Bob Egelko, "Homeless have right to reclaim property," *San Francisco Chronicle*, August 9, 2014; Gale Holland, "Seize a homeless person's property? Not so fast, a federal judge tells L.A.," *Los Angeles Times*, April 13, 2016.

17. US Department of Justice, "Justice Department Files Brief to Address the Criminalization of Homelessness," August 6, 2015.

18. United States Interagency Council on Homelessness, *Searching Out Solutions: Constructive Alternatives to the Criminalization of Homelessness* (Washington, D.C.: United States Interagency Council on Homelessness, 2012).

19. Bob Egelko, "U.N. panel denounces laws targeting homeless," *San

Francisco Chronicle, May 2, 2014.

20. Judicial Branch of Arizona Maricopa County, "Homeless Court," n. d.

21. National Low Income Housing Coalition, "Rental Inflation Drives Homelessness and Housing Instability for the Poor," May 1, 2015.

22. Virginia Housing Alliance, "Governor McAuliffe Announces 10.5 percent Decrease in Overall Homelessness in Virginia," July 21, 2016.

23. Maria La Ganga, "Utah says it won 'war on homelessness,' but shelters tell a different story," *Guardian*, April 27, 2016.

24. *Kitsap Sun*, "Opinion: Further questions about housing first," July 14, 2016.

25. Hasson Rashid, "Restoring Bread and Jams for the Homeless," Alliance of Cambridge Tenants, June 21, 2014.

26. San Francisco Homeless Resource, "Mission Neighborhood Research Center," n. d http://sfhomeless.wikia.com/.

27. Alex Vitale, "Why are New York cops shaming homeless people?" *Al Jazeera America*, August 16, 2015.

性工作警治的失败

将性工作定罪意味着什么?

当我们允许警察管控我们的性生活时,我们就使得我们社会中最脆弱的人群蒙受了巨大的伤害。依靠性产业谋生乃至积累钱财的年轻人、穷苦女性,以及跨性别群体被警察逼入阴影之中,这使得他们极易遭受虐待、剥削和健康损害。

居民和企业主常常坦言他们对性工作的忧虑,认为这违反了道德秩序。他们担心儿童会暴露在公开性行为、安全套残片以及各种各样与性交易相关的药品和毒品面前。处于第二位的问题则包括女性被当成性工作者而受到骚扰,毫无意愿的男性被性工作者搭讪,以及顾客、娼妓和皮条客之间的来往不时造成的骚乱乃至暴力。所有这些事都可能破坏生活质量、影响财产价值,这意味着财产所有者的抱怨容易引发警治行动。在更大的层面上,城市官员表达了对性产业中性病传播、毒品流通和有组织犯罪的忧虑,他们还担心青少年参与到该产业中,担心皮条客和顾客可能对他们及成年从业者进行虐待。

最近,大量的非政府组织(NGOs)都在努力使人们认识到强制胁迫和国际人口贩运在性工作者——特别是青少年性工作者——的供应上所起到的作用。其中许多团体——以及一些宗教、政治和社群领导者——基本上是从道德的角度反对卖淫。另外一些团体则认为没有人会自愿选择卖淫，并且将性工作等同于强迫行为。这些团体倾向于采取废除主义（abolitionist）的方案，主张禁止所有性工作，并且以惩罚性的国家执法行动为实现目的的核心方式。许多自由派的女性主义者则出于对涉事女性之福祉的考虑，而拥护一种禁绝主义（prohibitionist）*的立场，他们相信女性之所以最终会从事性工作，其原因是童年遭受过性虐待。然而另一些女性主义者则指出这种立场将会再生产出父权制的观念和权力关系。

在警察中，以高度道德化的视角来看待卖淫也同样是一种强烈的倾向。这可能会使得性工作者的人性被极大地低估，因为他们似乎屡教不改地从事着在警察个人看来具有侵犯性的活动；或者，一种营救心态会使得他们的能动性被极大地低估，具有这种心态的警察会把性工作者当作是需要拯救的受害者。当所有这些方案都没有使现状有所改善时，一种失范的冷漠（anomic disinterest）往往就会萌生出来。卖淫问题不过是又一个职业内部的问题，只要以最低限度的情感关怀和对劳动成果的尊重，就能管理好。抓捕工作完成了，闲荡者被驱散了，广播工作也做过了。这些措施中有哪些真的促进了社区安全、改善了性工作者的生活？毫无疑问，答案是没有。对性工作的定罪措施可谓声名狼藉，而且对性工作者乃至整个社会都造成了损害。禁绝主义的方案假定，严格执行法律——不论是针对服务提供者还是顾客——就能防止卖淫活动发生。然而证据显示，即使是最为密集的警治行动也不能达到这一效果。

直到20世纪的第二个十年，公开的红灯区在美国各城市仍相当普遍。

---

* 禁绝主义是一种法哲学或政治理论的观念。禁绝主义一般认为，如果某些行为被规定为非法，并且相关的禁令得到执法力量的强化，那么公民就会弃绝这些行为。举例而言，被禁绝的对象或生活习惯可以是服饰、赌博和毒品使用等。这里作者使用"禁绝主义"显然意在批评警方对性工作者的打击不但没有使问题得到妥善解决，反而加强了犯罪团伙的力量。——译者注

虽然警察经常索取贿赂，并且不时对性工作者进行性剥削，但是卖淫活动在这些区域——有时还包括更大的区域——中得到了有效的无罪化处理。结束这种状况的因素大致有二。第一个因素是军方当局在一战期间想要限制卖淫活动，因为在以往的战争中，性病是破坏部队战备状态的主要原因之一。第二个因素是进步时代（Progressive Era）*强调恢复城市的德性，而城市已经被来自东欧和南欧的大规模移民潮所"污染"。这个过程采取的形式是关于"白人奴隶"的叙事，妓女被描述为受到外国男性强迫和操纵的不自知的受害者。他们的任务是通过禁绝主义的政策来"拯救"这些女性，就像用类似的政策来对抗酒精对人的"鞭打"一样。

早期的执法活动包括突击搜查妓院和针对站街揽客行为的密集执法。尽管"白人奴隶"叙事暗示了当事人的无助，但妓女们一般情况下还是被当作犯法者来对待，经受着看守所的羁押、警察的持续骚扰以及更糟的状况。警方和政府官员非常成功地压制了红灯区，但以更隐蔽的形式进行的卖淫活动却没有减少，这些卖淫活动存在于酒吧、陪同服务、按摩院、桑拿房、地下妓院、上门服务、脱衣舞俱乐部的贵宾室以及多种形式的站街中，在公开程度和风险等方面各有不同。

如今，警察采用了多种多样的策略来对性工作实施管控。扫黄小队（Vice teams）**致力于处理显见的和隐蔽的卖淫活动。由于涉黄犯罪而遭逮捕的人常常会被迫提供有关妓院和其他隐秘的性工作场所的信息。秘密警察会以潜在顾客的身份对这些场所展开调查，在一些情况下还会在调查过程中参与性行为。随之而来的就是突击搜查，性工作者和管理者会被逮捕并起诉，在一些情况下顾客也不例外。扫黄警察也假装成顾客在街头采

---

* 美国的进步时代指从19世纪90年代到20世纪20年代这段时期，期间围绕着政治腐败、工业化、城市化和移民等问题出现了广泛的社会运动和政治改革。——译者注

** Vice指具备明显道德负面色彩的恶习或犯罪行为，如酗酒、赌博、奸淫和吸食毒品等。——译者注

取行动。一旦双方就价格和性行为达成一致,逮捕行动就会在车内、旅馆房间或是街角展开。在一些情况下,仅仅是在"已知的卖淫区域"闲荡的人也会被一网打尽;携带安全套、穿着"有性暗示的服装"、跨性别的打扮或是有被捕前科都被视为逮捕和起诉的充分证据。

在脱衣舞俱乐部,警察们执行着多种含混的反淫秽法规,而他们对作为其行动依据的"公共标准"的阐释有时不免武断:测量主顾和舞者之间的距离,或是检查衣物的尺码与位置。以纽约州为例,女性可以赤裸上身跳舞,但必须与地面保持18英寸以上的距离,离顾客至少5英尺远,而且不穿好衣服就不能收取小费。常规检查由秘密警察进行。后台房间和贵宾休息室是检查工作中的特殊挑战,警员们往往必须假装成顾客,付钱接受特殊服务才能发现违规行为。[1]

巡逻警员有时也会被指派去处理正在其分管片区进行的街头卖淫活动。他们倾向于依据有关街头滞留和扰乱治安的法规来逮捕或驱逐疑似的性工作者。通常情况下,因应对具体投诉而出动的警员并不难对付,只要性工作者承诺在他们执勤期间离开相关片区,警员们就满足了。有些警员对顾客实行涉毒逮捕,给他们的车辆开具并排停车的罚单,或是以向公众曝光来恫吓顾客。

更为极端的执法形式常常涉及与市代理律师及当地检察官的协作,包括公开顾客身份,动用民事没收法和违规经营法来关停企业,以及起诉那些允许在其房产中开展性工作的房东。在一些情况下,地方检察官会要求加重对惯犯的判决,包括进行重罪指控。西雅图的"放逐"法要求那些因卖淫指控而被逮捕的人——有时候仅仅是被怀疑卖淫的人——在很长一段时期内不能进入指定的区域,否则他们就会面临更重的刑事处罚。[2]非政府组织还对地方官员施压,让他们把矛头对准广告刊登平台,比如免费周报的页面和像克雷格列表(Craigslist)这样的在线目录式列表,希望借此管控不太显见的性工作形式。2015年，位于纽约的美国检察官办公室突击检查了Rentboy.com，该网站刊载的大都是男性性工作者的服务广告。尽管没有任何一位该网站的用户进行过投诉，但该网站的所有雇员都遭到了逮捕，企业本身也被关停。其结果是迫使这些性工作者在经济上和身体上都陷入了更具风险的境地。[3]

Rentboy的案例之所以格外重要，是因为它反映出女同性恋者、男同性恋者、跨性别人士，以及其他类型的性别不适者或非传统的性工作者更容易受到伤害。这些性工作者常常处于遭受顾客、警察和劫掠者伤害的危险之中，在性交易活动的边缘地带进行工作的可能性也更大。跨性别性工作者遭受着警察的常规化骚扰，面临着因憎恨而引发的暴力犯罪。同样常见的情况是，警察假定任何公开的跨性别者或性别不适者都一定涉足了性工作。在纽约市，警察会完全出于外观原因而例行公事地对跨性别人士进行骚扰或逮捕。[4]他们还更容易成为暴力的牺牲者。虽然性工作者们普遍都会被当作犯罪目标，但这些工作者同时还遭受着恐同人士和其他不支持他们性别认同的人的虐待。

虽然经过了几十年的警察执法，但从华尔街高管和当选官员们以5000美元一晚的价格雇用的陪同人员，到市中心平民区小巷里20美元一次的服务者，商业化的性服务仍旧唾手可得。就算是个别性工作者在警察行动的影响下最终脱离了这种职业，也会有其他人来代替，而且顾客是永远也不会缺的。警察顶多可以宣称他们的措施限制了性产业的规模和公开性。密集的联合警察执法行动有时确实能把站街拉客者从某个特定的区域赶走，但他们会转移到更远一些的区域进行户外活动或室内活动。这或许会对居民有些益处，但对于从整体上减少商业性行为的普遍性，或改善性工作者自身的生活而言则毫无成效。基本可以证明，商业性行为不受惩罚性警治的影响。

附带后果

定罪不仅无效,还对性工作者、公众和刑事司法系统造成了损害,加剧了性工作者的受害程度、疾病的传播,以及警察和司法系统的腐败。

警治的目标并不是根除卖淫活动,而是迫使其转入地下。该过程使得这些工作者们在遭受强奸、殴打或其他侵害时,失去了控诉的途径,增强了皮条客和人口贩子们的力量,进而导致不安全的性活动。当性工作者们被迫在隐蔽、非法的经济活动中劳动时,他们很难诉诸法律来保护自身的权利与安全。甚至当他们确实有办法来要求警方保护他们免受暴力时,他们也很少真的去做。考虑到他们的社会地位,以及他们在警察手中蒙受漠视和虐待的历史,这些性工作者很难认为警察的介入符合他们的最佳利益。维护客户的匿名性符合性工作者的利益;刑事起诉和公开羞辱则对生意不利。他们的工作很少涉及信用卡收据、身份证件复印件,以及能够用来辨认和起诉侵犯者的监控录像。就算有一些证据,受害者一般也不愿意在警方的追加审察中暴露自己,唯恐自己或自己所在的机构遭受突击搜查。

此外,性工作者没有能力获取基本的工作场所安全保障。他们不能抱怨失火的风险,不能为被克扣的工资进行起诉。他们不能控告骗取服务和违约的行为。他们拥有的唯一手段就是保留自己的劳动力,但即使是这种手段也会受到种种强制劳动行为(从心理操控到奴役)的遏制。

定罪也加强了皮条客、有组织的罪犯以及人口贩子的力量。因为对大多数性工作者来说,合法的从业途径非常有限,加之多数报酬丰厚的性工作处于非法地位,所以第三方在招募和强迫从业者方面起到了非常重要的作用。此外,如果能提供保护,维护隐蔽的工作场所,并且针对警方来组织合作,那也同样有利可图。那些已经参与到非法活动中的人或组织最擅长提供这些服务。这一切使得性工作者们难以自己组织工作、独立地从事性经济活动。房屋租赁、安保服务和广告宣传都必须悄悄地进行，这往往要倚仗虚假的公司或其他幌子。甚至是站街拉客者也必须要与非正式组织的闲逛式揽客竞争，其中组织性和纪律性相对更强的从业者们要么赶走新人，要么强迫他们加入自己的组织。在一些情况下，皮条客会强迫性工作者接受自己的"保护"，以此保证他们自己从事交易的能力。另一些皮条客与性工作者有真正的工作伙伴关系，他们提供支持和保护，以便分享部分收益。

剥削型的皮条客靠金钱来强迫别人从事性工作，因为他们知道性工作者们几乎得不到法律的帮助。警方经常把这些性工作者看作是犯事者而非受害者，因而不去认真对待他们的求助。此外，那些出于压力、强迫乃至自愿而从事性工作的人往往处境艰难，可能有精神健康问题和药物滥用问题，或有遭受虐待的童年经历。所有这些都使得他们在社会上处于孤立和容易受到伤害的状态，因而也更容易控制。简单化的"救助"工作没能解决这些人所面临的深度孤立和困境。仅仅是向他们提供咨询和药物治疗，而未能解决工作和住房问题，性工作者们往往还会重操旧业，甚至是以一种自暴自弃的形式来工作，这是因为他们没得到一条持续可靠的出路。剥削者们正是利用这种倾向来维持他们的孤立性和依赖性。

国际性的性贩子也可能在不够审慎的禁绝主义警察行动中变得更有力量。这些行动通常要驱逐或监禁那些从事性工作的外国妇女，而促成行动的往往是美国的政策。[5]例如，美国已经在泰国迫使警方减少性贩子的活动——这基本上相当于是少让外国人从事性工作，不论他们是自愿的还是被迫的。来自老挝、柬埔寨和缅甸的妇女们在警方的突击行动中被例行公事地一网打尽，统统被强制遣返。此外，边境通路上也都加筑了工事，使得入境更加困难。这意味着自愿迁移的人们会更可能求助于从事运输活动的有组织犯罪网络,这让他们更容易受到剥削和强迫。这还使得有组织的犯罪团伙更能独自掌控性工作者的流动,进而有力地刺激了这些团伙去维持大量的劳动力供应——如有必要,他们还会使用强制手段。如果警察行动持续地消耗这些劳动力,这些状况就会尤为显著。

类似的趋势在欧洲和美国的部分地区也同样存在。自愿迁移的性工作者求助于走私者和人口贩子,以便进入这些市场,这让他们极易受到高额开销、诈骗、虐待、契约劳役,有时甚至是奴役的侵害。其他服务行业也同样如此。墨西哥和中美洲的"郊狼们"*频繁地狩猎女性移民,向她们索取性和金钱作为送她们过境的条件,有时还强迫女性从事性工作来付清欠款,或直接强迫她们卖淫。[6]东欧的有组织犯罪团伙向妇女提供到美国、欧洲和亚洲从事性工作的机会,他们极高的要价已然成为一种契约劳役的形式,因为这些妇女必须通过性工作付清欠款。[7]在一些情况下,妇女们被告知她们偷渡后会从事家政工作,不料却被迫从事性工作。

性工作和毒品的非法属性创造出种种利润刺激,使得有组织犯罪将二者结合起来。性工作者有时会得到毒品供应,或是被迫对毒品产生依赖,这是管控他们的手段。另一些人则是被怂恿或强迫从事性工作来维持他们吸毒的习惯。客户也常常被供应毒品来作为性体验的一部分。对有组织的犯罪来说,接连提供两种服务可以获取暴利,因为就保障供应渠道和保障安全、不受警方和竞争对手袭扰而言,这两种服务的要求经常是重叠的。

边缘化也导致了不安全的性活动。最棘手的问题之一是,警方经常把持有安全套看作是卖淫的证据。由于站街拉客者经常在汽车、公园或其他非正式的地点工作,唯一能够确保性行为安全的方式就是携带安全套。那么他们必须权衡染病的长期风险和被逮捕起诉的短期风险。客户有时候会

---

* "郊狼"(coyote)有时也译作"土狼",指协助非法移民穿越美国南部边境的偷渡犯。——译者注

为无安全套的性行为多付钱,而皮条客也会为了多挣些钱而迫使女性不使用安全套或者承受被虐待的风险。最后,虽然旧金山等城市有为性工作者服务的健康门诊[8],但许多性工作者仍旧难以得到合适的医护,因为他们缺少医疗保险,而且害怕被羞辱或定罪。最后,有些警察自身也向性工作者索取无防护措施的性行为,来作为后者免于被捕的条件。[9]

警察腐败

警察腐败对于性工作者遭受的虐待和边缘化具有重要影响,还损害了公众对警察的信心。像赌博、卖淫和药物滥用这样的风纪犯罪从多个方面造成了警察的腐败。警方可以制定极为严厉的处罚,而那些从事非法活动的人通常有足够的资源来花钱把事情摆平。此外,执法行为很大程度上取决于警察的自由裁量,这对警察来说是巨大的诱惑——他们发现了回馈贿赂的又一途径,或是以"寻租"的方式主动索贿。他们利用自己的地位尽可能多地敲诈钱财。

在世界上的许多地区,与卖淫相关的警察腐败非常普遍,其中大多数性工作者都与警察有着财务关系乃至性关系。[10]这被当作是性工作者们做生意时不可避免的成本,也被看作是警察基本薪酬预期中的一部分——此外还包括为逃脱交通罚单的而交纳的贿赂,以及地方企业提供的免费宴请和财物。虽然这些活动在整个20世纪60年代都是美国警治的惯例,但现在却不再那么系统化了。收入的增加、公众监督的强化,以及像纳普委员会(Knapp Commission)这样的组织对腐败丑闻的揭露,在系统层面大体上终结了这类活动。然而低水平的腐败依然广泛存在。按照规定,为妓院提供庇护,或是对性工作者个人提出财务要求或性要求的警察会被逮捕或开除,而对性工作者来说,满足警员的财务和性要求的情况并不罕见,他们把这看作是工作生活的一个常规部分。

仅仅在过去的几年中,美国警察已经染指的活动就有:经营妓院、为妓院提供庇护[11]、向娼妓索要性服务以使其免于逮捕[12]、雇用雏妓[13]、担任皮条客[14]、盗窃性工作者的财物、攻击性工作者[15],以及向娼妓及其顾客索要贿赂[16]。我们无法知晓这些事情已经到了何种程度,但问题确实普遍存在,并且仍在持续。2005年对性工作者的一次调查发现,有14%的人与警察发生过性关系,16%的人遭受过警察的暴力行为,而只有16%的人声称自己在向警察求助时体验良好。[17]另一项研究发现,在年轻的性工作者所遭受的暴力行为中,有三分之一都出自警察之手。[18]

改革措施

旨在减少警治对性工作者负面影响的种种改革倡议,大都关注如何把执法造成的负担转移到顾客和第三方供应者身上。另一些改革则把性工作者移交给"治疗和恢复"制度,这些制度由法院托管或由社会服务机构推动,旨在让性工作者免于牢狱之灾,并为他们提供在经济上自给自足的出路。这些改革措施包括设立专门化法庭、"约翰学校"(John schools)和针对顾客的新法规,以及旨在制止顾客或改造性工作者和顾客的种种举措。

新的法律体制最能体现这一点,这些新体制把出卖性服务的行为作无罪处理,但对购买或有组织地供应性服务的行为定罪。瑞典是这一方案的先行者,早在1999年就投票将性工作作无罪处理,但又加重了对贩运性工作者、强迫性工作者和购买性服务等行为的处罚。这场变革的推动者大都是自由派的女性立法委员,她们基于女性主义立场而采取废除主义的方式来应对卖淫行为。她们主张,所有的性工作都是对女性的贬低(尽管并非所有的性工作者都是女性），而且所有参与性工作的女性在某种程度上都是被迫的——哪怕她们只是为了摆脱经济上的绝境。把性工作者构建为受害者的做法，使得对他们的定罪成为不公正的行为，所以她们把负担转给了强迫女性进行交易的人和向女性索要服务的人。

这种"北欧模式"还为性工作者提供了获取社会服务、政府福利和养老金的途径。在相关法律颁布后，有证据显示娼妓的总体数量有所减少，而服务费则有所增加。有趣的是，事实上并没有人因为招嫖而被监禁。价格的上升意味着性工作者供应量的降低，但并不意味着需求的减少。那套有关受害者的修辞还进一步加重了性工作者的污名化程度和在社会上的孤立状态。许多性工作者称自己是自愿从事这份工作的，并指出将顾客定罪的做法让他们变得更为孤立了。由于他们的顾客有被捕的风险，他们还是必须以隐蔽的方式工作。他们说自己仍旧感觉在被警察追捕，被驱赶到了社会的边缘。另外，一些性工作者失去了对自己孩子的监护权；还有些人被房东赶走，因为房东担心自己会由于为性工作提供便利而被起诉。这意味着女性必须常常独自工作，没有秩序井然的工作场所，其安全状况和工作条件很难得到管控和改善。在荷兰和美国内华达州，有组织的卖淫活动是被许可的，那里的工作者们能更好地组织起来改善安全状况和工作条件。

在美国，除了在内华达州的乡村地区，卖淫仍是非法活动，但是已经有惩罚性较弱的处理方式。旧金山市1995年设立了卖淫初犯项目（First Offender Prostitution Program），顾客可以向法庭付费以参加旨在杜绝卖淫活动的"约翰学校"。这个项目的目的是对顾客进行教育，通过生动形象的课程来讲授性病的危害及性工作者遭受的强迫与剥削，让他们知道自己的行为对自己、家庭、社区和性工作者带来的伤害。[19]该计划希望顾客一旦了解了性交易的真正代价，就会选择不再参与这种非法的经济活动。

在实施过程中,这些"学校"有着明显的惩罚性质。被告们被迫入校学习,不参加就会面临刑事指控。这些刻板的课程带有道德化的偏颇。课程还假设男性没有意识到自己的行为会产生哪些潜在的危害。事实上,许多男性对自身行为造成的消极后果心知肚明,但他们常常让自己的认识屈从于欲望。

与北欧模式一样,这种处理方式没有为性工作者提供更多的生活选择,没有改善他们的工作条件,也没有处理导致性服务购买行为的深层动机。要解决这些问题,需要对性在社会中的功能进行更深入的探讨。

一些由法院主持的转移项目致力于通过施压和劝诱的方式来使性工作者从交易行为中脱离出来。他们能否参加相关的法院流程,通常取决于当地地区检察官的自由裁量,因为检察官还可以选择起诉他们。法院会对当事人的需求进行评估,并指派他们参加一个或多个治疗项目或恢复项目,比如药物治疗和职业培训。从理论上讲,这些项目应该给出一整套有针对性的服务来满足性工作者个人的具体需求,以便为他们提供脱离性工作的途径——如果他们有此意愿的话。由于那些最终进入法院系统的性工作者都有着复杂的需求,而且还往往有创伤性的经历,所以任何恢复性的工作都应该是长期的,并且要对挫折和计划的暂时失败有所预期。但项目在具体实施时却很少做到这些。大多数项目只能在非常有限的范围内提供服务,其中包括移交救助站(而非长期住宿)、职业培训(而非工作)以及精神健康门诊治疗和药物治疗。他们通常采取的废除主义方案不过是把女性看作是需要被营救的受害者。

结果是,只有很少的性工作者参与到了这些项目的进程之中。基督教营救团体常常能够拿到大量的服务合同,在一些情况下他们还协助组建法庭、在执法活动中协助突击检查的计划与执行。虽然一些服务很有帮助,但强迫当事人参与宗教咨询的行为却模糊了教会和国家之间的界限,并且对改善性工作者的生活毫无助益。值得庆幸的是，在一些情况下，从事或涉足性工作的人员所参加的团体——诸如纽约性工作者计划（New York's Sex Worker Project）——也在法院委托的服务中做了少部分工作。

2013年，纽约创立了首个人口贩运干预法庭，把性工作者视为受害者而非罪犯。莫莉·克拉柏艾坡（Molly Crabapple）在2015年的《异视异色》（Vice）杂志中描绘了该制度的无用和滥用，指出警察活动并未发生本质性的改变，大量的执法活动以正在街头交易的女性为目标，还常常祸及其他贫困的有色人种女性——这些女性不过是在错误的时间出现在了错误的地点。[20]这些法庭本身只提供最低限度的服务。在许多情况下，这类法庭的判罚事实上比常规法庭更为严苛，女性们要被迫进行数天的咨询和社区服务，而非仅仅付一点罚款就能继续过自己的日子。贩运人口的事情则几乎完全被忽略了：性工作者从来不会被问及她们是否遭受过贩运，全部的焦点都在于通过道德劝诫和强制咨询来管控她们的生活。

由于只有在被逮捕后才可能参与这些计划，警察仍旧有着极大的裁量权来决定某人是否是性工作者、是否该把他们移交刑事司法系统。这就意味着在逮捕街头交易者和有色人种性工作者时，警察可能怀有极大的偏见。在拥有人口贩运干预法庭的布鲁克林，在因街头卖淫而被逮捕的人中，94%是非洲裔美国人。此外，这些法庭同样面临着种种腐败的诱惑，警员可以用免于被逮捕和上法庭作为交换条件，向性工作者进行财物勒索和性勒索。

这些计划的参与者的累犯率只略好于那些受到监禁和罚款的人。然而，大多数参与者还是会重操旧业，哪怕皮条客会时常虐待他们。更重要的是，这些法庭似乎没怎么影响到性工作者的总人数。由于需求依然存在，而且相关人群在经济和社会领域上的脆弱状态仍未改善，性工作者的供应就会无穷无尽。在一些情况下，这些计划能帮助到那些因年龄过大而不能再从事卖淫活动的人,或是那些打算脱离被虐待的境遇的人,但是这些计划在转移到那些收入潜力很高的人时,其效果似乎就大打折扣了。未受强迫的性工作者往往觉得这些计划是对人的贬低和误导,而且与自己不甚相关。

随着人们对人口贩运问题的认识逐渐提高,政府和非政府组织在短时间内做了大量的工作来"营救"从事性工作的妇女和女孩。这些"废除主义者"的工作基于这样的假设:所有性工作者都是非自愿的。推行这种方案的有宗教保守主义者和保守女性主义者。在前者笃信的道德框架中,要对性行为的失检进行道德救赎;后者则指望国家来促进女性的权益,依靠惩罚性的手段[用伊丽莎白·伯恩斯坦(Elizabeth Bernstein)的概念来说,就是"监狱女性主义"(carceral feminism)][21]或由市场主导的恢复项目,但却忽略了更大的经济和文化体系。项目的支持者们将性工作者界定为需要被拯救的女性受害者,并且在一些情况下支持将女性性工作者视为完全有罪的。

这种思路中最为知名的案例可能要数美国保守主义宗教人士所采取的措施,他们以在职干预的方式来"拯救"娼妓,还常常拍摄录像。像《废除主义者》(The Abolitionists)这样的电影就描绘了道德十字军和地方警察一同确认受害者与作恶者的情形。许多组织——如"地下铁路运动"组织(Operation Underground Railroad)——致力于营救儿童性工作者、遭受强迫的受害者,以及遭受过强制性国际人口贩运的受害者。他们装扮成顾客,然后尝试规劝性工作者们参加他们的项目、脱离性交易。他们一般会提供应急住宿和一些社会援助服务,并佐以一大堆的宗教教诲。

这些团体在国际上经常与地方政府合作,一同对妓院实施大规模的突击搜查,之后外国的工作者会被遣返回母国,而当地的工作者会被迫参加社会服务和培训项目。有时这些"被营救"的女性是自愿的性工作从业者，她们会想方设法逃跑。另一些女性则被迫接受血汗工厂般的工作条件，主要从事报酬极低的服装制造工作。在泰国，女性会在恢复营中被关押一年，被要求学习缝纫和其他活计，这是为了让她们之后能够接受低薪工作，而不再回归报酬更高的性工作。性工作者权利团体"赋权清迈"（Empower Chiang Mai）记录了多起事件，其中"被营救"的性工作者遭受了警察虐待、扣押和驱逐出境。[22]不消说，"被拯救"的人中有很多重操旧业。

在乔治·W.布什治下，这些团体颇受礼遇。美国国会在2002年通过了全球艾滋病法案（Global AIDS Act），禁止使用联邦拨款来推动、支持或提倡卖淫合法化。那些需要拨款来防治艾滋病的地方政府，甚至不被允许探索合法化的卖淫制度对减少HIV传播率的可能益处；非营利性团体被要求在公共领域反对一切形式的卖淫和人口贩运——通常还包括反对性工作者的非受强制移民。这使得各团体很难与性工作者建立信任关系，很难公开帮助他们团结起来进行互助和争取政治权力。此外，这还助长了地方上的反移民情绪，反移民者把可见的性工作都归咎于移民的性工作者的涌入。结果是，执法行动经常以移民的性工作者为目标，却不考虑他们从事这类工作的原因、入境的方式、工作条件和非法过境的种种危险。

在美国，在多个性工作者组织的反对声中，2003年的人口贩运受害者保护法案（Trafficking Victims Protection Act）仍把所有的卖淫行为与强制人口贩运联系在一起。该法案意在惩罚人口贩子而非性工作者。联邦调查局和地方执法机构不得不启用新的联邦款项来筹划反贩运的方案。不幸的是，执法模式却没有表现出任何变化。联邦调查局的突击行动往往会逮捕少量的人口贩子和大量的性工作者。该法案还为那些愿意协助执法、指控贩运者的受害者创立了特殊签证；但大多数的签证名额却没有启用。

这项法律还督促地方政府和州政府创立反人口贩运法规，这些法规以重要但却不准确的方式把卖淫与人口贩运联系起来。阿拉斯加州2012年的法规把为人口贩运者做宣传、与贩运者一同工作的行为都等同于人口贩运活动。其结果是，在克雷格列表上登广告的人们也遭到了逮捕，与按摩院和妓院的所有者无异——甚至没有证据表明他们有过强制行为，更没有能证明存在强制国际迁移的证据。这些法律法规强化了对性工作者的定罪，并让性工作变得更加不安全。最后，被捕的人还要在同一个司法体系中承受毫无意义的循环往复的流程。

替代方案

对于性工作警治，传统方案和改良主义方案都没能改变性商业活动的基本面貌。制裁、整肃街道、转移计划和救援行动都没能在基本的供需层面造成显著的改变。现在是时候彻底反思惩罚性机制在管控与性工作相关的社会和个人损害时的得与失了。不存在唯一的策略，许多国家和地区都在试验新的解决方案。一些地区双管齐下，一方面施行减轻损害的措施，另一方面努力将卖淫活动合法化、无罪化。实施计划的过程大体上剔除了警察；警察的作用被减弱了，他们只处理确实存在强迫行为的状况和其他严重的犯罪行为。这些解决途径中没有哪个是毫无瑕疵的，而且它们或许也并不适用于所有地区。它们真正的作用是充当路标，指引我们和社区以及性工作者自身一同建立本地化的解决方案。

性工作问题的任何新解决方案，其目的应该是消除性工作中的强迫行为，并认识到不论你个人是否对其感到厌烦，性工作都将继续存在。因此，我们应该努力改善性工作者的生活，为他们提供自愿的途径来脱离这份艰难的、侮辱性的，甚至是危险的工作。大学生靠着性工作来支付学费，直到自己成功找到"正当"职业——能符合这种理想化形象的人在性市场中不过是九牛一毛,许多人之所以选择这份工作是因为不愿在血汗工厂、小饭馆、宾馆和厨房从事薪酬微薄的职业。所有这些工作场所同样可能是侮辱性的和危险的,甚至可能存在性剥削——想了解事实,只消问问新加坡的家政工作者、墨西哥保税加工厂(*maquiladora*)的工人或是曼哈顿的宾馆女佣。在纽约州北部,苏珊·杜威(Susan Dewey)发现几乎她采访过的所有性工作者之前都有职业,大多数人都在性工作和低薪酬的服务工作之间循环往复。大多数人都更青睐性工作,因为这项工作有可能让人发笔横财,而服务工作却是"剥削而排外的,根本没有实现社会流动或财务稳定的希望"。[23]

巴西在很大程度上已经实现了对性工作的无罪处理。成人性工作是合法的,虽然运营妓院是非法的。实际上,有组织的妓院在许多城市公然存在着,连里约热内卢和圣保罗的中心商业区也不例外。不同的店面为不同阶层的客户提供服务。街头交易的状况颇为罕见,经常是有针对性的——比如迎合共和广场附近的老年人——而且基本会被警察忽略。迎合女性和同性恋男性的性工作者也或多或少地处在公开状态,而且很少遭遇警察行动。警方和整个社会文化还厌恶皮条客,而皮条客只会涉足性市场中微小而边缘的部分。这里的性市场显然缺少管制。没有执照,也不要求健康检查,普遍的竞争有助于消除虐待行为,尽管行业的底层仍然充斥着恶劣且危险的工作环境。当性工作者遇上施虐的顾客或皮条客时,就可以向警察求助。巴西的无为之治并不是什么灵丹妙药;许多地方都有雏妓存在,尤其在度假区还成了色情观光业的一部分,而且并非所有的性活动都是安全的。巴西也同样存在着要把性产业的多个部分进行定罪的压力,这些压力来自房地产利益、道德事业家(moral entrepreneur)和地方官员,这些官员十分介怀他们在世界杯、奥运会等活动中展现的国际形象。

组织化的妓院卖淫自1974年以来在内华达州的乡村地区成为合法行

为。妓院工作者（全部为女性）是正式经济活动的一部分，同样交税并参加社会保险。她们被看作是独立的合同工。她们需要向自己的工作场地交纳分成，还要定期进行健康检查。而收受分成的场地则为她们提供清洁的工作空间、安全的环境，以及管理上的支持。大量研究表明，这里的工作人员的满意度高，暴力水平较低，从业时间更久。这里尚未出现有关强迫卖淫和未成年人卖淫的指控。大多数性工作者都报告说自己之前从事过其他职业，但发现性工作更有利可图。尽管研究者们接连不断地发现积极的现象，但内华达州的城市地区则在抵制性工作的合法化，政客和道德家们频频挑战相关法律。2014年，参议院多数派领袖哈里·瑞德（Harry Reid）指责州立法委员们由于软弱无能而没能对性工作进行定罪，而对性工作的定罪则是为内华达州招商引资的"现代化"努力的一部分。这促使一些妓院所有者指出，广泛存在的非法和强迫卖淫并没有阻碍国内其他地区的商业发展。[24]

在德国、比利时和荷兰三国的部分地区，性工作得到了正式的无罪对待。城市中的红灯区公开运营，并受到严格的管理。[25]从业女性拥有作为工作者的所有权利，警察执法的对象大致上只限于雏妓和被强迫的性工作者——包括国际人口贩运，但这些情况很少出现；如果这些情况真的发生了，那也通常是发生在地下场所。性商业一般分布在特定的区域；有时甚至也允许性工作者在公开场合一边闲逛一边招揽生意。在受管理的区域内，基本不会听说有暴力事件发生，而且警察会回应求助者。虽然有组织犯罪已经要被公开竞争取代了，但合法场所的有限以及不容小觑的地下交易仍旧是该产业中实实在在的难题。

新西兰已经完全将公共场所和有序场合的卖淫活动做无罪对待了，由地方进行管理。政府的健康与安全人员会定期检查工作条件；性工作者参与国家社会福利计划，而且受到就业与劳动法的保护。相似的制度同样存在于澳大利亚的一些地区。那里基本不存在暴力和人口贩运问题，也基本没有雏妓和受强迫的性工作。低廉的营业许可费用和合作型的地方政府，使得地下交易的情况十分稀少。一些城市的妓院可以打广告。有组织犯罪似乎基本不存在；性工作者大都是当地女性，对自己的工作生活满意度很高。公众的支持——虽然在2003年修改法律时打了折扣——近年来一直在增加，促使保守派政府不顾道德改革者们的呼吁而保留了该制度。2008年，新西兰卖淫法审查委员会（New Zealand Prostitution Law Review Committee）发现，性工作者们报告说自己感到更加安全，更有能力就安全的性活动进行协商，也更愿意向警察报告受虐待的情况。他们还发现，没有证据表明参与性交易的未成年人数量有任何增长。[26]

从墨西哥到新西兰，再到内华达乡村，对性工作的许可和管理减少了性工作者、顾客和社区受到的伤害，其中警察的作用微乎其微。合法化的性工作显著降低了有组织犯罪和警察腐败造成的影响，在许多情况下还为工作条件的极大改善创造了条件——在政府的监管下，卫生状况、治安状况和性活动的安全在范围和程度上都得到了提升。主要的管理主体是平民身份的健康工作者而非警察，这进一步强化了合作关系和遵守规定的意愿。这种方案还瓦解了把性工作者视为需要被拯救的无助受害者的观点，这种观点是贬损性和污名化的，而且根本不准确。

这些方案为性商业包裹上正当性的色彩，那么它们鼓励了性产业吗？或许如此。但如果与禁止性的方案相比，社会最为关注的强迫问题和疾病问题得到了更好的管控，这难道不是一种成功吗？我们应该拥护这些方案，将其作为起点，来探索能够直接处理社会伤害问题的政策，而非沉溺于道德恐慌。虽然与商业化的性工作相关的危害还将一直存在，但合法的血汗工厂也同样会造成危害。事实上，女性在我们经济和文化中的从属地位才是禁止性方案没能消除的真正危害。虽然废除主义者们有着高尚的目标,但只要他们否认平等的经济政治权利和同工同酬,那么女性还将被逼入职业的边缘形式中。只要女性和LGBTQ群体仍旧贫穷、仍旧受到社会的孤立、仍旧缺少社会和政治权力,只要出走的和"被丢弃"的孩子们除了街头之外无处可去,他们就还面临着人口贩卖和遭受强迫的危险。不论是警察还是"营救者",二者似乎都不热衷于处理这些社会和经济现实。

注释

1. Susan Dewey, "On the Boundaries of the Global Margins: Violence, labor, and Surveillance in a Rust Belt Topless Bar," in Susan Dewey and Patty Kelley, eds., *Policing Pleasure: Sex Work, Policy, and the State in Global Perspective* (New York: NYU Press, 2011).

2. Katherine Beckett and Steve Herbert, *Banished: The New Social Control in Urban America* (New York: Oxford, 2009).

3. Lisa Duggan, "What the Pathetic Case Against Rentboy.com Says About Sex Work," *Nation*, January 7, 2016.

4. Melissa Gira Grant, "The NYPD Arrests Women for Who They Are and Where They Go—Now They're Fighting Back," *Village Voice*, November 22, 2016.

5. Kamala Kempadoo, ed., *Trafficking and Prostitution Reconsidered: New Perspectives on Migration, Sex Work, and Human Rights* (Boulder, CO: Paradigm Publishers, 2012).

6. Damien Cave and Frances Robles, "A Smuggled Girl's Odyssey of False Promises and Fear," *New York Times*, October 5, 2014.

7. Donna M. Hughes and Tatyana A. Denisova, "The Transnational Polit-

ical Criminal Nexus of Trafficking in Women from Ukraine," *Trends in Organized Crime* 6, no. 3/4 (2001): 43–68; Tim Rhodes, Milena Simić, Sladjana Baroš, Lucy Platt, and Bojan Žikić, "Police violence and sexual risk among female and transvestite sex workers in Serbia: qualitative study," *British Medical Journal* (2008): 307; Monica Rao Biradavolu, Scott Burris, Annie George, Asima Jena, and Kim M. Blankenship, "Can sex workers regulate police? Learning from an HIV prevention project for sex workers in southern India," *Social Science and Medicine* 68, no. 8 (2009): 1541–1547.

8. "St. James Infirmary," stjamesinfirmary.org.

9. Noah Berlatsky, "Child Sex Workers' Biggest Threat: The Police," *New Republic*, January 20, 2016.

10. Joana Busza, "Sex Work and Migration: The Dangers of Oversimplification: A Case Study of Vietnamese Women in Cambodia," *Health and Human Rights* 7, no. 2 (2004): 231–249; Rhodes et al., "Police violence and sexual risk"; Biradavolua et al., "Can sex workers regulate police?"

11. Rick Rojas and Al Baker, "New York Officer Ran Prostitution Ring at Motels, Authorities Say," *New York Times*, February 2, 2016; Henry Lee, "Sheriff's sergeant arrested for promoting prostitution at coffee stands," Q13 Fox, June 26, 2013.

12. Johnny Archer, "Veteran Officer Accused of Sexual Assault and Coercion," nbcdfw.com, December 21, 2014; Elissa Repko, "Updated: Veteran Dallas police officer arrested on charge of sexual assault," *Dallas Morning News Crime Blog*, December 21, 2014; "Lubbock Police Arrest Fellow Officer Tuesday Evening," *Everything Lubbock*, February 18, 2015.

13. Joshua Fechter, "Report: Central Texas officer arrested on child prosti-

tution charge," *My San Antonio*, March 2, 2015; Associated Press, "Ocala officer fired after arrest for sex with underage girl," January 18, 2015.

14. "Seattle SWAT officer arrested for drugs, theft, prostitution," *Live Leak*, June 20, 2014.

15. "Ex-cop charged with stealing $450,000 from woman he'd arrested," SF Gate, April 22, 2015.

16. *Lowell Sun*, "Ex-Lowell police officer gets two years in jail for extorting prostitutes," April 25, 2013.

17. Juhu Thurkral, Melissa Ditmore, and Alexandra Murphy, *Behind Closed Doors: An Analysis of Indoor Sex Work in New York City* (New York: Sex Workers Project at the Urban Justice Center, 2005).

18. Jazeera Iman, Catlin Fullwood, Naima Paz, Daphne W, and Shira Hassan, *Girls Do What They Have To Do To Survive: Illuminating Methods Used by Girls in the Sex Trade and Street Economy to Fight Back and Heal* (Chicago: Young Women's Empowerment Project, 2009).

19. Ronald Weitzer, *Legalizing Prostitution: From Illicit Vice to Lawful Business* (New York: NYU Press, 2012), 67.

20. Molly Crabapple, "Special Prostitution Courts and the Myth of 'Rescuing' Sex Workers," *Vice*, January 2015.

21. Elizabeth Bernstein, "Militarized Humanitarianism Meets Carceral Feminism: The Politics of Sex, Rights, and Freedom in Contemporary Anti-trafficking Campaigns," *Signs* 36, no. 1 (2010): 45–71; Elizabeth Bernstein, "Carceral politics as gender justice? The 'traffic in women' and neoliberal circuits of crime, sex, and rights," *Theory and Society* 41, no. 3 (2012): 233–259.

22. Empower Chiang Mai, *A Report by Empower Chiang Mai on the Hu-*

man Rights Violations Women Are Subjected to When "Rescued" by Anti-Trafficking Groups Who Employ Methods Using Deception, Force, and Coercion, June 2003.

23. Dewey, "On the Boundaries of the Global Margins."

24. Niels Lesniewski, "Brothel Responds to Reid's Prostitutes/2016 GOP Convention Remarks," *Roll Call*, February 21, 2014.

25. 对这些城市的详细描述，参见Weitzer, *Legalizing Prostitution*。

26. New Zealand Government, *Report of the Prostitution Law Review Committee on the Operation of the Prostitution Reform Act of 2003*, May 2008.

毒品战争

毒品战争是我们面临的最具破坏性和最无效的警治形式。无论我们将这场战争追溯到1914年的霍尔斯特德法案（Halstead Act），还是里根总统著名的"全面进攻"，还是20世纪90年代克林顿总统任职期间联邦毒品犯罪的大规模扩张，都没有证据表明，在将数百万人投入监狱后，美国的毒品问题有所改善。1982年以来，毒品已变得比以往任何时候都更便宜、品质更好、获取渠道更广泛。数百万美国人尝试过毒品；高中生也很容易接触到它们。尽管结束这场毒品战争本身不会对警治有太大影响，但对于从根本上重新定义警察在社会中的角色和改善种族平等来说，这都将是积极的一大步。

毫无疑问，非法的（和合法的）毒品危害严重。数千人因吸食过量而死，更多的人变得无法正常工作，甚至更多的人染上妨害他们个人和家庭生活的毒瘾。当前非法毒品的使用形式还是财产犯罪和暴力的一个根源，以及艾滋病、丙型肝炎（hepatitis C）等疾病传播的一个因素。但也有大量的证据表明，大多数毒品使用者并没有受到重大伤害，而大部分确已发生的伤害可以通过结束毒品战争而不是扩大毒品战争来减轻。不幸的是，警方和政治领导人继续信奉一种禁绝政治学，而悍然不顾几十年的证据和常识。

现实的情况是，再多的警察干预也无法杜绝毒品的使用。人们陷得太深了。2014年，2700万美国人表示他们在上个月使用了非法毒品。[1]如果我们把合法的影响神志的药物（mind-altering drugs）包括在内，这个数字会达到7000万；如果我们把经常性饮酒包括在内，这个数字就会达到1.3亿——约占成年人口的一半。

两种目前流行的毒品的兴起表明，毒品战争在改善公共健康方面具有适得其反的性质。早在20世纪30年代，安非他命（amphetamines）是合法的，它容易获得且广受欢迎——从抑郁的家庭主妇、通宵的卡车司机到节食者。二战期间，美国和其他国家的军队给士兵分发安非他命以改善他们在战斗中的表现。到了20世纪60年代，雇主和道德十字军对它们的消遣性使用表示担忧并出台了限制措施，在要求医生的处方的同时还限制了医疗使用的条件，结果导致了一个巨大的甲基苯丙胺黑市的出现，其纯度和效力也完全不受管制。甲基苯丙胺的副作用更多，也比安非他命的副作用更显著。非法的、不受管制的甲基苯丙胺生产制造了很多危险的副产品，这些副产品导致了中毒、房屋失火和爆炸。[2]

目前海洛因使用（尤其是过量使用）的增加，与禁绝主义政策和制药业放松管制直接相关。1995年，食品和药物管理局（FDA）批准了一种叫作"奥施康定"（OxyContin）的处方阿片类药物，由此开启了使用处方阿片类药物的热潮。奥施康定的销售额从1996年的4500万美元增加到2010年的31亿美元。生产商普度制药（Perdue Pharmaceuticals）向医生表示，这种新型阿片制剂不太可能上瘾，他们应该积极地给病人开具这种药物以减轻疼痛。[3]不幸的是，很多患者出现成瘾症状，这种药丸的巨大黑市也随之出现。最终，缉毒局、食品和药物管理局都意识到了这一点，并采取措施严格控制该药品的供应。数百万对其产生依赖的人再也不能合法地得到它。结果，他们不得不花大价钱从黑市购买，或转向便宜得多但危险得多的海洛因。很多本来服用有医疗管制的药片的人，转而服用完全不受管制的街头海洛因。街头海洛因效力不一，且含有杂质和添加剂——这也是很多人过量服用的原因。事实上，恰恰是在奥施康定变得难以获取之后，过量使用的情况才开始猛增。此外，海洛因更有可能被注射使用，从而导致疾病、脓肿和其他并发症的传播。也有人认为，目前对大麻的禁止也助长了这场危机。越来越多的证据表明，大麻对治疗某些形式的慢性疼痛很有效果。[4]禁绝主义的政策（包括对研究的限制）已经导致医生在本可以使用大麻的情况下依赖阿片类药物，而使用大麻来止痛本会消除阿片类药物成瘾和过量使用的风险。

20世纪的禁毒工作与改善公共健康无关；这项工作涉及政治机会主义和对"可疑人群"的管控。第一项主要的禁绝主义措施是1914年的霍尔斯特德法案。该法案对鸦片、海洛因和可卡因实行了法律限制，而所有这些药物都曾广泛用于专利药品和其他形式的药品中。支持限制这些药物的主张具有深刻的种族特征。与华工有着紧密联系的鸦片在很大程度上是被忽视的，直到它在中上层阶级白人妇女——她们在唐人街"隐蔽的"鸦片馆里获取鸦片——中流行开来。种族纯粹主义者（racial purists）和排外人士因白人妇女与中国鸦片的吸食者、销售者交往过密而震惊，担心他们之间的社会区隔被打破。那时候，华人劳工在美国法院系统中还未获得合法权利，并承受着极端的剥削和种族仇视。禁止鸦片给警察提供了一件工具，用以证明对这一"可疑"人群的不断骚扰和严格社会管制是合理的。[5]

同样，那些抱怨可卡因的人其实是在反对黑人。种植园工头以前把可卡因给奴隶工人使用是为了激励他们干活和减少饥饿。现在可卡因遭到诋毁是因为黑人是自愿在使用它们。禁绝主义者们煽风点火，让人惧怕由毒品引发的对白人妇女的袭击，政策引发了人们对白人妇女遭遇毒品诱发的袭击的恐惧，许多强奸指控和随之而来的私刑也被与毒品扯上了关系。南部地区还普遍流传着这样一种顾虑：吸食可卡因的黑人拥有超人的力量，点32口径的子弹都无法将其击倒，由此促成了警务标准装备中对点38口径子弹的广泛使用。

大麻在墨西哥边境地带已经使用了几十年，并没有引起太多的关注。不过在20世纪初的墨西哥革命之后，移民人数激增。很多州出台了禁止大麻的法律。这给了警察一个搜查和讯问移民的合法借口，并制造了一种恐惧的氛围。在北方，当大麻越来越受大城市中的非裔美国人的欢迎之后，吸食大麻也被认定为犯罪。它与爵士乐和黑人文化的密切联系导致了一种道德上的恐慌。伴随着1937年的联邦禁令的出台，这两股力量于1937年在全国范围内合流了。

强烈的毒品禁绝主义与保守的本土主义政治联系在一起。约翰·哈里（Johann Hari）描述了美国第一位毒品沙皇哈利·安斯林格（Harry Anslinger）的功绩。他在1930年到1962年间发动了一场主要针对移民和有色人种的无休止的战争。[6]他亲自参与了逮捕和骚扰爵士乐传奇人物比莉·哈乐黛（Billie Holiday）的行动，这可能直接导致她在1959年被警方羁押期间的死亡。他利用伪科学和政治恐吓手段强迫医生和警察接受禁绝主义政策，尽管有强有力的医学证据证明情况恰恰相反。他还帮助推动了相关国际条约的通过，这些条约允许联邦政府在毒品管制中发挥更大的作用，并在国际上传播禁绝主义的意识形态。[7]

真正意义上的现代毒品战争要从理查德·尼克松总统开始。他认为这是联邦政府更有力地介入地方执法的一种方式。这是他"南方战略"（Southern Strategy）的一部分，目的是在废除种族隔离和民权运动兴起之后赢得南方民主党白人的支持。[8]尼克松不是重新挑起一场已然失败的战争，而是用法律和秩序的语言向南方白人发出呼吁，表明他想要通过扩大执法权力的方式来控制黑人。由于大部分刑法都是在州一级实施，尼克松将禁毒执法作为自己的突破口。因为毒品常常跨越国界和州界，又因为美国是国际禁毒条约的签署国，尼克松就可以为联邦政府介入原本主要是州事务的禁毒执法行动赋予合法性。此外，他很清楚种族恐惧和敌意在禁毒执法中一直起着核心作用。尼克松的白宫幕僚长"鲍勃"·霍尔德曼（H. R. "Bob" Haldeman）在他的日记中寡廉鲜耻地写下了尼克松的思路。尼克松强调说，"你不得不面对的事实就是，整个问题实际上是黑人问题。关键是要设计一个能确认这一点、但又看起来好像并非如此的系统"。[9] 尼克松的首席国内政策顾问约翰·埃里希曼（John Ehrlichman）在接受丹·鲍姆（Dan Baum）的一次采访时也表示，毒品战争是一个政治谎言。

> 1968年尼克松竞选总统期间和就任后的尼克松白宫政府有两派对手：反战的左派分子和黑人。你理解我的意思吗？……我们很清楚，无论是反战的左派分子还是黑人，我们都不能说他们非法。但是通过让公众把嬉皮士和大麻联系起来、把黑人和海洛因联系起来，然后对两类人进行重罪处罚，我们就能破坏那些社群。我们可以逮捕他们的领导人，突袭他们的住所，打断他们的会议，在晚间新闻上夜复一夜地诋毁他们。我们知道我们在毒品问题上撒了谎吗？我们当然知道。[10]

尼克松政府的卫生官员本来支持无罪化的方案，也支持美沙酮的使用和其他减轻伤害的方案，直到尼克松批驳了他们的主张，并进一步扩展了基于政治动机的不容忍、禁令和定罪。

罗纳德·里根总统在意识形态和实践上扩展了尼克松的政策框架。他的妻子南希以她的"只需说不"（Just Say No）运动引导意识形态潮流。该运动基于一个天真的想法：只需要一个有益的提醒便可唤起人们抗拒毒品的意志力。这种鸵鸟式的解决方案显然很可笑。但它的影响却很大。根据里根的意识形态，毒品问题反映的是意志力薄弱，以及缺乏合适榜样和父母监督的问题，由此削弱了要求治疗和无罪化的呼声。里根总统对国会的法案加以督导，相关法案显著加强了联邦政府在地方犯罪控制中的作用，增加了联邦和州层面的毒品犯罪的数量，加剧了严重性。他还扩大了军队在禁毒工作中的作用，同时扩大了毒品管制局和其他联邦执法机构的作用。[11]

很多人以为毒品战争爆发的故事到这里就结束了，但事实上比尔·克林顿总统对毒品战争的扩大发挥了重要作用。他的犯罪法案增加了以毒品交易为原因的死刑数量，还制定了三振出局法，在大幅增加对毒品管制局的财政支持的同时，还拨款80亿美元用于建造联邦和州监狱。他还另外拨款80多亿美元用于雇用警察。因毒品而遭监禁的犯人数量直到1992年才真正开始激增，而所有这些人数增量的原因几乎都是持有毒品，而非分销或制造毒品。[12]

现在，一半的联邦囚犯都是因为毒品犯罪而被监禁，所有州级囚犯中约有1/3的人也同样如此。我们现在每年用于毒品战争的花费超过500亿美元。[13]此外，毒品战争还推动了警治的转变，其中包括：特殊武器与战术小组和其他军事化警治形式的激增，资产没收的滥用，种族定性和种族主义执法模式，对民宅、人身和汽车的搜查权的扩大，对有色人种青年的定罪，警察腐败以及警察中的战士心态的发展。尽管其中一些变化是更大趋势的一部分，但毒品战争加速、加强了这些变化。

虽然大多数学者指出，毒品战争削弱了第四修正案防止不合理搜查和没收行为的保护作用，但记者拉德利·巴尔科（Radley Balko）讨论了禁止在人民家中驻扎军队的第三修正案的作用。[14]该修正案象征着对国家侵犯人民住宅隐私的权力的限制。巴尔科描述了一个又一个案例。在这些案例中，特殊武器与战术小组基于脆弱的证据使用"无须敲门"（no-knock）的搜查令，大规模地武装侵入人民住宅，以搜寻大都违法程度轻微的毒贩和吸毒者。这些突袭行动造成了嫌疑人、警察和被警察误认为目标的完全无辜的人的死亡。有些突袭基于秘密线人提供的错误信息，他们的动机则是警方给予的现金奖励。此外，巴尔科还展示了特殊武器与战术小组如何在身体上和精神上虐待人们、破坏他们的财产并杀死他们的宠物。特殊武器与战术小组和类似的准军事组织也被用于社区和住房项目中的大规模毒品扫荡，甚至被用于在"犯罪高发"社区的随机巡逻。

这些行动组织近年来获得资金支持的途径之一是资产没收法。该法律通常允许警察部队保留他们在毒品突袭和调查中没收的资产。[15]这给警察部门积极开展毒品战争提供了强大的资金激励，并允许准军事组织几乎不受控制和管制地扩张。这些法律也因其被滥用的巨大潜力而极为有害。资产没收法走的是与刑事诉讼相对的民事诉讼程序，这意味着举证责任要低得多，而且法律诉讼针对的是相关的财产，而不是个人。大多数情况下，这些案件都有明确的有罪推定。这其中还有一个不成比例的问题：即使是个人使用的少量毒品，也可能会使持有者损失一辆车或整栋房屋。

许多警察已经被这种唾手可得的来钱方式吸引，以至于他们开展了各种各样的毒品"捕鱼探险"（fishing expeditions），期望能找到贵重物品加以没收。在大量的交通拦检案件中，人们会被搜查，而一旦搜出超过几百美元的现金就被视为涉毒证据。虽然没有发现毒品，也不会对钱财的所有人提起刑事指控，但现金会被当场没收。钱财的所有人唯一的追索权就是在法庭上证明这笔钱与毒品无关。这是对司法的一种卡夫卡式扭曲。

不只是因为钱财被刑事定罪，任何可能被视为与毒品有关的东西都会成为刑事定罪的依据，这也为腐败和种族不公正打开了大门。法律广泛禁止的"随身用具"主要针对管子、衡器和其他材料——它们有其他用途，但也可以用于毒品的分销与使用。费城有一项法律禁止零售商出售小塑料袋——如果有理由相信它们可能被用于毒品分销的话。缉毒警员于是有了突袭有色人种社区的街角市场的借口。[16]大部分少数族裔商店的店主经常被逮捕。有时候，他们的企业会被查封或因巨额罚款而破产。最终，店主们提供的录像带显示，采取突袭行动的警察们也将收银机席卷一空后倒入自己的口袋，同时运走了大量商品——其中一些商品最终落入线人手中。

腐败

美国警察在毒品战争中每天犯下的滥用职权、偷窃、贿赂和毒品销售等行为不可能全部罗列出来。利润极其丰厚的黑市确保毒贩们总是会有强烈的动机去贿赂警察以求网开一面，而警察也有强烈的动机去保护毒贩、窃取毒贩的毒品或是自己变成毒贩。

过去50年里的大多数重大警察丑闻都源于禁毒。洛杉矶的"兰帕特丑闻"（Rampart Scandal）就涉及警员的滥用职权和对洛杉矶毒贩施暴，最后还涉及警员从证据室偷窃毒品并在街头出售的行为。《城市王子》（Prince of the City）一书及其同名电影详细描述了纽约缉毒侦探的腐败行为——他们交易毒品以获取线人的信息，他们收受贿赂，他们还从毒贩那里窃取金钱和毒品。[17]20世纪90年代末，类似的做法被莫伦委员会（Mollen Commission）及其对纽约哈莱姆"肮脏的三十选区"（Dirty Thirty precinct）的调查揭露出来。[18]

最近，包括毒品管制局在内的许多警察机构都出现了毒品丑闻。比如，仅在2015年3月：

- 加利福尼亚州弗雷斯诺（Fresno）警察局的副局长因贩卖羟考酮（oxycodone）、大麻和海洛因而被联邦调查局（FBI）和烟酒枪械管理局（ATF）的特工逮捕。[19]

· 在田纳西州的斯科特郡（Scott County），一名副警长因盗窃警察证据室的毒品而被捕。[20]

· 纽约警察局的一名警员在佛罗里达州被正式逮捕，之前他在试图购买价值20万美元的可卡因时被抓获。[21]

· 迈阿密—戴德（Miami-Dade）警察局的一名中尉对自己帮助可卡因走私犯并计划处决竞争对手的行为表示认罪。[22]

· 阿拉巴马州温斯顿郡（Winston County）的一名副警长因勒索一名当地妇女为其烹制冰毒以供其分销而被判处三年以上监禁。[23]

· 一名多年从事缉毒工作的联邦调查局特工承认了64项从证据袋中盗窃海洛因供自己使用的罪名。[24]

· 佛罗里达州泰特斯维尔（Titusville）市的一名警员因贩卖可卡因被判处10年徒刑。[25]

· 毒品管制局发布的一份报告详细记录了被派往哥伦比亚的多名特工多年来是如何让当地贩毒集团支付性爱派对的费用的。[26]

逮捕警察是如此普遍，以至于"停止毒品战争"（StoptheDrugWar.com）组织每周都发布关于因毒品指控而被逮捕的警察的报告。[27]

种族的影响

种族化的执法模式是大量的毒品战争警治行动的核心问题。尽管有明确的证据表明毒品使用和交易在不同种族之间均匀分布，但大多数毒品执法行动都发生在有色人种社区和贫困的白人乡村社区。[28]当一个白人因毒品被抓时，他们比非白人被告更有可能获得缓刑或接受治疗。种族化执法最广为人知的一个例子是有关"黑人驾驶"的争议，正是它导致了20世纪90年代在新泽西州和其他州的诉讼大战和改革措施。黑人司机一再抱怨，他们在州高速公路上被无缘无故地拦停并被迫同意搜查。这引发了全国有色人种协进会（NAACP）、美国公民自由联盟及其他团体的投诉和最终的诉讼行动，由此迫使联邦政府启动了一项调查和一项警方承诺改革的同意法令。然而在多年的技术性改革之后，很多同样的、种族化的结果依然存在。[29]

毒品警治行动几乎全部出现在非白人占大多数的贫困社区。在全国范围内，绝大多数因毒品犯罪入狱的人都是黑人或棕色人种，这个比例在纽约州超过了90%。在《寻找垃圾袋》（Hunting for "Dirtbags"）一书中，两位作者洛丽·贝丝·韦（Lori Beth Way）和瑞安·帕滕（Ryan Patten）选择了一个东海岸城市和一个西海岸城市，花费数百个小时与日常巡逻的警员一起行动。在两个城市中，来自每个城市不同区域的警员将他们工作日的大部分时间用于在贫困的少数民族社区寻找容易实施逮捕的毒品犯罪活动，即使他们并没有被分派到那里。最雄心勃勃的警员也是最坏的罪犯，因为他们觉得需要大量的逮捕人数来帮助他们在特别小组中获得更理想的职位。

大多数街头层面的毒品警治都具有歧视性，而且并无收效。[30]比如，巴尔的摩警方必须与当地主要的毒品市场做斗争，但在很大程度上，这些行动对毒品的交易和使用没有产生任何影响。相反，他们的工作已经被削减为以产生相反效果的方式来管控症状。前巴尔的摩警员彼得·莫斯科斯（Peter Moskos）写道，除非有明确具体的投诉，否则典型的程序就是忽略它。如果警察到达时确有人在投诉地点，警察会告诉他们"请走开"。警察通常不会尝试逮捕那些人，因为他们知道站在那里的人是一个身上没有毒品的中间人。这些人通常会绕着街区走一圈，然后像往常一样重新开始工作。莫斯科斯报告说，根据他的经验，即使是涉及特别小组和深入调查的大规模联合扫毒行动，相关人员被阻止获取毒品的时间也不会超过几个小时。在过去一年里，使用过非法毒品的巴尔的摩市民达到了惊人的10%，而且该市近1/3的逮捕是因为毒品犯罪。[31]这一现实曾导致前巴尔的摩市长库尔特·施莫克（Kurt Schmoke）在1988年的美国市长会议上站出来强烈反对毒品战争。他继续争辩道："我们应将吸毒视为健康问题，而非刑事司法问题。"[32]他的声音并不孤单。全国范围内的许多执法官员都在呼吁结束毒品战争。这当中甚至出现了一个名为"反禁令执法"（Law Enforcement Against Prohibition，LEAP）的新组织。该组织由现任和前任的警察和检察官组成，他们都目睹了毒品战争的无效与危害。[33]

乡村地区的警治也不例外。以得克萨斯州的图利亚（Tulia）为例，这是一个5000人的城镇。当地治安官在1999年找到一名受雇的线人策划了一系列毒品突袭行动。[34]仅仅根据这名付费线人的说法，这位治安官实施了多起逮捕。虽然几乎没有发现任何毒品，但他利用长期的强制性徒刑作为威胁来让人们控告他人。额外的突袭使得46人被捕，其中40人为黑人；另外6个人也与当地小型黑人社区关系密切。大多数人对低级别指控表示认罪，尽管他们身上或家里都没有发现毒品。幸运的是，一些人坚称他们是无辜的。他们的律师发现，付费线人曾对其他司法管辖区的错误逮捕负有责任，还发现他对涉嫌贩毒者的描述与被捕者的描述并不一致，而且一些被告在所谓的毒品交易的发生时间有明确的不在场证明。最终，对几乎所有被告的指控都被撤销了，其中包括已经被监禁的几名被告。图利亚市最终支付了600万美元的诉讼和解费，付费的线人也被判伪证罪。策划整个事件的白人治安官和赢得诉讼的地方检察官继续留任。

隐私权

宪法第四修正案最初的构想就是为了阻止国家对家庭和隐私的野蛮和恣意的侵犯。然而，"寻找毒品"这一永不满足的驱动力已经引发了一系列侵蚀该项权利的司法裁决和立法发明。联邦法院一直在扩大警察的权力，使得他们随意地阻止行人，搜查他们的财产，监视他们的房屋，窃听他们的电话，查看他们的垃圾和调查他们的个人财务状况。

《华盛顿邮报》2016年3月报道了基于"警员培训和经验"使用搜查令来为搜查的正当性辩护的做法。[35]在大多数情况下，这基于警察从先前因毒品而实施逮捕时获得的一个地址，然后突袭同一住所以期发现更多毒品。他们发现，华盛顿特区所有的搜查令中有14%存在这一问题，而其中又有99%的搜查令是针对非裔美国人的。在这当中，40%的行动一无所获；在很多情况下，搜查令上列出的人已经不在那里居住。而其余的行动则几乎都只发现用于个人消费的毒品。

各种"善意"的条款破坏了证据排除规则*，也给了警察太多的自由。事实上，大部分入室突袭行动只发现了少量毒品，而且在许多情况下根本没有发现毒品。但对于沉迷于扩大警察权力的司法机构而言，上述事实显得无关紧要。这是毒品斗士的意识形态的胜利：他们成功地将毒贩描绘成万恶之源。只要有利于把一名毒贩再次驱离街头，任何惩罚都不为过，任何方法都不极端。

---

* 证据排除规则即"非法证据排除规则"，是美国司法实践中的一项重要原则，要求对非法取得的供述、证据予以排除，也即司法机关不得采纳非法证据作为起诉、定罪的依据。但并非所有的非法证据都必须被排除，还有"善意例外"原则，意思是执行搜查、扣押的司法机关出于善意相信自己的执法行为是合法的，纵使事后发现该搜查、扣押行为违法，由此得到的证据也不在排除之列。在本段中，作者强调毒品斗士的意识形态，将毒贩描绘成万恶之源，搜查毒品是对抗毒品之恶，因此警察的执法行为乃是出于善意，从而不适用"非法证据排除规则"。——译者注

有这样一个悲剧性的案例，一名纽约警察局的警员在布朗克斯（Bronx）少年拉马利·格雷厄姆（Ramarley Graham）的家中将其杀害，因为拉马利被怀疑持有大麻。警察想要讯问拉马利，而当他逃跑时警察一路追击并在撞开门之后进入他的家中。进入房间后，一名警员在拉马利试图将大麻从马桶里冲走时向他开了枪。该警员没有搜查令，也没有客观理由怀疑拉马利是危险的。但毒品战争在某种程度上已经使这种行为正常化了，以至于地方和联邦检察官都没有起诉这名警员。[36]显然，拉马利·格雷厄姆的生命和他免遭警察侵入住宅的权利都无关紧要。

米歇尔·亚历山大在他的《新吉姆·克劳》一书中指出，与其他任何单一的进程相比，毒品战争已经导致了有色人种青年的大规模的刑事定罪和监禁。[37]虽然大部分是男性，但黑人女性是监狱人口中增长最快的那一部分，而这主要与毒品执法有关。此外，大部分在毒品战争中被抓获的人都是低级别的罪犯。他们因为在街头层面的"买了就抓"（buy-and-bust）的行动（相关搜查的合法性有时是存疑的）中因持有毒品而被捕，并成为日益增长的付费线人系统的目标的一部分，或是被那些面临严厉的强制性最低刑期的人所牵连。[38]我们的监狱没有满是大毒枭，也没有满是圣人。大多数情况下，监狱里都是些身陷巨大黑市的人，而正是这一黑市为数百万无法进入正规经济的人提供了工作和收入。

因为它是一个地下市场，所以有时充满暴力。大多数与毒品有关的犯罪都不是因为吸食毒品的人由于理智受影响而实施了犯罪行为。相反，它主要有两种形式：为维持吸毒习惯而引发的财产犯罪和商业纠纷。在一个非法市场中，你不能去法院起诉：如果有人欺骗你，你可以选择接受损失，也可以选择诉诸暴力。此外，手头持有的大量现金也让毒品购买者和贩卖者很容易成为窃贼的目标，因为他们知道他们的受害者很少会报警。

健康影响

毒品斗士们总是以毒品夺去生命的故事来为他们不断扩张权力的行为作辩护,但禁令实际上损害了吸毒者的健康。因为毒品变得非法之后,它们的纯度和效力都不受管制。危险的添加剂和无法预料的用量会导致过量、感染、脓肿和中毒。现在每年因服用过量海洛因而死亡的人数超过1万,与2001年相比增加了500%。[39]当可以通过处方获得质量稳定的海洛因,就像1920年左右的美国大部分地区以及直至20世纪60年代的英国那样时,过量服用的现象就几乎消失了。医生们将阿片类药物成瘾看作是一个医学问题,最好的解决方式是进行药物治疗。治疗通常会减少毒品的使用,并消除感染和过量服用的状况。正是狂热的毒品战争政治导致了对这一方案的拒绝。

对吸毒者定罪使其很难去投诉掺假毒品,甚至难以与其他使用者分享信息,也妨碍他们获得治疗。大多数被捕的重度吸毒者没有得到真正的戒毒治疗,在监禁期间也是靠自己的力量戒毒,这会对健康造成不良影响,甚至导致死亡。禁令还迫使人们共用针头和其他吸毒用具。当今美国第二普遍的艾滋病病毒传播方式就是注射吸毒者共用针头。(俄罗斯的情况甚至更糟。由于惩罚性的毒品政策,过量服用的情况和艾滋病病毒感染率急剧上升。[40])这也是丙型肝炎传播的一个主要途径。虽然一些针头更换项目得到了支持,但警察通常蔑视这些项目,而且经常对参与者进行监视和骚扰。不过,大多数州继续限制清洁针头的使用,因为它们错误地认为,这将在某种程度上减少毒品的使用。

国际影响

美国政府通常支持其他国家的严厉的毒品政策。它作为有力的推动者,维护着那些将毒品定罪、并且阻止各国尝试从制度上将毒品合法化的国际条约。[41]我们可以在墨西哥看到这项政策最引人注目的效果。在那里,毒品卡特尔正在为控制利润丰厚的国内和北美毒品市场而进行残酷的争斗。[42]自从墨西哥总统菲利佩·卡尔德隆(Felipe Calderon)2006年发动自己的毒品战争以来,蒂华纳(Tijuana)和华雷斯(Ciudad Juárez)等主要城市已经变成了可怕的战场。根据每日新增尸体统计,全国已有7万多人因此丧生。全国各地的警察现在直接受雇于卡特尔,为他们运送毒品、武器和现金。那些公开反对暴力和腐败的记者、政治家或居民经常被杀害,而作为对其他人的警告,他们残缺不全的尸体则被置于公共场所。

好莱坞电影《边境杀手》(Sicario)展示了一个可怕的场景:中央情报局(CIA)通过定向清除和勾结不同派别,得以在管理墨西哥贩毒集团成员以减少边境地区的暴力方面发挥积极的作用。虽然这是一个虚构的故事,但中央情报局在插手毒品交易以实现其他利益方面有着悠久的历史,如越南战争中的反叛乱行动、20世纪80年代中美洲的肮脏战争以及与伊朗反政府武装的"武器换人质"协议。历史学家阿尔弗雷德·麦考伊(Alfred McCoy)在其《海洛因政治:中央情报局在全球毒品贸易中的同谋关系》(The Politics of Heroin: CIA Complicity in the Global Drug Trade)一书中详述了这样一段肮脏的历史。[43]

美国把任何因毒品指控而被捕的人一律驱逐的政策也给中美洲的几个国家带来了不稳定因素。因为有如此多的与帮派、毒品有关的美国青年被驱逐到危地马拉和洪都拉斯等地,以至于这些国家已成为国际毒品贸易的中心,并且正在经历它们自己的暴力贩毒团伙的爆炸式增长。正如奥斯卡·马丁内斯(Oscar Martinez)的《暴力史:中美洲的生与死》(*A History of Violence: Living and Dying in Central America*)一书所描绘的那样,随之而来的暴力已经导致右翼政客承诺要采取一系列强硬的铁拳(*mano dura*)策略。[44]暴力和镇压的激增已经导致移民美国的人日益增多,而最可悲的是,这些想要远离祖国暴力的举目无亲的年轻人只会成为窃贼、人口贩子,以及最终成为美国移民执法系统的猎物。

改革措施

人们越来越意识到不能靠监禁来摆脱与吸毒有关的各种问题。皮尤慈善信托基金(Pew Charitable Trusts)2015年的一份报告发现,20世纪80年代和90年代出台的严厉禁止毒品的法律对降低吸毒率甚至是复吸率毫无帮助。[45]因此,出现了越来越多的替代传统的惩罚和监禁策略的实验。一些实验通过修改法律和执法实践来减少惩罚;另外一些则吸纳了将人们转移到各种治疗方案的替代性的判决制度。不幸的是,这些方法大多有一个共同点,那就是要靠警察担任把关者。毒品法院、转介项目和各种形式的无罪化措施通常将警察置于核心地位,让他们参与决定谁入狱、谁接受治疗,同时对毒品保持着一种惩罚性和道德化的基本立场。

毒品法院

在理想的情况下,毒品法院依靠惩罚的威胁来促使人们接受治疗。被告通常被要求认罪,然后,他们不是被监禁而是被给予一个由法院监督的康复计划。法院将他们直接转介给特定的治疗方案,然后对未遵守治疗制度的行为进行处罚。这可能涉及一周或更长时间的短期"休克监禁",以使人们"认真对待他们的治疗";或是根据原本的指控来判处更长的刑期。有些人花费数年的时间在监狱和治疗之间循环往复。

有些人成功完成了法院监督的治疗计划。他们在累犯和复发方面的结果比走常规刑事司法系统流程的人们要稍微好一些。这就让法院创新中心和其他支持者宣称他们具备证据支持的成功案例。[46]然而，真实的情况不仅更复杂，而且也没那么乐观。当我们查看最初被分配给毒品法院的总的人群——一个更为准确划分的群体时，结果并不理想。在被分配给毒品法院的人当中，多达70%的人实际上并没有完成他们的治疗计划。对这70%的人而言，治疗结果实际上要比走常规刑事司法系统的人们的结果糟糕得多，因为他们有更高的复发率和监禁率。[47]纽约毒品法院的一项研究发现，在未完成治疗计划的人当中，有64%的人会在3年内再次被捕。[48]

事实也表明，毒品法院并没有为纳税人节省多少钱。它们比其他法院的运作成本高得多。虽然少数人被成功转移到治疗项目中，但更多的人最终要在监狱度过更长的时间。[49]这其中还有一种净放大效应（net-widening effect）：毒品法院采用了效果适得其反的方式将惩罚性和治疗性方法融合在一起，扩大而非减小了刑事司法系统在吸毒者生活中的作用，从而形成了一种社会学家丽贝卡·泰格（Rebecca Tiger）称之为"门诊监禁"的效果。[50]

如上所述，海洛因的医学治疗方案会考虑一定程度的常态性（normality）。接受这种治疗方案的人们可以重返工作岗位，与家人一起生活，并通常会逐渐减少使用量。它还使他们远离街头并且减少他们对偷盗的需求，同时让他们彻底摆脱刑事司法系统。与此不同，大部分法官的命令是立即戒毒，地点通常是监狱，并且没有对强烈的戒断症状采取医疗措施。[51]随后跟进的常常是门诊治疗计划。在很多情况下，这些人会立即重返街头并再次开始吸毒。这种危险的循环增加了过量服用的可能，并在少数情况下导致了本来可以避免的死亡。[52]这样做也可能违反了美国残疾人法案，因为该法案特地将成瘾列为残疾的一种；法院也不应该阻止人们接受有医学依据的治疗方案。

但治疗计划本身也有问题。有些只不过是法院授权的、充满了道德改过和惩罚性的精神的十二步计划。在这类治疗计划中，人们会因为违反一系列细微规则中的任何一条而受到斥责、骚扰和威胁。[53]这么做通常是由下面这种心态驱动的：人们只有在"跌入谷底"，面对自己的失败并经历一次道德的重新觉醒之后才会戒掉毒品。具有成功记录的、以医学为依据的治疗策略被嘲笑为助人成瘾。然而研究表明，强制治疗、羞辱和贬低在结束成瘾方面会产生难以置信的反作用。

即使这些法院确实提供了有用的服务，要获取这些服务就要被迫与警察接触：要想获得法院提供的服务，首先要被警察逮捕。其次，如上所述，法院依赖的资源并不是新增资源。最终走上法庭的人们只是被移到了队伍的前排，挤掉了其他人的位置。在新泽西州，毒品治疗的床位严重短缺。于是在越来越多的情况下，获得一个床位的唯一途径就是被捕然后送往毒品法院。正如州参议员约瑟夫·维塔莱（Joseph Vitale）——与笔者没有亲属关系——所指出的："只有你被捕了，你才能上毒品法庭，才能进入这个系统。在很多情况下，如果你没有犯罪，你将无法得到住院治疗的机会。"[54]最终，这些法院只为有"毒品问题"的人服务。这意味着它们排除了大量因毒品指控而被捕，但本身并不吸毒的人。他们直接进了监狱——这也是毒品法院对总体监禁率几乎没有影响的原因之一。

最后，这些法院几乎没有帮助成瘾者的资源。毒品政策联盟（the Drug Policy Alliance）[55]和司法政策研究所（Justice Policy Institute）[56]已经在呼吁我们重新思考我们在处理毒品问题时对这些法院的依赖，进而主张应该用强有力的公共卫生和减少伤害的对策来取代刑事司法模式。

无罪化

许多州和地方已经试图通过将一种或多种将毒品进行无罪化处理的方式来降低禁毒执法的成本。[57]20世纪70年代,11个州取消了对个人持有大麻的刑事处罚。这样做是期望能防止警察涉足一种基本无害的活动。纽约市1977年修订的法律将持有大麻认定为"违规行为",类似于一张交通罚单。可能会涉及罚款和出庭,但持有者不会被逮捕。多年来,这项政策在大幅减少低级别的大麻逮捕的数量方面成效显著。但是,法律依然将在公共场所使用或展示大麻认定为犯罪,这在20世纪90年代被证明是一个至关重要的缺陷。由于纽约采纳了破窗式警治模式,纽约警察局重新确定了大麻逮捕的优先次序,将其作为严格控制有色人种年轻人的公共生活的策略的一部分。伴随着"拦截、询问和搜身"的做法的普及,警察正在拦停越来越多的年轻人,并在许多情况下要求他们"掏空口袋"。尽管从技术上讲这不是一项合法的命令,但警察会使用各种强制形式来迫使人们服从。如果有人制造大麻并向警员展示,他们会因公开展示毒品而被捕。这是一项轻罪。结果,因持有大麻而被捕的人从几乎没有飙升到每年5万,并导致数十万人被监禁。[58]

幸运的是,由于多年的公众压力,纽约警察局已经基本上停止了这一做法。不过,他们仍然发放"传票",这就要求当事人出庭,并且常常伴随着罚款。这意味着许多人不得不误工或旷课,并支付他们通常负担不起的罚款。很多时候,当事人如果没能出庭,那么随着一张逮捕令的签发,他们就面临着被监禁的可能。那些保留警察自由裁量权的无罪化计划,或是在其他方面将人们与刑事司法系统联系起来的无罪化计划,仍然会给个人和社区带来沉重负担,其中主要的承受者是有色人种。

更加广泛和系统的无罪化计划已经显现出更积极的结果。2001年,葡萄牙将所有毒品合法化,并将其执法实践大大地转向一种减少伤害的模式。结果大体上令人欣喜。大多数的毒品使用现在被视为一个健康问题。医生可以开药，个人持有毒品也不再是犯罪，警察也不再卷入到试图阻止低级别毒品交易的行动中。更换针头是被允许的，同时还向阿片类药物成瘾者提供美沙酮等替代药物。研究已经发现，海洛因成瘾、过量服用和疾病传播都显著减少。[59]1999年，葡萄牙是欧盟注射毒品使用者中艾滋病病毒感染率最高的国家。到了2009年，吸毒者中新诊断的艾滋病病例数大幅减少。有迹象表明，终生吸毒者的比率略有上升，但这可能是社会和法律的污名的减少导致报告更加真实的缘故。此外，过度使用监禁、警察腐败和骚扰瘾君子的问题也都有所减少。不过，剩下的就是与国际有组织犯罪有关的非法进口毒品问题了。警察继续努力进行阻截工作，并缴获大量毒品，这仍然为警察腐败敞开了大门。

替代方案

利用警察发动一场禁毒战争完全是一场噩梦。他们不仅没能减少毒品的使用及其产生的危害，而且事实上通过毫无意义的定罪还加剧了危害并摧毁了数百万美国人的生活。说到底，我们必须制定稳健的公共卫生计划和经济发展战略，以减少毒品需求，并以减少伤害的方式帮助人们处理他们的毒品问题——同时牢记：大多数毒品使用者并不是成瘾者。我们还需要关注驱动黑市的经济动力，关注策动着最具危害性的毒品使用模式的经济和社会苦难。伤害的减少、公共卫生和合法化策略，再加上贫困社区强劲的经济发展，可以在不依赖警察、法院和监狱的情况下极大地减少毒品对社会的负面影响。

减少伤害

更换针头是最著名的减少伤害的策略之一。这项计划允许静脉注射吸毒者带来用过的针头更换清洁的针头。事实证明,这是一种非常成功的减少疾病传播的策略。当针头稀缺时,人们会共用它们。这会增加艾滋病病毒、丙型肝炎和其他严重传染性病毒的传播风险。更换针头会鼓励吸毒的观点并没有事实依据。吸食海洛因成瘾的人不会因为得不到针头而在一夜之间戒断,而提供针头也不会鼓励不吸毒的人开始吸毒。这些都是在完全脱离现实的道德绝对主义驱动下的虚假论断。

另一项减少伤害的策略是监督注射。监督注射的设施为成瘾者提供了一个注射毒品的地方,而在那里工作的医护人员也可以在需要时迅速提供抢救治疗[如提供纳洛酮(Naloxone)]。这些设施还可以帮助人们获得现有医疗条件下的治疗和戒瘾治疗,同时减少在公共场所丢弃针头的现象。一些欧洲国家和加拿大已经有了这样的中心,美国一些地区也在筹划建立这样的中心。[60]

需求导向的毒品治疗是另一种减少伤害的策略。现在,大多数吸毒者想要接受医学监督下的住院毒品治疗都要面临漫长的等待。他们需要在求助后的数周、数月或数年的时间里独自处理他们的成瘾问题。常见的情况是,当有机会接受治疗时,他们已经不再对治疗感兴趣,或是在等待期间已去世。当成瘾者为治疗做好准备时就马上提供治疗,这将会减轻成瘾给家庭和社区带来的负担。

最后,我们应该关注公共教育和公共卫生信息。不幸的是,大部分公共教育工作都是在惩罚性和道德化的框架内进行的。最受欢迎的抗药物滥用教育项目是由警察管理的,从未被证明对青少年吸毒率有任何积极的影响。很多新项目通常是营利性的,严重依赖于对它们自身或其他人有经济利益的毒品检测制度。公共卫生信息必须承认毒品对年轻人有明显和广泛的吸引力，并向他们解释真正的风险。只是告诉孩子们"对毒品说不"是行不通的。许多人还是会尝试甚至经常使用毒品；我们应该尽可能让毒品使用具备安全性和暂时性。将他们赶入阴影中是在鼓励高风险的吸毒行为，让他们孤立无援，并使他们陷入一个只会恐吓、羞辱和妖魔化他们的刑事司法系统。

合法化

合法化和监管可以采取多种形式；其好处包括取缔危险的黑市，向使用毒品的人提供更纯净和更安全的毒品，征收可用于增强社区和个人发展的税收以减少对毒品和黑市就业的需求。

美国已经开始尝试将大麻合法化。到目前为止，其成果看起来很有前途。科罗拉多州已经实施了一套合法化的系统，并没有导致公共文明的崩溃。犯罪活动还不稳定，但吸食率基本没有变化。丹佛和其他城市的当地警察报告说，到目前为止他们对结果表示强烈支持。即使毒品犯罪和使用有轻微的上升，也不过是终止禁令的一个很小的代价。最有可能的情况是，它们反映的是调整期的暂时现象而不是长期发展趋势。同样值得注意的是，大麻合法化的收益实际上要比其他毒品合法化的收益少得多，因为使用大麻对健康的危害很小。

合法化有很多潜在的方法。其中一种是科罗拉多州的做法：在那里，仅为个人使用的甚至是为低级别共享而持有的毒品都是合法的，其销售会受到监管和征税。通过控制毒品的纯度和限制对未成年人的销售，这种做法可以推广到所有毒品。还有一种管制程度和合法化程度较低的形式，人们可以在开放和不受监管的市场上购买毒品，或是去看医生并要求开维持剂量的处方——这对阿片类药物使用者尤其重要。但是，任何系统都必须容纳伴随有医学风险的娱乐用途。是的，人们会在周五晚上去参加派对和俱乐部之前去购买可卡因或摇头丸。是的，他们中的一些人可能会受到可卡因或摇头丸的负面影响，就像他们目前因消费酒精和香烟而承受的后果一样。现实就是我们现有的这套系统对这些危害没有起到任何积极的作用。

人们会担心毒品影响下的公共场所毒瘾发作、行为无序和车辆驾驶等行为。这些算是真正的危害，警察也有制裁这些行为的工具。但正如迈克尔·瑞兹尼克（Michael Reznicek）指出的，合法化可能为重新确立对问题行为的非正式社会控制敞开大门。[61]由于毒品使用公开化了，家人、朋友和其他人将在约束毒品使用者的行为方面处于更为有利的位置。社会规范总是比正式的惩罚性规范更有力也更有效。看看意大利和法国等地的酗酒率和问题行为吧，公共场所饮酒在那里很普遍，即使是未成年人也几乎完全不受监管，但在公共场所醉酒和酗酒的行为几乎不存在。

经济发展

很多卷入毒品行业的人并不是真的有毒品问题；他们遇到的是工作问题。另外一些人有毒品问题，那是直接源于他们在经济上的困难。如果不解决深刻的经济不平等和日益增长的绝望感，就根本无法减少毒品的泛滥。

非裔美国人和拉丁裔的社区的就业水平和整体经济福祉遭遇了毁灭性的下降。私营部门的就业已经基本枯竭，剩下的都是些报酬低、不稳定，且几乎没有晋升机会的工作。与此同时，紧缩政策减少了公共部门的就业机会，精简了很多社会项目，而后者是这些社区为数不多的维持稳定的途径。由于雇佣合同跟不上通货膨胀的步伐，能够保障剩下这些工作的购买力也在下降。

乡村白人地区也承受着相当大的压力。在这里，由于制造业工作的机械化或转移到海外，加上工资和社会项目的停滞或减少，生活水平也是直线下降。很长一段时间里，这些地区的许多人唯一能指望的经济援助就是开设一所新监狱。即使私营部门有工作机会，低廉的、没有工会撑腰的工资，以及危险的、有辱人格的工作条件也都已是常态。这种状况推动了甲基苯丙胺的使用和交易的增加。威廉·加里奥特（William Garriott）等人的研究已表明，甲基苯丙胺的使用和交易集中于未充分就业和失业人群，以及从事肮脏、危险和重复性工作的人——他们工资低、工作条件也差。[62]严格执法、强制治疗和警察推动的公共教育运动已经彻底失败，因为人们的基本经济问题没有得到解决。除非我们对农村地区根深蒂固的贫困做些什么，否则目前的趋势还会继续。失业和黯淡的前景驱使人们走进黑市，因为它已成为最后的雇主。

我们需要对这些地区的人们进行人力资本开发方面的投资，并在开发基础设施和改善环境方面发掘有意义的就业机会。我们还需要认真审视跨国农业企业是如何以恶化我们所吃的食物的质量、损害农村人口的生计和破坏自然环境的方式来改变农村面貌的。

像芝加哥黑人青年计划100（Black Youth Project 100）这样的组织正致力于能够改善有色人种贫困社区的经济福祉的经济发展战略，这样他们就不再依赖黑市。他们要求增加公共部门的就业机会、适宜的最低工资和真正的社会支持（特别是针对儿童和家庭的）。赔偿问题也必须纳入这场协商中。正如塔-那西斯·科茨（Ta-Nehisi Coates）所指出的，美国财富增殖的历史就是一部剥削黑人的历史——从奴隶制一直到现在。[63]任何解决不平等问题的努力都无法回避这一历史。克服这一遗留问题的一些资源可以来自我们现在每年用于毒品战争的数十亿美元，以及我们从合法化毒品中收取的税款。

注释

1. Sarra L. Hedden, Joel Kennet, Rachel Lipari, Grace Medley, Peter Tice, Elizabeth Copello, and Larry Kroutil, *Behavioral Health Trends in the United States: Results from the 2014 National Survey on Drug Use and Health* (Rockville, MD: Center for Behavioral Health Statistics and Quality, 2015).

2. William Campbell Garriott, *Policing Methamphetamine: Narco-politics in Rural America* (New York: NYU Press, 2011).

3. Mike Mariani, "How the American opiate epidemic was started by one pharmaceutical company," *Pacific Standard*, March 4, 2015.

4. Kevin Hill, "Medical Marijuana for Treatment of Chronic Pain and Other Medical and Psychiatric Problems: A Clinical Review," *Journal of the American Medical Association* 313, No. 24 (2015): 215–225.

5. Craig Reinarman and Harry Levine, *Crack in America: Demon Drugs and Social Justice* (Los Angeles, CA: University of California Press, 1997); Steven Belenko, *Drugs and Drug Policy in America: A Documentary History* (Westport, CT: Greenwood Press, 2000); David Musto, *The American Disease: Origins of Narcotic Control* (Oxford, UK: Oxford University Press, 1999).

6. Johann Hari, *Chasing the Scream: The First and Last Days of the War on Drugs* (New York: Bloomsbury, 2015).

7. Howard S. Becker, *Outsiders: Studies in the Sociology of Deviance* (New York: The Free Press, 1963).

8. Alexander, *New Jim Crow*.

9. Dan Baum, *Smoke and Mirrors: The War on Drugs and the Politics of*

Failure (Boston: Little Brown, 1996).

10. Dan Baum, "Legalize It All: How to Win the War on Drugs," *Harper's Magazine*, August 18, 2016.

11. Thomas Rowe, *Federal Narcotics Law and the War on Drugs: Money Down a Rat Hole* (Portland, OR: Book News, Inc., 2006).

12. Tina Dorsey and Priscilla Middleton, *Drugs and Crime Facts* (Washington, D.C.: United States Department of Justice, 2010).

13. Daniel Mejia and Joanne Csete, *The Economics of the Drug War: Unaccounted Costs, Lost Lives, and Missed Opportunities* (New York: Open Society Foundations, 2016).

14. Balko, *Rise of the Warrior Cop*.

15. John Worrall, "Addicted to the drug war: The role of civil asset forfeiture as a budgetary necessity in contemporary law enforcement," *Journal of Criminal Justice* 29, no. 3 (2001): 171–187.

16. Wendy Ruderman and Barbara Laker, *Busted: A Tale of Corruption and Betrayal in the City of Brotherly Love* (New York: HarperCollins, 2014).

17. Robert Daley, *Prince of the City: The True Story of a Cop Who Knew Too Much* (Kingston, RI: Moyer Bell, 2004).

18. Milton Mollen, *Report of the Commission to Investigate Allegations of Police Corruption and the Anti-corruption Procedures of the Police Department* (New York: City of New York, 1994).

19. Carmen George, "Fresno deputy police chief arrested in federal drug investigation," *Fresno Bee*, March 26, 2015.

20. "Former Scott County sheriff's deputy indicted," *Knoxville News Sentinel*, March 31, 2015.

21. Paula McMahon, "NYC cop served as insurance in drug deal, friend says," *Sun Sentinel*, March 8, 2015.

22. David Ovalle, "Miami-Dade police lieutenant pleads guilty to aiding cocaine smugglers," *Miami Herald*, March 31, 2015.

23. Kent Faulk, "Former Winston County deputy sentenced to federal prison in meth extortion," *Birmingham News*, March 27, 2015.

24. Peter Hermann, "Ex-FBI agent charged with 64 criminal counts in theft of heroin evidence," *Washington Post*, March 20, 2015.

25. Kevin Connolly, "Former Titusville police officer gets 10 years in prison in DEA coke sting," Orlando Sentinel, March 31, 2015.

26. Sari Horwitz and Carol Leonning, "Report: DEA agents had 'sex parties' with prostitutes hired by drug cartels," *Washington Post*, March 26, 2015.

27. Stopthedrugwar.org, "Police Corruption," n.d.

28. Alexander, *New Jim Crow*; Lisa Moore and Amy Elkavich, "Who's Using and Who's Doing Time: Incarceration, the War on Drugs, and Public Health," *American Journal of Public Health* 98, no. 5 (2008):782-786; Lawrence Bobo and Victor Thompson, "Unfair by Design: The War on Drugs, Race, and the Legitimacy of the Criminal Justice System," *Social Research* 73, no. 2 (2006): 445–472.

29. Jeffrey Fagan and Amanda Geller, "Profiling and Consent: Stops, Searches and Seizures after Soto," S*SRN Working Paper Series* (2010).

30. Peter Moskos, *Cop in the Hood: My Year Policing Baltimore's Eastern District* (Princeton, NJ: Princeton University Press, 2009).

31. Natassia Walsh, *Baltimore Behind Bars: How to Reduce the Jail Population, Save Money and Improve Public Safety* (Washington, D.C.: Justice Poli-

cy Institute, 2010).

32. Maggie Taylor, "Former Baltimore Mayor Kurt Schmoke: Ahead of his Time," Drug Policy Institute, February 20, 2014, http://www.drugpolicy.org/blog/former-baltimore-mayor-kurt-schmoke-ahead-histime.

33. "Law Enforcement Against Prohibition (LEAP)," leap.cc.

34. Hans Sherrer, "Travesty in Tulia, Texas: Frame-up of 38 Innocent People Orchestrated by a County Sheriff, Prosecutor and Judge," *Justice: Denied*, no. 23 (2004): 3–5.

35. John Sullivan, Derek Hawkins, and Pietro Lombardi, "Probable Cause: Pursuing drugs and guns on scant evidence, D.C. police sometimes raid wrong homes—terrifying the innocent," *Washington Post*, March 5, 2016.

36. Marc Santora and Benjamin Weiser, "Officer in Ramarley Graham Shooting Won't Face U.S. Charges," *New York Times*, March 8, 2016.

37. Alexander, *New Jim Crow*.

38. Rowe, *Federal Narcotics Law and the War on Drugs*.

39. National Center for Health Statistics, "National Overdose Deaths: Number of Deaths from Heroin," National Institute on Drug Abuse (NIDA), December 2015.

40. Amar Toor, "Russia has a serious HIV crisis, and the government is to blame," *Verge*, July 2, 2015; Karsten Lunze, Anita Raj, Debbie Cheng, Emily Quinn, Carly Bridden, Elena Blokhnia, Alexander Walley, Evgeny Krupitsky, and Jeffrey Samet, "Punitive policing and associated substance use risks among HIV-positive people in Russia who inject drugs," *Journal of the International AIDS Society* 17 (2014).

41. Harry Levine, "Global drug prohibition: its uses and crises," *Interna-

tional Journal of Drug Policy 14 (2003): 145–153.

42. Human Rights Watch, *Neither Rights nor Security: Killings, Torture, and Disappearances in Mexico's "War on Drugs"* (New York: Human Rights Watch, 2011).

43. McCoy, *Politics of Heroin;* Peter Watt and Roberto Zepeda, *Drug War Mexico: Politics, Neoliberalism and Violence in the New Narcoeconomy* (New York: Zed Books, 2012).

44. Oscar Martinez, *A History of Violence: Living and Dying in Central America* (Brooklyn, NY: Verso Books, 2016).

45. Pew Charitable Trusts Public Safety Performance Project, "Federal Drug Sentencing Laws Bring High Cost, Low Return," August 27, 2015.

46. Shelli Rossman, John Roman, Janine Zweig, Michael Rempel, and Christine Lindquist, *The Multi-Site Adult Drug Court Evaluation: Executive Summary* (Washington, D.C.: Urban Institute Justice Policy Center, 2011).

47. Drug Policy Alliance, *Drug Courts Are Not the Answer: Toward a Health-Centered Approach to Drug Use* (New York: Drug Policy Alliance, 2011).

48. Center for Court Innovation, *A Statewide Evaluation of New York's Adult Drug Courts* (New York: Center for Court Innovation, 2012).

49. Marsha Weissman, "Aspiring to the Impracticable: Alternatives to Incarceration in the Era of Mass Incarceration," *New York University Review of Law and Social Change* 33: 235-269.

50. Rebecca Tiger, *Judging Addicts: Drug Courts and Coercion in the Justice System* (New York: NYU Press, 2012).

51. Maia Szalavitz, "How America Overdosed on Drug Courts," *Pacific*

Standard, May 18, 2015.

52. Jeremy Galloway, "The Worst Place to Die: How Jail Practices Are Killing People Going Through Opioid Withdrawals," *The Influence*, March 23, 2016.

53. Teresa Gowan and Sarah Whitestone, "Making the criminal addict: Subjectivity and social control in a strong-arm rehab," *Punishment and Society* 14, no. 1 (2012): 69–93.

54. Ashley Peskoe and Stephen Stirling, "Want heroin treatment in N.J.? Get arrested," *NJ.com*, January 18, 2015.

55. Drug Policy Alliance, *Drug Courts Are Not the Answer*.

56. Justice Policy Institute, *Addicted to Courts: How a Growing Dependence on Drug Courts Impacts People and Communities* (Washington, D.C.: Justice Policy Institute, 2011).

57. Drug Policy Alliance, *Approaches to Decriminalizing Drug Use and Possession* (New York: Drug Policy Alliance, 2016).

58. Harry Levine and Deborah Peterson Small, *Marijuana Arrest Crusade: Racial Bias and Police Policy in New York City 1997-2007* (New York: New York Civil Liberties Union, 2008); Andrew Golub, Bruce Johnson, and Eloise Dunlap, "The race/ethnicity disparity in misdemeanor marijuana arrests in New York City," *Criminology and Public Policy* 6, no. 1 (2007): 131–164; Bruce Johnson, Andrew Golub, Eloise Dunlap, Stephen Sifaneck, and James McCabe, "Policing and Social Control of Public Marijuana Use and Selling in New York City," *Law Enforcement Executive Forum* 6, no. 5 (2006): 59–89.

59. Glenn Greenwald, *Drug Decriminalization in Portugal: Lessons for Creating Fair and Successful Drug Policies* (Washington, D.C.: Cato Institute,

2009).

60. Drug Policy Alliance, *Supervised Injection Facilities* (New York: Drug Policy Alliance, 2016).

61. Michael Reznicek, *Blowing Smoke: Rethinking the War on Drugs without Prohibition and Rehab* (Lanham, MD: Rowman & Littlefield, 2012).

62. Garriott, *Policing Methamphetamine.*

63. Ta-Nehisi Coates, "The Case for Reparations," *Atlantic*, June 2014.

打击帮派

马尔科姆·克莱因（Malcolm Klein）在他的《打黑警察》（*Gang Cop*）一书中讲述了"帕科·多明戈警官"（Officer Paco Domingo）的故事，故事由几十名打黑警察的事迹综合而成。帕科警官把自己辖区内的帮派看作是重度犯罪的根源，试图以攻击性和惩罚性的法外行动来对其进行管控。在一次典型的行动中，他碰到了一群在街角晃荡的青少年，在没有任何合理的疑点或理由的情况下就对他们展开了搜查。他质问他们在那里做些什么，然后命令他们分头离开。他还可能会把他们铐起来，让他们趴在地上，命令他们不许看他。他这么做的目的不是执法；他的目的是控制和羞辱。像帕科警官这样的打黑警察相信，恫吓能规劝青少年远离帮派活动。街头帮派和警察之间的过招看起来很像是相互竞争的帮派之间的战争，双方都在用越来越强的恐吓手段，来让对方明白谁才是最狠的角色。

在相对平静的20世纪70年代之后，帮派的开始扩大，数量开始增加，并且在美国各州广泛地开展活动。在帮派活动的强度和范围方面，有着像洛杉矶和芝加哥这样的极端类型，其他城市的帮派也开始发展壮大，使得地方、州和国家等不同层级纷纷出台了各种以警察为中心的压制战略。上百个城市和许多州现在都有了专门的打黑单位（gang units），这些单位专注于情报收集和密集执法。许多州还增加了更严苛的法律处罚方式，这促成了大规模的监禁。尽管有这些措施，帮派依然生龙活虎，不断招兵买马。帮派的活跃成员们会有大量的犯罪行为，虽然其中包括低水平的毒品交易和财产犯罪，但是暴力活动在塑造帮派认同和凝聚力等方面起到了重要作用，而且许多破坏性暴力行为的中心目的在于保护领地不受竞争对手的侵袭。

作为全国性的潮流，警方的打黑单位兴起于20世纪80年代。到1999年，在警员数量超过100人的警察机构中，半数拥有这种单位。到了2003年，这样的单位大约有360个，其中的绝大多数都是在十年内设立的。[1]在国家层面，联邦调查局已经建立了160个针对暴力团伙的街头安全任务部队（Violent Gang Safe Streets Task Forces），包含近一千名联邦执法人员。[2]

打黑单位往往承担两项主要功能：情报收集和街头镇压。一些单位大致上发挥着情报收集的功能，把有关帮派活动的信息通报给负责巡逻、麻醉药物稽查和其他任务的执法单位。然而大多数的打黑单位则直接参与镇压。其工作策略包括长期和短期的调查及随机巡逻。他们持续不断地袭扰在街头和家中的帮派成员，并且频繁地逮捕他们。

这些打黑单位往往会变得隔绝而孤立。他们专门化的功能和收集情报的需要为他们增添了一种神秘而专业的气氛，他们也有意营造这种氛围来减少外部的监管和问责。此外，单位内部还产生出一种强烈的忠诚感，与特殊武器与战术小队中所能见到的那种忠诚感相似——经历、训练和特殊的工作性质促成了一种"我们对抗全世界"的心态。警员们经常会相信只有他们了解问题的本质，只有他们才知道为何需要动用强硬策略来对付那些公然违抗他们权威的年轻人。在他们看来，那些拥护社区警治（policing）和预防性措施的尸位素餐的警方高管，把一个个街区拱手让与了帮派的鹰犬；他们嘲弄那些不依靠执法行动的措施，认为这不过是对顽固罪犯的无脑放纵。[3]此外，这些单位常常有助于延续镇压帮派的政治举措。他们保住拨款的手法之一，就是花费大量的时间对社群团体讲述帮派的威胁，告诉他们镇压工作需要更多的投入。这往往是单向的沟通；这些单位很少就自身行动的地点与方式向社区征求信息。事实上，这往往不过是他们谋取自身利益的一种手段，这些单位倚仗青少年暴力和帮派问题来争取更多资源，维持道德恐慌，把相关的忧虑引向持久的攻击性警治。

关于帮派的性质存在着许多误解，这也影响到了警察对待他们的方式。谋求"根除"帮派的各种策略常常没有具体地考虑这类行动的目标对象到底是什么人，以及行动会对目标和社区造成怎样的后果。官员们经常用非人化的语言来描述帮派成员，比如洛杉矶的一名治安队长曾说："每个人都说：'关于帮派问题，我们该怎么办呢？'就拿对付蟑螂和臭虫的法子对付他们；把人派去，让他们尽其所能地除掉这些生物"。[4]这类语言为侵犯公民权和人权大开方便之门，从长期来看无助于减少帮派活动。

洛杉矶的情况恰是如此。多年来，洛杉矶警局采取了一系列的镇压手段，以期根除帮派。在20世纪70年代，警局建立了专门化的反帮派单位，名为TRASH（Total Resources Against Street Hoodlums），之后则改为更卫生的名字CRASH（Community Resources Against Street Hoodlums）。1987年，在发生了一系列可怕的帮派杀戮之后，局长达里尔·盖茨（Daryl Gates）发起了一场大规模制裁行动，名为"铁锤行动"（Operation Hammer）。在这场行动中，CRASH单位在其他单位的支援下横扫了有帮派活动的社区，完全没有顾及法律标准，也不管被捕人员与帮派或犯罪行为有无关联。在1988年4月的一个星期内，1000名警员实施了近乎1500次逮捕，其中只有103人最后受到了控告。警员们对一个低收入住宅区展开了全面突击搜查，他们误认为这里是涉黑毒品买卖的一个枢纽。当他们找不到任何的帮派和毒品时，警员们撬开墙壁，毁掉家具和私人物品，在墙上喷涂威慑性的信息,如"洛杉矶警局制霸""Rollin'30s去死"*等。几十人遭到了逮捕和羞辱,他们的财产被毁,但是没有一个人被判有罪。

截至1990年,有5万人在这样的清剿行动中被捕。现在的洛杉矶警察长官查理·贝克(Charlie Beck)指出这些清剿行动"毁掉了警察的道德威信"。[5]帮派成员或许是这些社区中的问题之源,但他们仍是社区的一部分。他们也有母亲、表亲、叔伯和朋友,这些亲友把清剿行动看作是占领军专横、暴虐且带有歧视性的行为。许多人变得更加同情帮派、同情饱受执法行动冲击的年轻人。犯罪率自始至终都在增长,一同增长的还有反对警方过度使用武力的诉讼。到了20世纪90年代末,CRASH单位已经变得孤立残忍、暴戾恣睢。1999年的兰帕特丑闻揭示了其腐败和犯罪的状况。几十名警员被指控实施了错误逮捕、非法射击、殴打乃至抢劫和毒品交易。乔·多明尼克(Joe Domanick)揭露了后罗德尼·金(Rodney King)时期洛杉矶警局的状况,详细讲述了警局中极度腐败、全无问责机制的情形。武力的过度使用成了日常行为;包庇纵容也不例外。射击等事件只由CRASH内部的监察人员进行调查,这些人往往会尽力让这些事情在纸面上看起来正当合理。账目和文书通常都是捏造的,只要推说它们与帮派成员有关就行。正是在这样的大气候下,拉斐尔·佩雷斯(Rafael Pérez)等人开始从兰帕特分局的证物室窃取毒品,再上街把它们重新卖掉。当佩雷斯被调查人员逼入绝境时,他供出了其他几十名警员,这些人参与了非法杀人、包庇、抢劫和毒品交易。之前的几百桩罪案必须推翻重查;许多警员受到惩戒或被迫退休;一些警员被监禁;被支付的赔偿金多达几百万美元。[6]

虽然警察掌握着一些有用的一手知识,但他们过分屈从于政客和公

---

* Rollin' 30s全称Rollin'30s Harlem Crips,成立于洛杉矶,是一个主要由非洲裔美国人和伯利兹克里奥尔人组成的帮派。该帮派是"瘸帮"(Crips)内部实力最强、组织化程度最高的分支之一。——译者注

众的压力。政客和公众的观点则受到哗众取宠的媒体报道、电影和电视的形塑。直接受到帮派影响的社区也有一些直接知识，但他们显然同样不清楚帮派和无门无派的青少年在扮演的角色上具体有什么差别，并且很容易被极端事件误导，因而常常把这些极端事件与一切在公共场所闲荡的年轻人群体联系起来。一群一起闲逛、一起涂鸦的中学孩子可能被认为是危险的，哪怕他们做的事情很少超过破坏财物——也许是在商店小偷小摸——的程度。虽然组织更加严密的帮派往往有一定的标志或穿衣风格，但很多人或许难以对其进行辨别。大量的财产犯罪和暴力犯罪都出自年轻人之手，其中许多都发生在贫穷的社区中，尤其是黑人和拉丁裔的社区；更富有一些的孩子被抓的可能性普遍更低，被捕后也更可能以非正式的或温和的方式得到处理。[7]

警察倾向于把发生在有帮派街区的青少年犯罪与帮派联系起来。他们还倾向于认为帮派组织严密，有核心领导，在地方毒品市场上起着关键作用，并且由顽固的罪犯组成。[8]这种看法与他们的镇压路线高度一致，而且随着帮派数据库的扩充、判罚的增加，以及禁令的增多而有了更广泛的影响。

即使在帮派最密集的社区中，也只有10%到15%的年轻人参加了帮派；研究一直表明，大多数人都只是短期参与帮派活动，平均时间只有一年。虽然有些人的参与度很深，而且对他们帮派的认同感很强，但更多的人与帮派的联系更为松散，根据自己的生活状况而与帮派或即或离。脱离帮派的行为很少会造成严重后果。家里有了新生儿，或是自己找到了新工作，这样的理由就能很充分地解释自己为什么不再去街上混了。[9]

镇压行动大都聚焦于被警察盯上的既定帮派成员。警察假定这些人在发动和领导非法活动的过程中起到了核心领导作用，而年轻一些的成员只起到辅助作用。他们相信只要除掉领导者，就能动摇并瓦解帮派，使得帮派溃散，或至少减轻其暴力程度。事实是，每关押一个"首领"或"元老"，就会有更多的人出来接替他们的位置。认为帮派活动是由一两个头目来领导的，这种观念本身就没能认识到帮派的平面性质（horizontal nature）：在不同的时间、不同的状况下，许多人担任着交替且重叠的领导角色。同样重要的是，在帮派成员的暴力行为中，许多都是由想要证明自己的年轻成员实施的，这些人之前与警察没有什么来往，没有被收录进帮派数据库，也没有受到过监控。[10]

另外一个关键的错误认识是，逮捕和监禁将会破坏暴力和犯罪的循环。其中的基本预设是，逮捕和监禁要么会以其威胁性对年轻人形成震慑，要么会通过把他们从街头移除来减少参加帮派和其他非法活动的年轻人的数量。支持这些观点的证据微乎其微。年轻人似乎都大体上对这些震慑效应免疫。青少年很少做这种"成本－收益"的理性盘算。实际情况是，他们倾向于做出冲动的决定，没有什么长远的考虑，并且相信自己不会被抓。很多人都说他们对自己的寿命预期非常短，一心想要在街头获得尊重和社会认可，没有考虑过逮捕和监禁会对他们的未来造成什么影响。可以说，对一些人而言，尽管有着受到惩罚的风险，但在缺乏正当谋生机会、需要在街区内接受保护的情况下，加入帮派仍是"理性"的决定。

逮捕也不能使帮派瘫痪。许多帮派由不同代际的人组成，总会有更多的年轻人继承被捕者的衣钵。动摇帮派中现有的尊崇关系和权威可能会造成权力的真空，刺激人们为了博取威望而从事更多的犯罪和暴力活动。还有证据表明，针对帮派的密集执法会助长帮派的凝聚力。警方持续的骚扰和威胁成了帮派生活中关键的共同经验，造成了一种"我们对抗全世界"的感觉，这是对警方团结心态的逆向反讽；既吹嘘自己与警察的对峙，又对这种对峙满怀忧虑，这是帮派身份认同的关键方面。他们获得尊重的方式之一，就是以微妙的方式来直面警方骚扰，比如亮出帮派标志，或是在警察开车路过时用眼瞪着他们。只有在警察是敌对势力的情况下,这种虚张声势的招数才能博得尊重。[11]

此外,许多在这一过程中被监禁的年轻人如今都背上了犯罪记录,这使得他们难以找到工作。他们大都被卷入了监狱帮派活动,这往往比街头帮派更加暴力。最后,他们大多会遭到看守和其他犯人的虐待。由于只有少数受过监禁的人会在之后的某些时刻回到他们的社区,依赖这样的解决方案会使这些年轻人和他们的社区都蒙受失败。

我们可以看到,这样的事情发生在奥克兰、加利福尼亚等地区,年轻人遭受着惩罚性缓刑、假释政策、警治和学校惩戒。他们无论到哪里都会被政府官员追捕,后者在对待他们时,总好像他们已经是罪犯了。社会学家维克多·里奥斯(Victor Rios)把这种效应称作"青年控制情结"(youth control complex),这种效应给年轻人造成在经济和社会上的失败,把他们逼入长期的犯罪和监禁状态中,从而毁掉他们的生存机会。[12]

许多城市两步并作一步,采用了新的手段来进行惩罚和镇压,比如组织多机构协同的任务团队、加重对帮派的量刑,以及颁布帮派禁令。加利福尼亚在手段创新方面出类拔萃,这里有着大量的帮派活动,在过去30年间已成为大规模监禁的政治和政策中心。

圣地亚哥司法辖区对贩毒团伙联合执法行动(JUDGE)项目以据信参与过毒品交易的帮派成员为其目标。工作人员对曾因毒品问题而被逮捕的人进行密集监控,在两年内逮捕了其中超过80%的人。被逮捕者中有97%是黑人或拉丁裔。许多执法行动聚焦于缓刑期内的违规行为;目标中有几乎一半以上的人在看守所或少管所待过半年或以上的时间。该项目结束4年后,2/3的目标人群已经被再次逮捕过,而且有许多人是多次被逮捕。在该项目的评估者看来,如此高的屡犯率显然已经意味着计划的失败,而且可以说该项目已经是弊大于利了,因为较之药物治疗、增加受教育的途径和增加就业，监禁更可能导致更多的违法行为。[13]

在多机构协同任务团队中，地方官员和联邦官员一同处理打黑要案，其结果也是同样惨淡。在毒品案件中，打黑行动会以较低水平的"买而后抓"的方式来发展线人，然后这些线人会提供毒贩的信息。毒贩会成为随后的目标，不论其中谁被抓到，都会被要求提供有关帮派内其他人违法的证据。有些人对帮派非常忠诚，他们往往拒绝合作，不对外人透露自己团体中成员的姓名。这些调查行动很少能够查到供应链的更上层的情况；因而这些行动也很少能够影响到毒品的供应以及当地帮派的凝聚力和影响力。苏珊·菲利普斯（Susan Phillips）指出，把挣钱的人监禁起来，会进一步损害家庭和社区的稳定。[14]

内华达州和加利福尼亚州已经开始加重量刑，依据很宽泛的标准来判定当事人是否是帮派成员，并继而对其附加多年的徒刑。不论是谁，只要警察坚持说他与帮派有染，他就会被额外加刑10年之久。不论是内华达州还是加利福尼亚州，两地的帮派活动都没有减少；加刑使得州监狱进一步超员，却丝毫没能有效缓解青年人或其社区的困难状况。

帮派数据库是干预行动中又一个成问题的部分。加利福尼亚州拥有一个覆盖全州的数据库，记录了成百上千的年轻人的姓名，被记录者绝大多数是黑人或拉丁裔。警员依据团体、着装甚至仅仅是印象随意输入名字。能够把名字从名单中移除的方式极为有限；很多人甚至不知道自己是否在名单上。在一些街区，榜上有名对于年轻人来说几乎是再正常不过的事情。警察和法院凭借名单来给人加刑，调查他们是否在假释中违规，甚至针对整个街区展开广泛且密集的警治行动。根据洛杉矶青年司法联合会（Youth Justice Coalition in Los Angeles）所记录的案例，该数据库被共享给了雇主和房东，尽管法律不允许公开该数据库。[15]

这些数据库为另一种新手段提供了条件：帮派禁令。这些由地方政府颁布的公民禁令旨在大规模地粉碎与帮派相关的活动。这些禁令并非针对个人来进行犯罪起诉,而是对帮派成员身份本身——甚至是与帮派的牵连关系——进行定罪。圣何塞(San Jose)地区的禁令禁止那些被怀疑是帮派成员的人"在公众视野中站立、就座、行走、开车、聚会和露面"。有些禁令指明了具体的个人;另一些禁令则针对整个帮派,适用于任何被警方认为与该帮派有牵连的人,而且当事人甚至都不会被事先告知自己被下了禁令。违反禁令者会因藐视法庭而受到犯罪起诉,这种轻罪会被判最多6个月的监禁。截至2011年,洛杉矶市针对72个帮派下达了44组禁令。人们可能会因为与家人和发小交往而被处罚——有时是在毫不知情的情况下。有些人已经脱离帮派生活很久,但仍被记录在数据库中,他们可能会发现自己与交往的人仅仅是在街上一同走走就被算作是有罪了。安娜·穆尼斯(Ana Muñiz)认为,这些禁令的基本功能之一,就是通过严格约束黑色和棕色人种年轻人的举止和行动,来维持种族之间的界限。[16]

针对这些禁令的系统性评估非常之少,现有的研究也远没有取得结论性的成果。然而,大多数的研究表明,禁令要么无效,要么只有一时的效果——在一两年后,犯罪率回到了之前的水平。美国公民自由联盟在一项研究中发现,在洛杉矶,受到一项禁令影响,相关的犯罪活动不过是变得更分散了,事实上或许还增加了。[17]在奥克兰,当地居民和"关键抵抗"(Critical Resistance)等刑事司法改革团体指出,一项针对两个街区的禁令并没有使它们变得更加安全,该禁令之后即被撤销。甚至连地方官员也承认,禁令没有什么效用,而且还进一步破坏了警察与社区之间的关系。

基于社交媒体的帮派镇压工作在新的层面上处理犯罪行为。其中最为臭名昭著的是纽约市削减行动(Operation Cut in New York City)。2012年,纽约警察局将其打黑单位的规模加倍至300人,着手创建虚假的社交媒体账号,用这些账号来监控涉嫌犯罪的12岁少年的活动。他们用迷人的年轻女性的照片创立虚假的社交媒体账号，诱骗这些年轻人接受好友申请，以此确保信息的获取。侦查员们随后利用这一渠道来追查谁是谁的好友，借此扩充"已知同伙"的名单。这些同伙之后被认定为特定帮派或团体的成员。然后警察就能凭借共谋法等手段在镇压帮派的旗号下大肆追捕年轻人，实施逮捕不需要有关犯罪行为的具体证据，只要当事人与嫌犯在社交媒体上有联系就行。

这种导向无疑是错误的。法学教授巴贝·豪厄尔（Babe Howell）认为，纽约市之所以对帮派镇压行动格外重视，是由于"拦截并盘查"式的警治在法律和政治上的挫败。她说，当警察不再能够通过街头拦截的方式来对付有色人种青年时，他们就开发出一种新的，但同样是侵犯性的帮派管制技术，并冠以新的名称。在两个不同的案例中，黑色和棕色人种的年轻人受到了警察的针对性骚扰——警察这么做并没有任何充分的法律依据，只因为这些人代表着一个"危险的阶层"，而这个阶层则是警察的心头大患。[18]

改革措施

一些改革措施以更为细致的方式来对待帮派和青少年暴力行为，对据信有高犯罪风险的年轻人进行密切关注，尝试通过社会帮扶服务的方式来引导年轻人离开街头。其中最著名的两种模式分别是斯伯格模式（Spergel Model）和"集中威慑"（focused deterrence）模式。芝加哥大学的欧文·斯伯格（Irving Spergel）开发了一套用于干预帮派活动的综合模式，该模式得到了青少年司法与不良行为预防办公室（Office of Juvenile Justice and Delinquency Prevention）的大力支持。[19]该模式要求把镇压策略和社会服务有机结合起来。在最好的状况下，该模式包含执法部门、学校、社会服务提供者和当地社区的协作,目的是以最适当的措施来处理当地的状况。一些计划既包括协调利用警察小队、缓刑和起诉等手段对年轻人进行密集执法,也尝试提供家庭支持、职业培训并开发他们的社交技能。

"集中威慑"或"针对性威慑"方案的作用方式与此类似。该模式由犯罪学家大卫·肯尼迪(David Kennedy)提出,并在1996年于波士顿第一次实施。该模式试图通过密集的、针对性的执法活动来阻止枪支暴力,再通过援助服务和社区利益相关者的呼吁来阻止一般暴力。在理想状况下,该模式一开始要把社群动员工作和地方警察工作协同起来。目的是向年轻人传递一个统一的信号:枪支暴力不会再被容忍了。如果发生了枪支暴力事件,他们会动用一切可用的资源来逮捕攻击者,并且全面瓦解掉涉案年轻人的街头生活[这叫作"拉动手刹"(pulling levers)]。通过这些举措,他们希望年轻人能够选择避免暴力,继而使得他们把精力集中在交际和低水平犯罪上,后者不会引发警察的持续骚扰。这么做的根据是,大量的枪击事件并非与毒品相关,而是派系斗争中以牙还牙的复仇所致。关键在于打破这样的循环。为了做到这一点,警察建立了"热点名单"(hot list),记录下他们认为更有可能参与暴力犯罪的年轻人。名单是依据一系列有时会涉密的因素来确定的,其中包括被捕前科、受看护的经历乃至在校表现。这些年轻人会被叫去与当地警察以及社区领导者一起开会,并受到威胁:如果不停止枪支暴力的话,就会遭受密集的监控和执法行动。这类"召集"工作之所以能够进行,部分是因为这些年轻人中有许多人都由于过去的违法行为而处在缓刑或假释状态中。相关措施通常还包括提供针对性的社会服务,为青年人提供教育和就业机会。[20]在纽约,在停火行动(Operation Ceasefire)的旗号下,如果在"召集"之后仍有暴力事件发生,整个年轻人群体中的任何人一旦被逮捕就会面临咄咄逼人的起诉,就算他们不是"召集"的对象,而且对相关的措施毫不知情。

这两种模式非常相似，而且都在根本上依赖密集的惩罚性执法工作。虽然集中威慑更关注枪支暴力，但二者都高度依赖传统的帮派镇压方式——调查、逮捕和加重起诉。这些模式提供的社会服务往往都很有限，会给人们一些咨询和娱乐的机会，但却极少提供实实在在的工作或较高水平的受教育机会。生活技巧与社交课程丝毫不能给人创造真正的机会，反而加重了"社会责任"的观念，这种观念说到底是在责怪受害者，怪罪他们在贫穷、服务水平低下、受到隔离且充满危险的社区中的失业和受教育失败。

　　对这些计划的研究确确实实表明了犯罪的明显减少，而且减少的趋势甚至会持续数年。但总体而言，成果非常有限。大多数的减少量都很小，只发生在少数几种犯罪类型上，而且没有持续很久。关于如何对待生活在犯罪频发、极度贫穷的社区中的大多为非白人的年轻人，这些计划还助长了一种惩罚心态。暴力犯罪确实高度集中于生活在特定街区的、人数相当少的年轻人群。只针对他们展开行动，而不是无差别地拦截并盘问行人，不是逮捕成百上千没做过错事或只犯过小错的年轻人，这么做也确实更有道理。虽然存在着破窗理论的主张，但是暴力犯罪者和处境困难的年轻人这两个群体之间真的不存在充分的关联性。

　　针对性行动是成问题的，因为警察不明白的是，帮派的成员身份往往具有不稳定性；警察也没能认识到这样的事实：一次先前的违法行为并不必然意味着当事人长期、高强度地从事犯罪活动。这里还存在着对隐私的严重侵犯问题：人们之所以受到警方的密集监控，仅仅是因为警察感觉到了危险因素，而非发现了任何具体的犯罪行为乃至可疑行为。这种"预测式警治"不过是有色人种男性青年受到警治的另一种形式的写照。大多数参与重度犯罪的年轻人总是已经生活在严酷且危险的环境之中了。他们害怕其他年轻人，害怕施虐的家人，也害怕失业、贫穷的未来。他们的生活不需要更多的威胁和惩罚。他们需要稳定，需要正面的引导，需要真正的脱贫途径。这就需要为他们的福祉进行长期的投入，而不是让那些在街上逮捕、骚扰他们和他们朋友的人来打一通推介电话、进行几次家访。比尔·布拉顿（Bill Bratton）在他担任纽约警察局局长的第一个任期中指出：警员不是社会工作者，这不是他们受训的目的，不是他们预备要做的事情，也不是他们的职责。他们凭什么要当好这些年轻人的导师或是生活技巧教练？这不是他们的事。

此外，威慑理论很少适用于被定为目标的年轻人。如上所述，驱使他们行动的是情感、短期的考量和冲动，而不是包含着仔细盘算的长期风险评估。该群体中的暴力行为常常源于恐惧、愤怒和耻辱，而非对物质利益的计算。[21]威胁、恫吓和监禁不过是加强了他们的自卑感和耻辱感。从结果来看，集中威慑事实上是对已采用的惩罚性措施的一种延续。

一些多年使用惩罚性方案的警方官员也开始质疑它们，并寻找替代方案。乔·多明尼克展示了洛杉矶是如何完成这一转变的。例如，洛杉矶警局局长查理·贝克已经开始拥护更侧重以社区为主导的解决方案。贝克曾经是达里尔·盖茨的"铁锤行动"的积极参与者，但他开始认识到，如果没有社区的支持，警方就不会获得多少持久性的成果。他开始接触作为"帮派干预主义者"的组织和年轻人，这些组织和年轻人已经走上街头，努力减少暴力事件的发生。洛杉矶警局曾经以怀疑乃至嫌恶的态度对待这些团体。其中许多人是蹲过看守所的前帮派成员。警方曾认为他们与街头活动关系过密，而且对警察过于不满因而不可信任。贝克开始明白，能够使得警方的工作成为可能的，正是这些人。贝克第一次邀请这些人参加了讨论。最实在的成果就是，警察开始为暴力干预人员提供支援。[22]

然而，这种执法策略虽然大体上是要通过确保社区的支持来使工作方式更加细致，但终究还是惩罚性执法。它保留下来的是一个依然故障重重的执法体系,以及在很大程度上没有关联性的青少年计划。它的提倡者们——例如进步计划的提倡者康尼·赖斯(Connie Rice)——认识到了这一点,但却不能说服市议会重新安排相关工作的重心。他们只是完成了一份内容翔实的报告《呼吁行动:关于综合解决洛杉矶帮派暴力肆虐问题的案例》("A Call for Action: The Case for a Comprehensive Solution to L.A.'s Gang Violence Epidemic"),记录了镇压模式的失败之处和现行措施的无效性。[23]如今,洛杉矶警察局总的工作重心仍集中在镇压方面,对以社区为依托的帮派干涉主义者们也不乏认可。事实上,在2014年,洛杉矶青年司法联合会拿出了一份计划,提出将洛杉矶郡1%的执法预算转移到为年轻人服务的社会计划上,其中包括建设社区中心,为年轻人提供工作,以及支持暴力干预人员的活动。[24]这1%每年会产生出大约1亿美元的资金,但这种言过其实上的干预至今还未结出果实。

替代方案

将资源从警治、法庭和看守所转移到社区中心和年轻人的工作上,这对于减少青少年犯罪所需的真正改革来说至关重要。我们每年花费数十亿美元,试图以警治和监禁的方式摆脱青年暴力问题,但同时也减少了用于改善儿童及其家人的生活的资源。

更有意义的做法是,减轻种族歧视和隔离造成的贫穷状况,为身处困难之中的孩子提供持续的照护和援助,并为社区提供工具,让其能在不借助武装警察的情况下更好地管理自己遇到的问题。首先,我们必须展开真正的对话,讨论根深蒂固的、种族化的贫穷状况,这些状况集中在被高度隔离的街区,那里是暴力犯罪的主要源头。的确,在贫穷与隔离没有显著减轻的情况下,整体的犯罪数量已经有所下降,但是犯罪活动仍然集中在这些地区。与攻击性警治和大规模监禁不同，为缓解种族化贫穷和种族化排斥做些工作，在减少贫穷、不平等和种族不公的意义上，对社会有着普遍的益处。

艾略特·柯里（Elliot Currie）以一种有些过度概括的口吻指出，我们需要三件事来减少年轻人的违法行为："工作、工作和工作。"[25]大多数年轻人会愉快地选择一份稳定、收入体面的工作，而非选择参与涉及毒品、性工作和赃物的黑市活动。当今美国内部的隔离状况比以往任何时候都要严重。这使得多达25%的美国年轻人成长在极度贫困的环境中，这在其他发达国家是不被容忍的。大多数的重度犯罪者正是出自这个群体。一项研究考察了短期内年轻人工作机会（往往是临时的、低收入的工作）的增加是否减少了犯罪，研究显示的结果喜忧参半。有待考察的是，一旦报酬体面的工作持续几年增长会造成怎样的结果。这样的增长可能会克服那些促成黑市活动与暴力行为的教育动因乃至文化动因。

即使有现成的工作，也不是每一个在这些街区的年轻人都为工作做好了准备，或是有能力去工作。所以第二个方面的政策就是通过一些措施来让年轻人的生活更加安稳——这些年轻人中有太多都遭受着痛及灵魂的贫穷、虐待和暴力。在这种极度匮乏的环境中，真正引人注目的并不是他们的犯罪行为有多么多，而是他们所犯的罪有多么少。多年来，紧缩政策的支持者和新保守主义"严打犯罪"的政治主张都声称社会计划和照护没有作用。当然，没有哪个计划可以独自消灭重度犯罪；极其常见的情况是，这些计划的支持者们在争抢资源时大夸海口，这注定了他们失败的结局。午夜棒球本身并不能比警察体育联盟更好地消灭犯罪。在许多情况下，得到资助的计划应对的往往是那些需求最少的年轻人。但大多数计划都避开了那些需求最多的年轻人；而确确实实为这些年轻人服务的计划往往成效最好，但这要求计划必须以持久的、综合的措施来应对这些年轻人及其家人所面临的问题。[26]这样"全覆盖"的服务必须处在所有青年犯罪减少计划的中心位置。

最后，我们需要培养社区解决问题的能力，让它们能够独自解决问题，或是在与政府的真正合作中解决问题。在贫穷的社区，地方政府的门面担当就是警员，主要从事惩罚性执法活动。为什么不培养社区自身的力量，动用非惩罚性的政府资源来代替惩罚性执法呢？米歇尔·福特纳（Michael Fortner）认为，美国通过要求地方政府对犯罪和失序现象有所作为，而成为引领大规模监禁和过度警治时代的重要角色。[27]这一分析的疏漏之处在于，参与这一过程的领导人中有许多人也同时要求建设社区中心、设立青年计划、改善学校状况和工作状况，但是这些要求都被忽略了，而增加警察数量、加重起诉、增加刑期等议题则获得了更多的支持。是时候来重新审视二者之间的平衡关系了。

如果能给社区分配到更多实实在在的资源，那么它们常常会想出通过非惩罚性的机制来减少犯罪的好点子。遵循这一思路的模式之一就是以社区为依托的恢复性司法（restorative justice）。在此模式中，社区成员——通过一个团体来代表——被要求进行评估工作，来确定如果不把犯法者送进监狱而是重新接纳他们回归社区会有怎样的风险。[28]他们把本来会用于监禁的部分或全部资源用来执行恢复和预防计划。一项研究发现，纽约州每年花费超过100万美元用于监禁来自纽约市布鲁克林区一块方形街区的人——布鲁克林还有着许多这样的"百万美元街区"。[29]大多数社区都能够找到方法让这笔钱产生更好的成果，胜过高压警治和大规模监禁。就业岗位计划、药物治疗、精神健康服务和青年服务有助于减少犯罪，也有助于打破定罪、监禁和累犯的循环。

与此同时，这个模式会让犯法者参加赔偿和损害减少计划，这有助于修复他们造成的损害。废弃房屋是毒品交易和暴力行为的场所，经过修复后可以提供稳定的住宿。年龄稍大一些的年轻人经过培训后可以指导年龄小一些的人，告诉他们如何不依靠暴力来解决争端，如何好好上学，以及如何为应对充满困难的职业市场做好准备。

正如大卫·肯尼迪的研究所指出的，许多青少年帮派和暴力问题都源于一种不安全感。[30]当年轻人时刻面临着受害的危险时，他们就会转向从表面上看似乎能为他们提供保护的帮派和武器。社区需要在实施非正式管控的工作上得到帮助，以便消除这一倾向。对此没有单一的解决方式，但如果成年人能积极地参与到这些年轻人的生活中来，就会使我们朝着正确的方向迈出关键一步。这包括提高父母的参与能力，意味着我们要关注工作时间的分布结构，以及照顾儿童的高昂花销。[31]多份在日程安排上飘忽不定的工作会给父母造成极大的负担，他们因而无法对孩子进行充分的教导。我们还需要在药物治疗和精神健康服务上加大投入，来帮助父母解决在自我管理——更不用说管理孩子——时所遇到的困难。

青年服务人员、教练和学校辅导员都能够在教导和监督年轻人的过程中起到一定作用。然而在太多的情况下，我们过多地用警察代替了他们。当社区需要更多警察的时候，相关的资源是从其他地方调用来的，其中从学校和社区服务调用资源的情况则过于频繁。所有这些都很好地符合了紧缩政策——削减社会性项目以便为富人减税，并加强正式的社会管控机制。

加强社区能力的另一种方式，是在街区层面大力投资以公众健康为导向的预防计划。这些计划常常使用"治愈暴力"的口号，试图向年轻人传递强烈的反暴力讯息，让他们参加课外技艺与职业培训计划等亲社会（pro-social）活动，并设立旨在以非暴力方式解决冲突的工作坊。[32]他们还雇用拓援工作者来担任暴力干预人员，后者能以共同的立场出发与年轻人交谈。这种关联对于建立信任所具有的作用不能被夸大。这些工作者会借助流言控制、帮派休战，以及与街头青年持续相处的方式来尝试打破暴力的循环。

一些地区正在向这个方向努力。明尼阿波利斯的"预防青年犯罪行动蓝图"（Blueprint for Action to Prevent Youth Violence）是政府、非营利组织和社区成员共同参与的多机构计划。[33]与众多的镇压帮派措施不同，它由卫生部而非警察局主持。蓝图使人们聚在一起讨论现有的问题和计划，统筹协调他们的工作，并优先把拨款派发给新的服务和措施。这是一个弹性的实时过程，能够因势而变。它的两个主要的缺点是缺少资源和警察局的配合。这造成了一种趋势，被纳入计划、参与积极活动的年轻人仍旧不断遭受警方的骚扰和逮捕。

这些计划不是万能灵药。关于它们的研究很有限，研究结论也是喜忧参半。这是因为它们的解决方案中还有一部分有待就位。如果就业机会、为深陷困境的年轻人提供的社会服务、教育结构等问题没有在社区层面得到改善，就没有任何单一的计划可以消灭暴力。必须要有全盘的解决方案，这方案要首先着手减少我们对刑事司法系统的依赖，培植政治力量来寻求重统筹而轻惩罚的解决方案。

注释

1. Charles Katz and Vincent Webb, "Police Response to Gangs: A Multi-Site Study," (Washington, DC: National Institute of Justice, 2004).

2. Federal Bureau of Investigation, "Violent Gang Task Forces," n. d.

3. Malcolm Klein, *Gang Cop: The Words and Ways of Officer Paco Domingo* (Lanham, MD: AltaMira Press, 2003).

4. Megan Garvey and Patrick McGreevy, "LA mayor seeks federal aid to

combat gangs," *LA Times*, January 4, 2007.

5. Joe Domanick, *Blue: The LAPD and the Battle to Redeem American Policing* (New York: Simon and Schuster, 2015), 65.

6. Ibid.

7. Jeffrey Reiman, *The Rich Get Richer and the Poor Get Prison: Ideology, Class, and Criminal Justice* (Boston: Pearson, 2007); William Chambliss, "The Saints and the Roughnecks," Society 11, no. 1 (1973): 24–31.

8. Klein, *Gang Cop*.

9. Ibid.

10. Ibid.

11. Ibid.

12. Victor Rios, *Punished: Policing the Lives of Black and Latino Boys* (New York: NYU Press, 2011).

13. Susan Pennell and Roni Melton, "Evaluation of a Task Force Approach to Gangs," *Responding to Gangs: Evaluation and Research* (Washington, DC: United States Department of Justice, National Institute of Justice, 2002).

14. Susan Phillips, *Operation Fly Trap: L.A. Gangs, Drugs, and the Law* (Chicago: University of Chicago Press, 2012).

15. Ana Muñz and Kim McGilll. *Tracked and Trapped: Youth of Color, Gang Databases and Gang Injunctions* (Los Angeles: Youth Justice Coalition, 2012).

16. Ana Muñz, Police, Power and the Production of Racial Boundaries (Brunswick, NJ: Rutgers University Press, 2015).

17. Beth Caldwell, "Criminalizing Day-to-Day Life: A Socio-Legal Critique of Gang Injunctions," *American Journal of Criminal Law* 37, no. 3 (2010):

241–290.

18. K. Babe Howell, "Gang Policing: The Stop-and-Frisk Justification for Profile-Based Policing," *University of Denver Criminal Law Review*: 5 (2015): 1–31.

19. US Department of Justice, Office of Juvenile Justice and Delinquency Prevention, *Best Practices to Address Community Gang Problems: OJJDP's Comprehensive Gang Model* (Washington, DC: U.S. Department of Justice, Office of Justice Programs, 2010).

20. David Kennedy, "Pulling levers: Chronic offenders, high-crime settings, and a theory of prevention." *Valparaiso University Law Review:* 31, no. 2 (1996): 449–484.

21. Jack Katz, *The Seductions of Crime: Moral and Sensual Attractions in Doing Evil* (New York: Basic Books, 1988).

22. Domanick, *Blue*.

23. Connie Rice, *A Call to Action: The Case for a Comprehensive Solution to L.A.'s Gang Violence Epidemic* (Los Angeles: Advancement Project, 2007).

24. Youth for Justice, "LA For Youth—1 Percent Campaign," n.d., www.youth4justice.org.

25. Elliott Currie, *Crime and Punishment in America: Why the Solutions to America's Most Stubborn Social Crisis Have Not Worked—and What Will* (London: Macmillan, 1998).

26. Currie, *Crime and Punishment in America*.

27. Michael Fortner, *The Black Silent Majority: The Rockefeller Drug Laws and the Politics of Punishment* (Cambridge: Harvard University Press, 2015).

28. Todd Clear and David Karp, *The Community Justice Ideal: Preventing Crime and Achieving Justice* (Boulder, CO: Westview Press, 1999).

29. Emily Badger, "How Mass Incarceration Creates 'Million Dollar Blocks' in Poor Neighborhoods," *Washington Post*, July 30, 2015.

30. David Kennedy, *Don't Shoot: One Man, A Street Fellowship, and the End of Violence in Inner-City America*. (New York: Bloomsbury, 2012).

31. Elizabeth Palley and Corey S. Shdaimah, *In Our Hands: The Struggle for U.S. Childcare Policy* (New York: NYU Press, 2014).

32. "Cure Violence," cureviolence.org.

33. City of Minneapolis Health Department, *Minneapolis Blueprint for Action to Prevent Youth Violence* (Minneapolis: Department of Health, 2013).

边境警治

直到19世纪晚期，美国都没有正式的移民限制措施。边境实质上是开放的，只存在针对航运的海关管控。1882年，随着20万华人劳工移入境内，在西部从事铁路建设和农产劳动的工作，国会通过了排华法案（Chinese Exclusion Act）来禁止华人进一步的移民。有关该法案的正式讨论中使用了大量带有明显种族主义色彩的语言，这一点和地方上对华人权利的禁令相一致，这些禁令禁止了华人拥有财产和作为证人出庭的权利。[1] 法案的支持者们把华人移民称作"蒙古游牧部落"和"强尼中国佬"（Johnny Chinaman），还指责他们道德败坏、懒惰不堪。小型的非正式单位被动员起来，以限制中国移民在未经授权的情况下进入美国——大多数情况下是在加利福尼亚州和墨西哥边界。在这一时期，针对白人移民的唯一限制仅限于禁止罪犯、体弱者和政治激进分子入境。无政府主义者在1903年被专门禁止入境，意大利人成了详细审察的目标。

在19世纪末、20世纪初，随着大规模移民潮的兴起，本土主义的愤恨情绪不断滋长。在整个这段时期内，诸如移民限制联盟（Immigration Restriction League）和美利坚党（American Party）这样的团体围绕着有关种族纯洁性、文化优越性和宗教偏见的观念组织起来，要求终止对移民活动的开放状态。随着1924年民族来源限额法案（National Origins Act）的通过，这些团体的要求最终得到了实现。这项法案首次建立起基于民族的移民限额。为了执行这些限额，国会创立了美国边境巡警（US Border Patrol）。

新成立的边境巡警致力于限制来自墨西哥的未授权移民。大多数的执法活动都集中在特定的边境通道，只有若干"边线人"（linemen）在通道之间巡逻。实际上，个人乃至交通工具只要敢于从距离正式检查点几英里远的地方走，就可以越过边境。在禁令实行期间，非法跨境货运是加利福尼亚农民的主要担忧之一，他们的田地和围栏常常遭到损坏，但是他们从边境巡警那里只得到了极少的帮助。执法不力的部分原因在于，德克萨斯州和加利福尼亚州的种植户们热切盼望着墨西哥工人的到来，他们激烈地反对那些限制他们取得廉价劳动力的措施。[2]实践中的执法活动往往带有极深的种族主义倾向，伴随着公然的残暴行径和法外处决。[3]历史学家凯莉·赫尔南德斯（Kelly Hernandez）描述了对跨越边境者的复仇杀戮和毫无顾忌的射击。

第二次世界大战期间，美国对农业工人的需求非常之大。边境巡警对墨西哥移民基本上视而不见，但同时留意着可能的敌方参战人员，尽管他们几乎没有发现过什么敌人。美国政府制定了合法临时工计划（Bracero Program）来尝试管理移居者从事农场工作。[4]雇主有义务提供体面的工资和工作条件，移居者则得到在美国工作的官方许可。这项计划在执行上很不到位，工资和工作条件相当寒酸，远低于为其他工人设立的标准。女性、儿童和家政工不在该计划的范围内，所以未经授权的移民活动还在继续。此外，许多雇主拒绝实施这项新计划，在德克萨斯州尤其如此。农场主和牧场主们对联邦政府介入他们历时已久的劳动体系感到愤恨，这样的体系往往与劳役偿债制别无二致。如果工人对低工资和极差的工作条件有怨言，或是组织起来进行反对，就会被直接交送给边境巡警并驱逐出境。

在20世纪50年代初，被边境巡警逮捕的人在数量上翻了一倍。[5]1954

年，边境巡警启动了"湿背人行动"（Operation Wetback）*，试图通过密集的边境执法、在市内和牧场内的突击搜查来遏制这一趋势，迫使更多的雇主参与合法临时工计划。超过100万人被驱逐出境。到了最后，尤其是在减少了工作场所保障措施并且对工人组织活动施以重罚之后，农场主和牧场主们服软了。

然而，这项行动的名称很能表现出联邦官员和边境巡警的心态。美国的边境执法首先关乎白人性（whiteness）和经济不平等的生产。边境从来都没有真正地对贫穷的移民关闭。他们或是在严苛的规章之下被允许入境，或是按照官方说辞被拒绝入境，但实际上却被允许大量入境。几乎没有什么法律来保护他们免于雇主的剥削和虐待。这些体系中的每一个都将移民置于低下的经济地位，他们的组织结社权被否认，他们不得不为了低廉的工资而在未达到标准的条件下工作。

过去20年间，警治中扩张最快的领域就是边境警治。如今边境巡警是国土安全部的一部分。1992年只有4000多名边境巡警警员；在2001年9月11日的袭击之后，警员人数增长到了1万；如今则有2万多人，超过了烟酒枪械管理局、联邦调查局和缉毒局人数的总和。[6]边境巡警受到地方警察、州级警察以及多个联邦机构的协助，其中包括国民警卫队、美国军方以及移民海关执法局（ICE）。在2012财年，联邦政府在移民执法上花费了超过180亿美元——超过其他联邦执法开支的总和。[7]在特朗普治下，随着雇用警员数量的增加以及更多隔离墙的建设，移民执法的开支可能还会显著增长。

边境警治一直是高度种族化的。被排斥在边境线以外的外国人，或是只在受到贬损的情况下才被允许入境的外国人，总是被限定在美国主流之外，而这种限定大都是诉诸种族问题来完成的。玛莎·门查卡（Martha

---

* 湿背人，指从墨西哥到美国的移民，尤指偷渡者。——译者注

Menchaca)的《复原历史，建构种族》(*Recovering History, Constructing Race*)描述了种族等级制是怎样由西班牙精英首先建立，并随后被美国定居者发展起来的，这些人建立等级制是为了证明自己侵占原住民和墨西哥人的土地的行为是正当的。[8]甚至有些移民已久的墨西哥裔美国人还企图通过支持排斥新移民来实现白人性，因为这些新移民破坏了他们使自身与美国性（Americanness）相一致的企图——然而，通过对排斥性的种族化体系的拥护，他们加强了一个关于种族的种姓体系。该体系反过来限定了他们，不把他们当作完整的公民来对待。

从其初期开始，边境巡警就涉足了与种族形象定性相关的执法行为。他们曾指出，"看起来像墨西哥人"就是拦停、盘问以及要求身份证明的充分理由。1973年，最高法院通过"美国对布里厄尼－庞塞案"（US v. Brignoni-Ponce），使其成为法律[9]。最高法院认为边境巡警有权单单依据种族形象定性来拦停车辆并强行索要身份证明。这种做法的部分依据是1953年的联邦法律，该法律赋予了边境巡警警员权力，使得他们可以在边境100英里以内的范围内悬置宪法的保护，可以对任何人实施拦停、搜查以及移民状况的确认，不论他们的理由是否可信、怀疑是否合理。美国公民自由协会坚称这违反了宪法。[10]他们还指出，据报道，边境巡警对职权的滥用已经远远超出了边境地区。2008年，美国参议员帕特里克·莱希（Patrick Leahy）在距离边境线至少125英里的地方被拦停，他被命令下车，并被迫进行身份证明。当他问及涉事警员是依据哪里的授权来采取这次行动时，该警员用他的武器指着这位参议员，说道："我有这权力就够了。"[11]

当下边境执法的强化过程始于20世纪90年代初的克林顿当政期间，其中包括加利福尼亚州的"看门人行动"（Operation Gatekeeper）、德克萨斯州的"坚守界线"（Hold-the-Line）和亚利桑那州的"安保行动"

（Operation Safeguard）等计划的施行，以及1996年非法移民改革及移民责任法案（IIRIRA）的通过。在几年之内，对随后成为移民归化局（Immigration and Naturalization Service，INS）的部门的拨款翻了一倍，边境巡警的警员数量也翻了一倍。这些行动代表着关闭南部边界的第一次真正努力。[12]其中包含若干新举措，包括显著增加围墙的数量，根据记录了大大小小违法犯罪行为的长名单来直接驱逐住在美国的移民，在边境地区创立移民法庭以加快对被捕移居者的处置和驱逐，以及创立通过生物计量数据采集来识别移居者的大型系统。在后两项举措的基础上，针对未经授权越界移居者的刑事诉讼增加了。

这一进程在"9·11事件"之后进一步加剧。虽然乔治·W.布什总统在选战中提出要让边境更加开放，但他监督围墙的扩建、增聘边境巡警，并且加剧了对移居者的定罪。结果，相关政策从被委婉地称为"抓了放"的模式转变为"逮捕并羁押"的模式。几十年来，大多数被抓的越境移居者都被要求放弃自己进行听证会的权利——这些听证会旨在质疑对移居者的驱逐处置。移居者随后就很快地返回了墨西哥，被拘留的时间被尽可能地降到了最低，这大体上对移居者和美国政府双方都有利。如今，被起诉的移居者日益增多。非法越境的初犯者可以被处以轻罪处罚；然而，第二次非法入境在现在就是重罪了，可能会导致若干年的监禁。此外，犯有其他罪行的移民者如今会在被驱逐出境之前被判有罪，并且在美国监狱中坐满刑期。

2005年，随着大量新拨款和基础设施的到位，边境巡警开始以"流线行动"（Operation Streamline）的名义实施一系列零容忍的"逮捕并羁押"政策。在之后10年中，有超过40万移居者因为不当入境而受到起诉，超过30万人由于再次入境而被判重罪。[13]特朗普政府已承诺要推广这类举措。美国政府已经在这种解决方案上花费了70亿美元，大量的钱进了私有盈利监狱的口袋。虽然边境上的100万人中有3/4都遭受了起诉和监禁，但他们发现这并没有对移居者起到震慑效果——驱使这些移居者行动的，是令人深感绝望的贫困，以及对家人团聚的渴望。[14]他们还对法官和律师进行了采访，发现反对意见普遍存在，大多数反对意见都认为这是一项由政治动机驱动的政策，而且没有任何正当的政策实绩。

此外，流线行动腐蚀了联邦法院系统。靠近边境的法官和法院工作人员应付不了数量巨大的被告，这已然削弱了他们合理处理这些案件或裁定其他事项的能力。《德州月刊》（*Texas Monthly Magazine*）发现，国内最为繁忙的联邦法院辖区都位于德克萨斯州，而且这些法院通过批量诉讼的方式来应对他们的工作量。[15]几十名被告通常都会被一同带上法庭——他们往往没有任何真正的法律代理人，继而被要求认罪，随后要么被驱逐出境，要么被监禁。2009年，第九巡回上诉法庭（Ninth Circuit Court of Appeals）出手干预，要求至少要逐个地向被告人询问辩护词，询问他们是否有能力理解正在发生的事情。但是这项裁定不过是减缓了这个进程，而没有改变它的基本特征。虽然边境上的逮捕行为已经持续几十年下降，但现在仍有将近40%的联邦起诉与移民相关。即使是一直服膺于惩罚性框架的检察官，也认为这个体系没能对移居者起到震慑作用。有人指出："我们之所以起诉一些人，是因为他们违反了国会颁布的法规，这些法规反映了我们各项准则的内涵……我们按照某种系统性的规程来进行处罚。如果有人被此震慑，那很好。如果没有，我也不感到意外。"[16]这一席话袒露了整个体制的扭结点。警察、检察官和法官都认识到，对于一个被极度的困苦所驱动、想要跨境寻求更好生活的人群来说，对他们定罪是不能取得任何成果的。

今天，美国监狱中有35000名非公民，其中半数都是因为违规移民而被监禁。[17]许多人被羁押在营利性私人监狱中。尽管不断有报道说这些地方存在虐待、过度拥挤和医药服务不足的状况，移民海关执法局仍利用46处这样的设施羁押了70%的被拘留移民。[18]此外，移民海关执法局转包监禁的商机促进了西南地区看守所和监狱建设的繁荣。地方司法管辖区和这些公司在维持高拘留率这件事上都有着财务上的利害关系，这进一步败坏了与移民相关的政治状况。此外，大量的移居者出于移民拘留令或等待运送的原因，被羁押在地方看守所。这些设施不论是公有的还是私有的，其条件都达不到要求。2010年，《纽约时报》记录了卫生护理服务供应中广泛存在的问题。[19]根据2016年的一份报告，由于卫生护理的不足，近年来有8人因糖尿病等可防范因素死亡。[20]

在过去几年中，有大量无人陪伴的青少年从中美洲移居到美国，成千上万的儿童被拘留，其中很多人在没有法律代理人的情况下被迫出庭，这造成了一场法制和人道主义的危机。几千个有幼儿的家庭，在等待被驱逐出境或是移民法庭诉讼的过程中，被延长了移民拘留的期限。这些状况十分凄惨，对儿童来说尤其如此。美国法院已经认识到这些做法的不当，尤其是考虑到这些家庭几乎不会造成什么安全风险。尽管法院已经屡次进行裁定，联邦政府还在继续拘留有儿童的家庭。

此外，美国已经发布了约100万条拘留令，要求地方和州级警察羁押涉嫌非法滞留美国的人。这些拘留令要求地方警察和治安官充当移民执法的一线人员。从20世纪90年代的边境建设开始，地方警察就被赋予了接受官方授权以执行联邦移民法的机会。根据非法移民改革及移民责任法案第287条（g）款，这项授权给地方警察带来了很大的困境，他们迫于压力参与相关行动，却在很多情况下发现这类协作执法不利于良好的警治。大多数警察相信，要想有效地执法，他们需要社区的协作。上报犯罪状况、提供情报、充当目击者的正是社区的成员。在未经授权移民率很高的地区，对警察的恐惧情绪已经非常强烈。如果人们确信他们或他们的朋友、家人、同事或邻居可能面临被驱逐出境的风险，他们将会极不愿意向警察汇报任何事项。

这就是为什么许多城市要么拒绝参与第287条（g）款，要么将自身认定为"庇护城市"，拒绝与移民执法工作合作。遗憾的是，这些声明有时是相当空洞的。[21]纽约市拥有庇护法规，而且纽约警察局确实大体上会避免涉足移民问题，然而多年来，教惩官员们（corrections officials）串通一气，甚至租借看守所中的空间给联邦官员。最近，他们把这类操作拓展到了看守所之外，因而移民官员本人只需要进驻法院，在人们出庭后将他们逮捕就可以了。在奥巴马治下，移民海关执法局倾向于将这类工作聚焦于那些被判有暴力重罪的人。在特朗普治下，任何犯罪行为都可能触发这类处置流程，从而导致了广泛的担忧：每年针对轻微违规行为——如翻越地铁闸机——而实施的成百上千起的"破窗式"逮捕，或许会将更多的人置于被驱逐出境的风险之中。

此外，第287条（g）款是增强警察权力过程的一部分，这个增强过程靠的是模糊民事执法和刑事执法之间的界限实现的。通常情况下，当警察怀疑人们有犯罪行为时，他们也应当确保这些人的宪法权利。由于大多数的移民违规行为从技术上讲属于民事范畴，所以同样的保护措施并不适用于此。这意味着警察——有时是打着移民执法的幌子——可以在没有司法许可的情况下进入人们家中，并且在不给他们机会交付保证金的情况下将其羁押。

在奥巴马治下，许多地方司法管辖区的推阻态度减少了就第287条（g）款达成协作的情况，但特朗普政府已经尝试增加协作的数量。对于那些拒绝参与其中的城市，或是加入了其他旨在阻碍驱逐量增加的"庇护城市"行动的城市，特朗普政府还会对其实施制裁。

移民海关执法局是边境警治的另一个重要组成部分。虽然该机构的大多数工作涉及的是检查官方边境通道上的人员和货物，但它还有一项任务，就是一旦有无证移居者进入美国，就对他们实施逮捕。移民海关执法局还运营着拘留设施，用于处置、拘留和监禁移居者。在2003年，移民海关执法局成立了在逃者行动小队（Fugutive Operation Teams），致力于找寻犯有重罪的移居者。在过去15年中，这类单位的数量从2003年的8个上升到如今的129个，每年花费1.55亿美元。[22]这些单位的任务是把重罪罪犯赶离街头、赶出国外，这可能会使得他们成为特朗普治下增加拨款的焦点。然而，他们实际上从事的是"捕鱼探险"，仅根据薄弱的证据就进入人们家中和工作场所进行取证；而且还实施拉网式的策略，诱捕基本无罪的移居者。国土安全部的监察长报告说，用于计划突击搜查、证明突击搜查合理性的那些情报是"极度不准确的"。[23]移民研究所（Migration Institute）的记录显示，从2003年到2008年，被逮捕者中有约3/4的人没有犯罪记录。2007年，尽管花费了超过1亿美元，这些小队只逮捕了672个有重度犯罪前科的人。[24]在最近几年中，重罪逮捕所占的比例甚至进一步下降，但指标已经定好了，这类单位的数量也已增加了。2012年，这些小队逮捕了37000人，其中绝大多数人都没有暴力犯罪的前科。[25]

移民海关执法局在2006年创立了工作场所执法单位（Worksite Enforcement Unit），该单位对工作场所实施全副武装的突击搜查，检查雇员名单以寻找可能存在的无证移居者。被发现的移居者随后会遭到威胁，在没有听证会、无法求助律师的情况下同意被驱逐出境。奥巴马政府宣称要把搜查的重心转移到雇主身上，但是雇员稽核工作导致合法但无证的工人被大批地开除。在2009年的将近10万例起诉中，只有13例是针对雇主的。[26]

边境还是失败的毒品战争的前线。美国通过采取一种"供给侧"战略来阻止人们获取毒品，其手段是实行禁止措施和推动定罪。禁止措施包括动用边境巡警、海岸警卫队、美国军队和移民海关执法局来阻断毒品向国内的流通。这项工作失败了。一份最近的报告显示，在因涉毒指控而被边境巡警逮捕的人中，有80%是美国公民。[27]这些逮捕发生在边境通道、检查点和移民突击搜查的过程中，而且大都是因为大麻。存在着这样一种推测：正是越境者的大幅减少推动了涉毒抓捕，相关机构把涉毒抓捕作为替代性的工作，来证明其庞大规模和庞大预算的合理性。

执法活动的大规模累加使得边境成了更加危险的地方。从1996年开始实施制裁算起，已有数千人在尝试从亚利桑那州和新墨西哥州中那些更为偏远的沙漠地区通过边境时死亡。在某些年份，有多达500人死于炎热、曝晒和脱水。[28]他们必须依靠从事黑社会犯罪的"郊狼们"，这些人收取数千美元的费用来帮助人们越境，但常常不能履约，在一些情况下还会绑架、强奸和杀害付款人。在这种处境中，移居者被迫携带毒品的可能性更高。在许多地方，一次徒步穿越沙漠的旅程可能会长达数天，所需的水量超出了单个人的携带能力。一些个人和组织在边境附近设置了水站，可他们只能眼睁睁地看着水站被反移民的联防员捣毁。

被驱逐出境的人数也已经大大增加，在过去的10年内变成了之前的两倍还多，接近每年50万人。被巴拉克·奥巴马驱逐出境的人数多于之前被所有总统驱逐的人数之和。在过去，如果移民家庭中有成员是美国公民，政府就不愿拆散这样的家庭。事实上，家庭的团圆是战后时期合法移民的一个主要来源，与此相符的意识形态是：拥有家庭生活的移民更有可能适应美国的文化和价值观念。如今，我们却例行公事地将一个个家庭无情拆散。现在有超过5000名儿童处在寄养看护的状态下，他们的父母已被驱逐出境，与他们分离。[29]那些在孩童时期来到美国的年轻人被独自遣返到对他们而言完全陌生的国家，即使他们在那里拥有家庭关系，这种关系也非常薄弱，在有些情况下他们甚至不会讲当地的语言。

这些人中有许多被驱逐到了中美洲，他们在那里最终寄身于流浪者救助站，抑或是露宿街头，而且往往会堕入犯罪帮派。酿成这种悲剧的事实情况是：许多这样的年轻人和他们的家庭起初就是为了躲避涉毒帮派的暴力才逃离中美洲的——而且，正如上一章所说，起初对这类帮派的扩张起到主要作用的，正是美国的驱逐行动。许多新的被驱逐者被迫做出选择，要么从事这些犯罪行当，要么沦为其受害者。由于有些人起初是为了避免做出这样的选择才逃走，他们还常常成为失败的美国移民压制政治的受害者。在2015年7月，25名美国参议员要求奥巴马总统停止驱逐那些躲避当地暴力活动的人，参议员们引述了2014年以来记录在册的84起相关人员遭到驱逐后被杀的案例，这些人被杀害的地点集中在萨尔瓦多、洪都拉斯和危地马拉。马萨诸塞州参议员爱德华·马基（Edward Markey）指出："我们不该把一个个家庭送回可能使他们被杀害的境遇中。这么做很不美国。"[30]

边境巡警还着手积极参与国家重大活动——如超级碗——的安保工作，这是反恐战争的一部分。[31]托德·米勒（Todd Miller）描述了警员们如何为这类活动提供具有高可见度和高科技的安保，以及他们如何同时分散到公交和铁路站点去对旅客进行密集的移民检查。经受检查的旅客们完全与这类重大活动无关，与国际恐怖主义就更没有什么关联了。米勒还强调指出了因政治、学术和新闻活动而拘留和搜查美国公民的令人不安的做法。警员们持有监视名单；这些名单上的人在过境时可能会被逮捕或审问，他们的电子财产可能会被扣押。新闻工作者兼电影制作人劳拉·珀特拉斯（Laura Poitras）在与揭露者爱德华·斯诺登（Edward Snowden）合作并制作了批评美国中东政策的电影《祖国，祖国》（*My Country, My Country*）之后，多次遭到了拘留。研究伊斯兰教和中东问题的美国学者们被指控进行恐怖主义活动，在被拘留后见不到律师，而且他们的个人财产,包括电子财产也在未经批准的情况下被搜查和扣押。在所有这些案例中,当事人的公民身份都没有任何可疑之处。

边境巡警从未有过任何有效的问责机制。虽然按照规定它接受内部调查和国会监督,但是警员们却很少受到起诉和纪律处分。2010年5月,墨西哥公民阿纳斯塔西奥·赫尔南德斯—罗哈斯(Anastasio Hernandez-Rojas)在圣思多罗边境通道抵抗警员后被边境巡警拘留,并且在拘留期间死亡。[32]他戴着手铐遭受了殴打和泰瑟枪的电击,之后很快就死亡了。联邦调查局、司法部和国土安全部进行了历时5年的调查,却没有发现任何犯罪行为,虽然发现了一段录像——令人想起1993年罗德尼·金遭受殴打的情形,录像中卧倒在地的罗哈斯在遭受泰瑟枪电击的时候被超过一打的警员包围。在这之后,南部边境社区联盟(Southern Border Communities Coalition)又记录了50名丧命于边境巡警探员之手的死者。[33]虽然很多案件中移居者使用了暴力,但其他案件则涉及不顾后果的海上和陆上追击、对移居者生命的随意漠视,以及暴力的过度使用。自2005年以来,只有3名边境巡警警员因为过度使用暴力而面临起诉,其中两人被当地检察官起诉,一人被司法部起诉。在后一个案件中,警员朗尼·斯沃茨(Lonnie Swartz)面临谋杀指控,他被指控在2012年隔着围栏射杀了一名12岁的墨西哥公民,据称被射杀者当时正在围栏的墨西哥一侧向警员们投掷石头。4年后,案子还处在延期处理状态,事件的录像被封存了起来。[34]以上案件中的其余案件没有一起最终以警员被定罪作结。2014年,美国移民理事会(American Immigration Council)发现,在针对边境巡警警员的809起官方投诉中,只有13起最终对警员有所处分。[35]在最为严重的案件中,有一名警员被停职;其余的人最多不过是受到了训斥。奥巴马总统强化问责制的主要措施就是拨发500万美元用于装配执法记录仪。[36]

当军队也参与进来的时候,水就被搅得更浑了。1997年,与边境巡警协同工作、担任警戒员和狙击手的美国海军陆战队队员在德克萨斯州西部的乡村地区错把一位牧羊人当作毒贩，并且杀死了他。[37]调查员们严厉地批评了海军陆战队和边境巡警向边境派遣无训练、无准备的部队的行为。州级大陪审团拒绝起诉开枪的海军陆战队员，但是政府付给了赫尔南德斯的家人100万美元的和解费。

几十年来，国民警卫队在边境上起到了多种不同的辅助作用，从修建道路到为雷达站配备人员和提供照明设备。所有这些活动都没有涉及致命性的事件，因为国民警卫队没有参与到直接的边境执勤或执法任务中去。然而情况正在发生变化。2014年，时任州长里克·佩里（Rick Perry）命令德克萨斯州国民警卫队前往边境，以1200万美元一个月的开销来"执行州内法律"。[38]几千名全副武装的部队人员参与了国内执法行动，他们有些只经受过很少的民事执法培训，有些则完全没有经受过培训。这就算没有违背警卫团法案（Posse Comitatus Act）的字面内容，也似乎违背了其精神——该法案规定动用军队来进行国内执法的行为是非法的。德克萨斯州州长格雷格·阿伯特（Greg Abbott）最近再次授权了这项部署，以便"震慑"潜在的移居者和毒品走私者。但许多地方官员对于边境的军事化和对移居者的定罪感到愤愤不平。按照伊达尔戈郡（Hidalgo County）法官雷蒙·加西亚（Ramon Garcia）的说法："这里没有公共安全危机。这里也没有毒品商人。这里没有恐怖分子。这里有的是寻求更好生活的人类。"[39]

低水平的拨款滥用和腐败仍是一个问题。自2003年起，国土安全部促使地方警察越来越多地从事边境执法工作。虽然287条（g）款要求警方协助识别有犯罪行为的外国人，但是"石园行动"（Operation Stonegarden）则直接资助地方警察从事多种边境执法活动，资助的经费用于加班费和毒品突击搜查用的特殊设备，以及针对有非法嫌疑的移居者的追击工作和边境巡逻工作。对于这些经费的使用状况,几乎没有任何的监管。根据《亚利桑那每日星报》(*Arizona Daily Star*)的揭露,支付给警员的加班费为数甚巨,有时要多于他们的基本工资。由于警员薪水的膨胀,当警员们退休并提取退休金时,当地纳税人所要支付的金额也就水涨船高了。[40]

右翼政客们越来越异口同声地支持以高科技和低科技的手段来关闭边境。我们都很熟悉唐纳德·特朗普关于"建墙"的劝告,但这并不是什么新鲜想法。几十年来,美国政府一直努力在南部边境建墙,但除了造成大量的财政浪费,除了造成被迫从环境更恶劣且更遥远地区越境的移居者的死亡之外,政府的建墙努力几乎毫无建树。没有任何后勤保障方式能够确保在美国和墨西哥之间建起一道有效的隔离墙。地形上的难度太大,开支过于高昂,而且绕过隔离墙的路径也太多。首先,在非法居留于美国的人中,有40%的人是通过乘坐飞机和种种签证逾期的方式实现非法居留的。[41]隔离墙建好后不能自动发挥作用。它们必须要有工作人员来运营,必须要有人维护。如果没有人看管,不论什么墙体都会被破拆、被翻越、被从底部打隧道通过。这就需要一支庞大的部队沿墙驻守,这无疑会造成更多不必要的死亡。从2006年到2014年,共发现了超过700条边境隧道,而进一步的隔离墙建设无疑会刺激更多的隧道建设。

美国正在将数十亿的经费投入到关于电子边境防护的倡议方案上。[42]早在20世纪80年代末,美国就试图利用科技手段加强执法工作的针对性。在之后的十年内,智能计算机辅助检测(Intelligent Computer Aided Detection)和综合监控情报系统(Integrated Surveillance Intelligence System)等计划花费了数亿美元,最后得到的却是一个"无法有效运行"的系统。[43]国会没有气馁,在之后的数年中向波音公司支付了十亿美元,用以建设边境安全主动应对网络(Secure Borders Initiative net)。经受了多年的成本超支、管理不善、运行失败,以及收到多份政府审计办公室的批评报告后，该计划完全报废了。

随着"9·11事件"的发生，这类倡议获取拨款的渠道变得非常广泛。数亿美元被用于购买传感器，这些传感器可以测量地面震动、红外线运动以及人类活动的声响，并警告边境巡警可能有人正在越境。这类技术有很多是无效的；即使有效，也必须有单位来回应它。此外，美国正在动用大量的飞机、直升机和无人机来进行边境巡逻，而且还已经进行了用气球来搜寻未经授权越境的飞行器的实验，然而有些巡逻设备有时候会跑出自己的工作区域，进而造成更大的破坏。

改革措施

虽然唐纳德·特朗普总统的上台大大挫伤了改革边境警治的意愿，但仍有人在努力反思我们应当如何管控对移居者工人的需求。对于美国经济的一些领域而言，这些工人已经具有了至关重要的作用。

有人赞成回归与合法临时工计划相类似的外国工人授权体系。虽然这个计划确实减少了未授权移民的流入量，而且为墨西哥最穷困的工人创造了一些正规化的就业机会，但它没有阻止所有的非法移民，而且对提升美国工人和墨西哥工人的生活水平没有什么帮助。

问题的部分症结在于，移居者工人并没有被限制在农业工作领域；移居者在建筑业、生产业和服务业等多种行业工作，其中包括建筑、食品加工、家政工作和保洁等。合法临时工计划的作用在于确保想要维持极低工资的农业生产商获得稳定、廉价、顺从的劳动力。该计划允许雇主们把任何有怨言或试图组织起来的工人列入黑名单。如今的移居者农场工人不适用于最低工资法，也没有什么可实施的工作场所保护措施，他们常常暴露在带有危险化学品的环境中，而且只能获得最低限度的住房、卫生、教育和福利服务。一项新的合法临时工计划不会改善这种状况；它只会把这种状况制度化。如果我们想要提高农业工人的生活水平，我们就必须允许他们成立组织，付给他们更高的工资，并且执行必要的卫生和安全标准。如果美国公民可以从这类工作中得到更高的工资，他们中或许就会有更多的人选择这类工作。按照现在的状况，雇主们之所以偏好雇用无证的移居者，原因正在于他们知道这个群体组织起来进行抵抗的可能性要小得多。

工会有时候会错误地认为，排除了合法的或无证的新移居者，就能自动改善美国工人的状况。虽然罢工有时候会由于那些无证的工人仍在工作而遭到破坏，但在很多情况下，事实并非如此。相反，雇主经常依赖有权工作的少数种族工人，努力制造种族之间的厌恶情绪并有意识地加以利用，以便使工人们分裂，让他们中的一派反对另一派。对那些主要由白人组成、在历史上曾经排斥黑人的工会而言，他们很难说服黑人工人不越过纠察线。美国劳工联合会-产业工会联合会（AFL-CIO，以下简称劳联-产联）已经越发意识到，想要改善工作人群的生活，唯一的希望在于促成更广泛的团结，而不是造成更多的对抗。虽然许多地方上的工会成员仍有反移民情绪，但劳联-产联的官方立场是保护所有工人的权利，不论其移民状况如何，并且鼓励大家按照若干相同的路线组织起来。严厉的移民警治不会成就工人运动；它只会毁掉工人运动。

特朗普的支持者们所犯的错误之一，是持有这样一种想象：在持续盘剥外国的同时，把由于这种盘剥而受苦的人排斥在外，这样就能够改善他们自己的经济状况。这种分析假设了该过程所产生的财富会以某种方式惠及美国工人。过去20年的经验告诉我们，这些全球经济安排既不包含公司方面对国家的忠诚，也不包含国民经济内部的财富共享。美国的财富在过去20年间极大地增长了，但所有这些增量毫无例外地进入了最富有的10%的人的口袋。其余的国民则见证了工资和政府服务的缩减。我们生活水平下降的原因并不是移居者，而是不受规制的新自由主义资本主义，它允许公司和富人免于交税、免于支付体面的工资。这个体系必须被改变。

2010年，司法部的社区警治服务办公室（Office of Community Oriented Policing Services）资助维拉研究所（Vera Institute）研究有大量移民的社区中最好的警治实践。该研究所调查了数百所警局，并且提炼出八条原则：抓住犯罪的根本原因，最大限度地利用资源，利用伙伴关系，关注弱势群体，从事广泛的拓援活动，执法培训和社区培训并举，监督成败得失，把有效的计划维持下去。这些原则中蕴含了对社区警治的理想化见解，前面的章节已经对此进行了批判。这种解决方案将警察置于问题解决过程的中心位置，给他们更多的资源，扩大他们的职权，通过以警治优先性为基础的拓援和培训来形塑社区活动和社区观念。[44]

让警察学会说多种语言，尊重文化差异，并且关注受害最深者的需求，这确实有一定的价值。然而，维拉研究所的研究几乎没有讨论针对这些社区实施的警治任务中所包含的深刻矛盾。例如，在该研究列出的内容中，只有一处提及了庇护城市。在若干例证中，警察因为雇用平民担任翻译和社区拓援教育工作者而受到了赞扬。但这些资源为什么要附属于警察局，为什么要归警察局来管控？这些工作应当是地方政府的核心功能，应当独立于执法活动。

如果我们想让有证或无证的移民更好地融入社会，想让他们愿意汇报犯罪事件，想让他们更好地保护自己免受掠夺者的侵害，我们真正应该做的是谋求终止所有的联邦移民警治，移除住房和就业方面的社会屏障，并且承认他们在激活社区和刺激经济活动等方面的重要作用。

替代方案

边境警治开支甚巨而又收效甚微,还造成了实实在在的附带损害,包括大规模的定罪、侵犯人权、不必要的死亡、家庭的分裂、种族主义和排外情绪。遗憾的是,两个主要政党依然拥护边境警治的扩张,不论是将其作为一个对合法化过程进行约束和管控的体系的一部分,还是作为一个关于关闭边境的幻想的一部分。我们不应讨论要再雇用多少边境巡警警员,而应该对边境实施去警治(de-police)。边境存在固有的不公正,正如里斯·琼斯(Reece Jones)在他的《暴力边境》(*Violent Border*)一书中所指出的,边境再生产出了不平等,而支撑着这种不平等的,是国家行为体(state actors)*的暴力以及被迫非法越境时的尊严丧失和危险处境。[45]

在克林顿执政之前,未经授权的越境移民是广泛存在的,然而这并没有导致美国经济或文化的崩溃。事实上,越境移民活动在很多方面强化了美国的经济与文化,促成了新的经济部门的产生,激活了废弃已久的城市居民区,还使美国更好地融入了全球经济。当欧盟弱化了其内部边境的时候,有人害怕有犯罪组织会从中受益,害怕地方文化会被破坏,害怕随着更贫穷一些的南欧人向北迁移,大规模的迁移会造成经济混乱。这些都没有发生。事实上,随着欧盟开始发展欧洲内部较为贫困的地区,以此促进经济和社会稳定,迁移活动反而减少了。

我们本可以在北美做同样的事,但却做了基本上相反的事情。北美自由贸易协定给墨西哥的农业生产带来了毁灭性的后果,使得几百万人失去工作、陷入贫穷。[46]在瓦哈卡州(Oaxaca),由国家补助的玉米种植终止

---

* 根据美国法律,国家行为体是代表政府机构行事的个人,大致包括由国家直接雇用的人员,以及某些与政府存在间接关系,但是在某些方面发挥了传统意义上国家功能的人员。这不同于国际关系中与非国家行为体相对应的国家行为体概念。作者在此使用了复数(actors),显然是指以边境巡警为代表的边境执法人员。——译者注

了，这造成当地乡村经济的崩溃，驱使成百上千的人试图移居美国。类似的过程在墨西哥非常普遍。[47]涉毒暴力进一步促进了来自墨西哥和中美洲的移民潮，而涉毒暴力本身也与美国毒品战争在过去和当下采取的禁止措施有着直接的关联。[48]由于我们向资本和商品敞开大门，却不向人敞开大门，我们已经造成了巨大的移民压力。与此相反，我们应该开放边境，着手发展美国和墨西哥最贫穷的地区。这将造就经济和社会的稳定与发展，而这或许能缩小迁移活动的规模。我们现在每年花在边境警治上的150亿美元本可以大大推动这一目标的实现。目标实现后的结果是，大多数人即使有机会移民，也会更愿意留在他们自己的文化环境中。

最后，我们必须努力发展更具国际主义特质的精神气质和分析路径。现实情况是，中美洲和墨西哥的人民之所以贫困，部分原因在于美国的经济政策。由于不断地颠覆民主制，我们已经在这些地区促成了可怕的贫困。2009年，美国政府在洪都拉斯支持了一场政变，反对由民主选举产生的左翼政府。通过政变上台的政府如今正在折磨、处决、消灭环境保护人士和劳工活动人士。[49]在中美洲政治遭受的一连串直接和间接的国外干涉中，这只是最近的一次，这些干涉还包括罗纳德·里根对萨尔瓦多和危地马拉的独裁政权的支持，以及他对企图推翻尼加拉瓜左翼政府的反抗军（Contras）的支持。

移民是一个全球过程，该过程在很大程度上是由我们自己政府的政策所驱动的。一旦明白了这一点，我们这些身处美国的人应该感到有义务去终止这些行为，并且向躲避这些政策的人敞开我们的大门。移居者也是人，他们不比美国人好，也不比美国人差。他们应当享有同样的权利和机会。正如移民迁移国际（Immigrant Movement International）这个团体所指出的，移居者与"公司和国际精英"享有同样的国际迁移的权利；"唯一值得我们尊重的法律，乃是没有偏见的法律，这法律保护每一个人、每一处地方。没有排斥，没有例外"。[50]我们应该努力改善人们所来之处的状况，让他们能够获得我们所具有的机会。我们不能也不应依靠比任何时候都更密集、更暴力、更具压迫性的边境警治来管控我们自己造成的问题。

注释

1. *People v. Hall*, 4 Cal. 399 (1852).

2. Joseph Nevins, *Operation Gatekeeper and Beyond: The War on "Illegals" and the Remaking of the U.S.–Mexico Boundary* (Abingdon, UK: Taylor & Francis, 2010).

3. Kelly Lytle Hernandez, *Migra!: A History of the U.S. Border Patrol* (Berkeley: University of California Press, 2010).

4. Kitty Calavita, *Inside the State: The Bracero Program, Immigration and the INS* (New York: Quid Pro Books, 2010).

5. Hernandez, *Migra*, 172.

6. US Customs and Border Protection, "Border Patrol Staffing by Fiscal Year," September 19, 2015.

7. Amanda Peterson Beadle, "Cost of a Broken System: US Spent More on Immigration than All Other Enforcement Agencies Combined," *ThinkProgress*, January 7, 2013.

8. Martha Menchaca, *Recovering History, Constructing Race: The Indian, Black, and White Roots of Mexican Americans*, (Austin: University of Texas Press, 2002).

9. United States v. Brignoni-Ponce, 422 U.S. 873 (1975).

10. American Civil Liberties Union, "The Constitution in the 100-Mile Border Zone," n.d.

11. David Horsey, "Border Patrol is becoming an occupying army in our borderlands," *Los Angeles Times*, August 20, 2013.

12. Nevins, *Operation Gatekeeper and Beyond*.

13. Judith Greene, Bethany Carson, and Andrea Black, *Indefensible: A Decade of Mass Incarceration of Migrants Prosecuted for Crossing the Border* (Charlotte, NC: Grassroots Leadership, and Brooklyn, NY: Justice Strategies, 2016).

14. Ibid.

15. Sasha Von Oldershausen, "The Cost of Justice," *Texas Monthly*, May 10, 2016.

16. Ibid.

17. Jon Greenberg, "Conservative host: Noncitizens are 25percent of federal inmates," *PunditFact*, July 10, 2015.

18. Alice Speri, "The Justice Department Is Done with Private Prisons. Will ICE Drop Them Too?" *Intercept*, August 18, 2016.

19. Nina Bernstein, "Officials Hid Truth of Immigrant Deaths in Jail," *New York Times*, January 9, 2010.

20. American Civil Liberties Union, Detention Watch Network, and National Immigrant Justice Center, *Fatal Neglect: How ICE Ignores Deaths in Detention* (New York: ACLU, 2016).

21. Monica Varsanyi, "Rescaling the 'Alien,' Rescaling Personhood: Neoliberalism, Immigration, and the State," *Annals of the Association of American Geographers* 98, no. 4 (2008): 877–896.

22. Jacinta Ma, "Department of Homeland Security—The President's Fiscal Year 2017 Budget," *National Immigration Forum*, February 11, 2016.

23. Inter-American Commission on Human Rights, *Report on Immigration in the United States: Detention and Due Process* (Washington, DC: Organization of American States, 2010), 55–57.

24. Margot Mendelson, Shayna Strom, and Michael Wishnie, *Collateral Damage: An Examination of ICE's Fugitive Operations Program* (Washington, DC: Migration Policy Institute, 2009).

25. "Fugitive Operations," U.S. Immigration and Customs Enforcement, n.d.

26. Marie Gottschalk, *Caught: The Prison State and the Lockdown of American Politics* (Princeton: Princeton University Press, 2015), 222.

27. Andrew Becker, G.W. Schulz, and Tia Ghose, "Four of five Border Patrol drug busts involve US citizens, records show," Center for Investigative Reporting, March 26, 2013.

28. "Missing Migrants Project: Tracking deaths along migratory routes worldwide," Missing Migrants Project, http://missingmigrants.iom.int/.

29. Seth Freed Wessler, *Shattered Families: The Perilous Intersection of Immigration Enforcement and the Child Welfare System* (New York: Applied Research Center, 2011).

30. Maria Sacchetti, "Lawmakers call for US to be a refuge for Central Americans," *Boston Globe*, July 11, 2016.

31. Todd Miller, *Border Patrol Nation* (San Francisco: City Lights Books, 2014).

32. Cristina Costantini and Elise Foley, "Anastasio Hernandez-Rojas

Death: Border Patrol Tasing Incident Complicated by New Footage," *Huffington Post*, April 24, 2012.

33. "Killed by Border Patrol," Southern Border Communities Coalition, July 2016.

34. Costantini and Foley, "Anastasio Hernandez-Rojas Death."

35. Guillermo Cantor, Walter Ewing, and Daniel Martinez, *No Action Taken: Lack of Accountability in Responding to Complaints of Abuse* (American Immigration Council, May 2014).

36. Esther Yu Hsi Lee, "The $5 Million Proposal to Hold Border Patrol Agents Accountable for Shootings, *Think Progress*, February 11, 2017.

37. Sam Howe Verhovek, "After Marine on Patrol Kills a Teen-Ager, a Texas Border Village Wonders Why," *New York Times*, June 29, 1997.

38. Rich Jervis, "National Guard at border gets mixed reviews in Texas," *USA Today*, July 31, 2014.

39. Ibid.

40. Brady McCombs and Stephen Ceasar, "Border program has vague goals, little oversight," *Arizona Daily Star*, November 15, 2009.

41. Jon Greenberg, "Ramos: 40 percent of undocumented immigrants come by air," *PunditFact*, September 8, 2015.

42. Miller, Border Patrol Nation; Sylvia Longmire, *Border Insecurity: Why Big Money, Fences, and Drones Aren't Making Us Safe* (New York: Palgrave Macmillian, 2014).

43. Longmire, 79.

44. Pradine Saint-Fort, Noëlle Yasso, and Susan Shah, *Engaging Police in Immigrant Communities: Promising Practices from the Field* (New York: Vera

Institute of Justice, 2012).

45. Reece Jones, *Violent Borders: Refugees and the Right to Move* (Brooklyn, NY: Verso, 2016).

46. David Bacon, *Illegal People: How Globalization Creates Migration and Criminalizes Immigrants* (Boston: Beacon Press, 2008).

47. Bacon, *Illegal People*.

48. Watt and Zepeda, *Drug War Mexico*.

49. Greg Grandin, "The Clinton-Backed Honduran Regime Is Picking Off Indigenous Leaders," *Nation*, March 3, 2016.

50. Immigrant Movement International, "International Migrant Manifesto," November 5, 2011.

政治警治

警察总是政治性的。政治警治的根系深植于国王与女王维持自身权力的欲望中,他们要应对的是贵族和外国势力反复无常的忠诚与利益。如今,各个国家都把他们的警察部队描绘为价值中立的公共安全保护者,但事实上国家还在继续通过监视、渗透、刑事诱捕、压制抗议等手段来监控和瓦解各类政治活动。对于任何尝试改变警察基本功能的努力来说,或者对于在更广泛意义上以实现种族和经济公正为目标的努力来说,这些监控和瓦解活动的持续存在构成了主要的威胁。

我们很容易看出专制体制下的警察对民主和公民社会的力量构成了威胁,它实现的功能首先是政治性的;管控犯罪的功能总是第二位的。非洲和拉丁美洲后殖民国家的高压政权,正是依靠制服警察和秘密警察来骚扰、威胁、谋杀他们的政敌。在诸如萨瓦尔多[1]和危地马拉[2]这样的地方,所谓的民事警察其实名不副实,因为他们有着施行严刑拷打和法外杀害的历史。巴西和阿根廷的专制政权在20世纪70年代使得成千上万的劳工领袖、艺术家和政治反对派"消失"。[3]如今,半民主的政权甚至仍在依靠警察来发挥以政治性为主的功能。例如,尼日利亚警察在犯罪管控方面的无能可谓声名狼藉。大多数单位的薪酬和培训状况都很差,并且在工作中还频繁地使用拷问、勒索和非法拘禁等手段。[4]但是在半民主的尼日利亚,负责政治情报和暴动控制的单位往往最吸引人,也最有名望,这些单位常常参与镇压社会运动和敌对政治团体,还涉足操纵选票和压制选民。

印度虽然更为民主,但其警察部队主要关心的还是政治管制。印度从英国独立后,仍保留了殖民地的警治形式,着力于政治监控和管控暴动,以此压制产业工人活动、族属矛盾、农民起义和像纳萨尔(Naxalites)这样的游击队运动。处理犯罪问题和维护日常公共安全的工作不断地让位于情报收集能力的强化,让位于更复杂的政治运动压制系统的建设。只有情报部门和暴动管控部门才能获得大量的培训和资源。[5]对常规单位而言,腐败和低工资的状况依然普遍。乡村地区的警察通常受到当地农业精英的控制,这些精英凭借警察来持续控制人数众多的乡村穷人,尤其是那些"被名列"末位的种姓和少数族裔。警察常常会卷入针对这些群体的暴行之中。其日常警治的特点是,拥有政治关系的或富有的嫌疑人会被释放,而无法通过贿赂来确保获释的嫌疑人则会遭受拷问和关押。警方得到了侦查反对派政党的专门授权,而且把这项工作做得十分彻底。各类组织团体必须事先得到警方许可才能进行示威活动,甚至在召集可能有国际人员参与的集会和会议时也必须得到许可。[6]

这种警治的根源深植于哺育它的那些殖民中心。在19世纪,专制型的警治向着更为现代的自由主义警治转换,从该背景中我们可以清楚地看到这一点。欧洲的每一个帝国都有各自的秘密警察,这些秘密警察侦查、审问和关押政敌,有时还拷问政敌;他们渗透并颠覆工人、少数族裔乃至自由主义改革者的运动。法国曾有过的一些警治形式可以追溯到中世纪。[7]随着巴黎的规模和复杂性的增加,旧制度(ancien regime)就有必要对其社会管控机制进行拓展并使之专业化。1666年,路易十四创设了警察中尉(Lieutenant of Police),其主要职责是为王权提供情报和维持公共秩序——包括镇压暴动和政治运动,但该组织没能预测和阻止那些最终导致了法国大革命的起义。

革命之后，新的警察部（Ministry of Police）更专注于公民事务，但其政治性却没有减弱。尽管在说辞上强调执法职能，但警察事实上成了掌权集团的工具，致力于 la haute police，也即"政治高压警治"。在拿破仑治下，警察进一步专业化，被更为明确地整合进了现代法律体系之中，能够就全国状况提供每日情报报告，并将其递交给正在国外进行军事冒险的拿破仑。宪兵（military Gerndarmerie）管治农村，而市政警察负责城市。处于中心位置的则是一个大规模的情报处理核心——督政府（the Directory），它从事各种政治密谋、监控和审察活动。如今，农村宪兵和国家警察都在国内情报收集方面发挥着核心作用，从而造就了一句俗语："法国公民有按自己的选择行事的自由——但警察会监督你怎么选。"[8]

然而，警治的政治性并没有在自由民主的环境中减弱。英国警察——第二章已经详细讨论了其起源——常常对国内的政治运动进行监控和破坏。在20世纪60年代和70年代，他们渗透工会、大学与和平组织，从其成员口中榨取有关颠覆分子和国外机构的信息，展开突击搜查来寻找政治情报。2011年占领华尔街运动期间，威斯敏斯特市警方对当地商家和个人下发了通知，要求他们一旦发现有任何迹象表明有"无政府主义者"存在，就立刻向警方的反恐部报告——这条通知紧挨着关于基地组织的通知。[9]在没有任何证据，甚至没有犯罪行为指控的情况下，警方会对那些在观念上反对现行政治安排的政治活动人士展开常规性的信息搜集。

2011年的事件与格里芬计划（Project Griffin）有关联，该计划旨在"向伦敦的管理人员、安全官员和大型公私组织的雇主开展建议和信息普及工作，让他们了解有关安全、反恐和预防犯罪的问题。"[10]该计划包含一种令人不安的倾向，地方警察被要求向私人机构提供安全状况的最新信息，告知他们示威活动的威胁性——这本质上是提供对政治威胁性的评估。这类简报往往会报告已发生的犯罪活动和恐怖主义活动，对大的国际趋势进行模糊的评估，还报道一些微观的、不甚相关的花边新闻，比如一名身处巴基斯坦的恐怖分子嫌疑人被发现在笔记本电脑中存有伦敦地铁的地图。

英国警方的渗透人员把矛头对准了和平团体、动物权益团体、环境保护团体和无政府主义团体，密探们与参与这些运动的女性之间存在性关系。一些评估指出，有超过百名的女性受到了侵害。[11]至少在一起案例中，这种关系导致女性生下了孩子，和解费则接近100万美元。[12]涉事探员鲍勃·兰伯特（Bob Lambert）还参与了在销售毛皮外套的百货商场埋设并引爆炸弹装置的行动，这是为了更好地让自己打入动物权益运动中的极端主义派系，也是为了证明警方持续的渗透和瓦解工作的合理性——这可谓是实至名归的煽动型特工了。[13]

美国的政治警治

尽管我们非常关心政治自由，但美国警察从很久以前就开始在政治问题上滥用职权了。自由民主制的警治神话告诉我们，警察的存在是为了阻止政治活动越轨、转变为犯罪活动，如破坏财产和暴力行为。但他们总是致力于探查并瓦解那些威胁到政治经济现状的运动，不论其中有没有犯罪的成分。虽然在一些情况下，这些工作还包括打击极右势力的行动，但警察的绝大多数精力都用在对付左翼活动上，他们尤其关注那些与工人和少数族裔相关的运动，以及挑战美国外交政策的运动。最近，作为反恐战争的一部分，警察的关注点转移到了对穆斯林的监控上。

1908年，司法部门创立了调查局（the Bureau of Investigation，BOI），J.埃德加·胡佛在1924年担任该机构的领导。在胡佛的领导下，调查局和之后于1935年创立的联邦调查局从事着大规模的国内情报收集工作，积攒下来的文件涉及数以百万计的美国人，其中包括政客、政治活动人士和知名人士。现代联邦情报收集工作的兴起最初是出于对无政府主义者和共产主义者的担忧，后者牵涉到20世纪初的多次罢工、炸弹袭击和暗杀浪潮——从1901年对麦金莱总统的暗杀到1910年针对《洛杉矶时报》和华尔街的炸弹袭击，这些行动导致了报复的浪潮，打击的对象包括无政府主义团体成员、世界产业工人联合会成员（Wobblies），在许多情况下还包括任何政治派别的意大利劳工活动人士。[14]

随着俄国革命的爆发，"共产主义"的巨大浪潮席卷全国。革命团体确实遍布美国，但它们的影响主要集中在意识形态层面，而非组织层面。这些团体编写印制了大量的报纸和传单，但与真正的工会组织没有什么联系。这并不妨碍司法部门搜集有关它们的材料。胡佛的调查局宣称拥有一份卡片目录，上面有超过20万名共产党嫌疑人的条目。在1919年发生了一系列可疑的爆炸袭击之后，监控活动转变为颠覆活动，尽管胡佛自己的记录清楚地表明，这些组织没有参与策划暴力行动，也没有以任何形式筹划武装暴动。受到监控的两个"最危险的"无政府主义团体，一共只有37名成员。[15]

总检察长A.米切尔·帕尔默（A. Mitchell Palmer）在1919年发起了一场大型的全国性运动，旨在破坏任何同情社会主义、共产主义或无政府主义的运动。他倚仗的是新的、更具限制性的移民法，相关法律允许将任何拥护暴力推翻美国政府的人驱逐出境。他指出，任何人只要在支持苏维埃革命的组织中充当成员，那他就是暴力推翻美国政府的拥护者，哪怕该团体在形式上坚持着非暴力政治变革的策略。

这些行动后来以帕尔默突袭（Palmer Raids）而闻名，行动一开始就围捕并驱逐了几百名作家和活动人士，包括在1919年驱逐了爱玛·戈德曼（Emma Goldman），即使她是一名归化的美国公民。1920年1月，帕尔默与地方警察一道开展了大规模的逮捕、审问、非法监禁和驱逐运动。被逮捕者多达几千人，其中有大量的美国公民。新闻记者是被特别关注的对象，他们的资料被查封，报纸被关停。许多人一连几周被控制在地下室和走廊里，无法使用盥洗室，得不到食物，也请不到律师。还有许多人遭到殴打或拷问，其中一名被关押者跳楼而死。[16]引用布法罗（Buffalo）警方长官的话来说："我们不能把他们沿着墙一字排开，然后冲他们开枪，这实在令人遗憾。"[17]马萨诸塞州的州务卿曾说："假如能找到法子，我会每天早上把他们带到院子里挨枪，第二天再来场审讯，看看他们到底有罪没罪。"[18]

这些突袭行动最终被证明是完全非法的，但在此之前已有数百人被驱逐出境，众多组织被瓦解，许多人的生活被毁掉。虽然对外宣称的行动重点是防止武装革命，但其真正的目标却是瓦解迅速发展的劳工运动。此外，帕尔默还有针对性地公开打击那些支持非洲裔美国人享有平等权利的团体，比如共产党——共产党告诉"黑鬼们"他们有罢工的权利，这让帕尔默感到害怕。[19]

作为帕尔默突袭行动滥用职权的结果，联邦调查局在从事政治活动方面一开始就受到了一些限制——它主要致力于情报收集工作。由于美国担心某个机构的权力会过于强大，因而国会对联邦调查局的活动进行了一些有限的监督，对他们最恶名昭彰的行动进行检查。然而，联邦调查局在麦卡锡时代仍继续识别并威胁"知名的共产主义者"。20世纪60年代，联邦调查局的反间谍计划（Counter Intelligence Program）——或称COINTELPRO——据信存放着数百万名守法活动人士的资料，还通过诬告信、渗透者和从事煽动活动的密探等手段来积极瓦解各种运动组织。[20]像马丁·路德·金这样的著名人士的电话被监听。联邦调查局探员经常以秘密或公开的方式参加集会，为情报档案收集信息，并且刻意显示出自己的在场，以此作为恫吓的手段。他们在这些组织内部安插线人来收集信息，此外线人们还会挑拨离间、诬告他人，有时还会提议组织走暴力行动的路线，以此来坑害和抹黑这些组织及其领导者。

不幸的是，地方警察的活动很少受到检查。弗兰克·唐纳（Frank Donner）撰写了地方"红色小队"（Red Squads）的详尽历史，展示了美国庞大的警察部队如何把重要资源用于政治警治，这种警治与极右政治、私人商业利益和贪腐行为关系紧密。[21]

移民和工业化的状况改变了19世纪末、20世纪初的经济与社会面貌，地方警察越来越多地参与压制工人运动。一直到20世纪30年代，人们在美国都没有真正获得组建工会和罢工的权利。工会活动人士往往会被开除、逐出市镇，而且有时会被公司的代理人或警察杀害。通过实施威胁、利用工贼，以及必要时采取暴力手段，当局镇压了罢工。在这一时段的早期，许多镇压工作都是由平克顿侦探社（Pinkertons）这样的私人保安公司完成的。该机构执行了大量殴打、枪击和工会渗透任务，包括对1892年霍姆斯特德（Homestead）罢工的渗透。在这场罢工中，警卫与工人之间爆发了枪战，双方都有几人被杀。这促使当地民兵出动，镇压了罢工者和他们的工会。到了20世纪30年代，平克顿侦探社在多个工会中安插了超过1300名密探，以便瓦解他们的活动、满足雇主的利益。

在大多数地区，地方警察在镇压罢工的过程中起到了重要作用。政治腐败的过程通常贯穿着镇压行动：地方上的当选官员在警察——尤其是警察高层——的雇用和解雇问题上有着很大的影响，这使得警察欠了他们的人情。在19世纪末、20世纪初的许多地区，警察是由地方政客依据政治服务和财物贿赂的状况而直接任命的。这些地方官员常常收受大雇主的贿赂，在政治上受到他们的支持，因而也欠他们人情。当这些雇主遇到劳工动乱时，他们只需呼叫当地警察，警察就会来压制罢工、破坏集会、对所谓的"罪魁祸首"进行恐吓和凌虐。

随着劳工动乱和暴力在世纪之交日益高涨，大多数主要城市组建了特殊的小队。小队最初的主要目标是所谓的无政府主义者——他们据信是劳资冲突中最好战的一群人，与众多的炸弹袭击和刺杀行为有关。警方保有庞大的档案系统，记录着无政府主义嫌疑人和其他劳工激进分子。世界产业工人联合会（IWW）的成员是最常受到监控和骚扰的人群之一。集会遭到破坏，被怀疑是无政府主义者的人被逮捕——有时候这些行动建立在捏造的指控之上，就像在萨克和万泽蒂（Sacco and Vanzetti）案中一样。这二人在1927年被处决。

在布尔什维克革命之后，警察的注意力转向了共产主义者。对雇主、政治领导者，以及希望找到方法来压制日益壮大的工人运动的警察而言，共产党的谍报人员和同情者成了他们的最大困扰。"红色小队"在第一次世界大战后发展壮大。他们一般采取秘密行动，与地方雇主和胡佛的调查局沆瀣一气。在许多情况下，为破坏罢工出力的探员会从雇主那里得到大笔不经上报的现金奖励，而这只是这个秘密政治警治体系中众多腐败形式的冰山一角。雇主还经常出钱来支付用于线人和渗透者的费用。该体系模糊了公共利益与私人利益之间的界限，破坏了关于独立警察受当选的平民政府管控的核心理念。

在整个20世纪40年代和50年代，在通共嫌疑人黑名单的建立过程中，"红色小队"发挥了重要作用。虽然联邦调查局在这个过程中也起了作用，但它在很大程度上被地方警察取代了，地方警察之间越来越多地共享情报，并且把情报直接提供给相关的国会委员会，这些委员会专门负责曝光政府内部和工人运动中的共产主义者。1956年，一个新的独立机构——执法情报单位（the Law Enforcement Intelligence Unit）成立了，其目的是实现那些负责处理有组织犯罪和政治活动的警察机构之间的档案共享。尽管该机构的部分资金来自联邦拨款，但他们坚称自己是私有实体，因而不受制于任何形式的政府监管和问责。该机构目前仍然存在。[22]

志愿者是"红色小队"的主要数据源之一，这些志愿者通常与极端民族主义团体有联系，如美国保卫联盟（American Protective League）、美国退伍军人协会（American Legion）以及受到红衣主教斯佩尔曼（Cardinal Spellman）手下反共十字军鼓动的天主教活动人士。这些团体有时会被配给资源来扩展他们的工作，他们经常被派去终止集会，殴打并威胁被怀疑是共产主义者的人，甚至还被允许使用警方搜集的档案。这些情报的散播对于黑名单的建立过程往往非常关键，因为这些活动人士会把情报分享给地方雇主。

到了20世纪60年代，警察的注意力转向了民权运动、和平运动的活动人士以及激进学生。红色小队再一次建立起大规模的档案系统来记录处在发展过程中的各种运动。虽然这些运动的绝大多数参与者都是非暴力的，警察还是摆出了事实：有人被逮捕了，而且一些暴力事件的发生与这些运动有关，以此来证明监控乃至主动破坏运动的做法是合理的。尽管真实的情况是，往往是带有歧视性和针对性的警方行动，而非实实在在的犯罪恶行，导致了逮捕和暴力事件。

虽然联邦的反间谍计划为破坏民权运动做了一些工作，但对黑豹党分部实施突袭、大量杀害或监禁黑豹党在地方和全国的领导者的，却是洛杉矶、芝加哥、新奥尔良和其他城市的警察。正是地方警察暴力镇压了在芝加哥、纽约和华盛顿的反越战示威，殴打并监禁了伯明翰、塞尔玛和亚拉巴马州蒙哥马利的民权活动人士。

1971年，一群活动人士闯入联邦情报局在宾夕法尼亚州米迪亚的一处办公室，揭露了反间谍计划。相关的文件显示，该计划试图通过性勒索来迫使马丁·路德·金自杀。[23]经过一系列备受瞩目的国会听证会、地方调查以及其后的大量法律诉讼，公众开始更多地了解警方的秘密间谍网络。有些警局被迫交出了档案；另一些警局则销毁或试图藏匿档案。[24]在不久前的2016年，纽约警察局宣称丢失了一整个房间的文档，这些文档是法院令其保存的，内容涉及纽约警察局在20世纪60年代和70年代的间谍活动。[25]经由一系列的法院指令、地方法律和联邦干预，许多红色小队被取消了，剩下的红色小队则在行动上受到了更严格的限制。法院的处置措施实现了约束与监管。情报单位被要求限制自身的活动，只有在有确切证据证明存在计划犯罪或实施犯罪的行动时，才能对案件展开调查，要得到许可后才能够开展卧底工作或雇用线人。在一些情况下，独立的审计人员会被授权来对文件进行核查。对参与合法抗议者和参加政治集会者进行拍照和录像的行为受到了限制。

这些改革措施虽然对于揭露和限制政治警治的强度起到了重要作用，但仍是暂时的、不完备的。部分问题在于，任何犯罪活动都足以引发调查行动。由于种种公民不服从行动已经成为社会运动的支柱，几乎所有的社会运动都会以某种形式涉足严格意义上的非法活动。情报单位仍将监视政治活动看作是自己的任务。

然而在"9·11事件"之后，警察打着防范恐怖主义的幌子，恢复了他们用于情报收集的基础设施。在纽约，纽约警察局试图到法院削弱它的同意令——汉舒协定（*Handschu agreement*），该协定对监控活动施加了重要约束；法院允许纽约警察局继续拍摄示威者的照片，虽然很难想象抗议和恐怖主义之间存在什么关联。他们还被允许在受到极少的监管或是没有监管的情况下动用线人和密探。2004年的共和党全国代表大会在纽约举行，纽约警局的特工针对抗议该会议的活动人士搜集了大量情报，情报内容涉及组织者、独立新闻记者和没有暴力史的知名组织。被逮捕者在审问中被问及他们的政治信仰、组织关系和社交网络。在纽约公民自由联盟

（New York Civil Liberties Union）揭露了该行动后，纽约警方自愿停止了行动。[26] 然而，在2005年，因参与"黑人的命也是命"运动而被逮捕的活动人士指出，他们也遭受了与此类似的标准化政治审问。[27]

2010年，美国公民自由协会发现，2001年以来33个州发生了上百起针对合法政治活动和抗议活动的警方侦查事件。[28] 2003年，奥克兰警方渗透进了一个反对警方暴力的组织，并且积极参与了多起事件的筹划和协调工作，包括游行示威路线的制订。这反映出利益上的根本冲突以及警方的滥用职权，是从消极观察跨越到积极操纵的越界行为。事实上，这些示威活动针对的目标就是警察本身，这就加重了警察渗透活动的不正当性。

联合反恐任务组（Joint Terrorism Task Forces）和融合中心（Fusion Center）

政治警治的重要编制之一就是联合反恐任务组（JTTF）。这些单位创建于20世纪80年代，将联邦执法和地方执法相结合来探查恐怖主义的威胁。由于这类威胁较为少见，他们似乎已经将其功能转移到了对政治活动的监视上。联合反恐任务组的运转不受公众监督，尤其不受地方上的监督，这已导致了至少两个主要城市的退出——俄勒冈州的波特兰和旧金山。"9·11事件"之后，国会取消了许多对政治侦查的限制。尽管环境保护和动物权益运动中的一些边缘参与者确实有政治暴力的前科，但监控的范围却似乎极为广泛且没有针对性——虽然真正的监控范围并不为人所知，因为我们只能依靠极为有限的合法活动或法律漏洞来了解这个范围。

2002年，人们了解到丹佛情报单位的一个活页夹中有一份"联合反恐任务组活跃案例名单"（JTTF Active Case List），其中的信息涉及多个组织，包括美国教友会（American Friends Service Committee）、科罗拉多州中东和平运动（Colorado Campaign for Middle East Peace）、丹佛正义与和平委员会（Denver Justice and Peace Committee）和落基山独立媒体中心（Rocky Mountain Independent Media Center）。[29] 2003年，《华尔街日报》报道说，丹佛的联合反恐任务组把"无政府主义者"和其他"政治极端分子"添加进了联邦调查局的"暴力帮派与恐怖主义组织档案"中。[30] 2008年，美国公民自由协会揭露，马里兰州警察多年来对当地反对死刑和主张和平的活动人士实施侦查，并把53名个人和20家组织界定为恐怖主义者。这份名单被分发给地方联合反恐任务组和周边的地方、联邦执法机构。所有这些监控档案中没有任何内容表明相关个人和机构从事了非法活动。[31]

2010年9月24日，作为联合反恐任务组调查工作的一部分，联邦调查局特工突袭了几名活跃人士的家，这些人积极反对美国在巴勒斯坦和哥伦比亚的政策，还曾参与策划针对2008年在明尼苏达州圣保罗举行的共和党全国代表大会的示威活动。按照搜查令上的内容，搜查主要是从电脑和其他信息源获取信息，看是否有信息涉及所谓的"帮助身处美国的他人前往哥伦比亚、巴勒斯坦以及其他支持外国恐怖组织——包括哥伦比亚革命武装力量和黎巴嫩真主党——的国外地区"。[32] 有23人受传唤向大陪审团提供证词，但这些人都否认有相关的事情发生。其结果是没有任何的刑事指控和有关犯罪行为的具体起诉，以至于有人称这次突袭是出于政治动机的。[33]

尽管联合反恐任务组所持有的一些证据最后被证明确实与真正的暴力袭击有关，但它们在阻止袭击和起诉恐怖分子方面起到的作用却很有限。在纳达尔·马利克·哈桑少校（Major Nidal Malik Hasan）于德克萨斯州胡德堡射杀13人之前的一年，联合反恐任务组就已经发现了他的极端主义思想以及他与巴基斯坦的关系，但却没有对他采取任何行动。

政治警治的另一种"后9·11"形式是融合中心。融合中心的创立是为了帮助各联邦机构在应对潜在的恐怖主义威胁时实现情报共享（其工作重心已经转移，涵盖了"所有危害/所有犯罪"，并且把州一级和地方上的合作伙伴、私人部门的利益以及军队都卷了进来）[34]。与联合反恐任务组一样，融合中心没有明确的权责界限。[35]根据美国参议院的一份报告，几乎没有迹象表明融合中心阻止过任何恐怖主义活动。[36]然而，它们已经在混同政治激进主义与恐怖主义、协调有关非暴力政治运动的情报工作这两个方面起到了核心作用。2008年，美国公民自由协会的马萨诸塞州分部获取了一份融合中心有关标准工作规程的文件，此文件授权对与犯罪行为没有任何关联的公共集会进行监控和情报收集。甚至单单一次匿名的言语行为，或者社交媒体上发送的一条信息，只要涉及提倡非法活动（包括公民不服从），都可能引发一次全面的调查。[37]

在2009年和2010年，两个融合中心将第三方候选人——包括自由党人罗恩·保罗（Ron Paul）——的支持者作为潜在的威胁列入了名单，把它们与民兵运动联系起来。[38]宾夕法尼亚州国土安全办公室被发现动用多名有偿顾问来监视环境保护团体、和平团体以及同性恋权利团体，并且将监视所得的信息报告给地方企业。这些企业包括好时公司（Hershey Company），以及使用引发政治忧虑的液压破碎法进行作业的石油和天然气公司。一些报告将这些非暴力政治组织与基地组织相提并论。签订受雇合同的相关机构同时也受雇为以上公司中的多家提供私人安保服务。

融合中心还参与对"占领"（Occupy）运动的监控，并且参与协调旨在终结"占领"运动的各项地方工作。媒体与民主中心（Center for Media and Democracy）提供的一份报告显示，"反恐怖主义联络官"（Terrorism Liaison Officers）在对占领凤凰城活动实施监控和报道，他们的手段包括参加集会和示威、对相关组织进行渗透、持续关注社交媒体上的动态等。主要城市的警察长官、警察行政研究论坛（Police Executive Research

Forum）和遍布全国的融合中心一同积极收集每日人数统计数据。相关文件显示，他们能够使用"黄貂鱼"（Stingray）手机监控设备、面部识别设备和大规模数据采集软件，这些工具能够对政治活动人士及其组织的隐私造成巨大的威胁。这些情报机构定期将准备好的报告递交给被"占领华尔街"运动当作目标的银行和其他金融机构。由于"匿名者黑客组织"（Anonymous）和"占领"运动之间存在松散的联系，这些情报机构关于黑客威胁的报告中有时会包含"占领"运动的社交媒体动态，由此混同了非法黑客行为和社交媒体上的组织行为。[39]

公民公正基金同好会（The Partnership for Civil Justice Fund）在起诉过程中发现的证据也表明，联邦调查局甚至在"占领"运动开展第一次活动之前就将其作为"恐怖主义威胁"来对待了。虽然没有充分的证据支持内奥米·沃尔夫（Naomi Wolf）等人的说法——他们认为联邦政府组织或协调了地方上旨在扑灭"占领"运动的各种举措，但十分清楚的是，联邦情报机构与地方执法部门协同一致，不断积极收集有关运动的情报，在彼此共享情报的同时还与金融机构共享情报。[40]最终，各地政治领导人做出决定，在上百个城市中驱散"占领"运动的露营活动，该决定由地方警察来执行，但执行任务的时间和方式可能是由联邦协调的情报共享工作来确定的。

诱捕

警察已经在国家和地方层面打响了反恐战争，他们实施大范围的监控，设计诱捕，引发公众恐惧，但却几乎没有改善公共安全状况。揭露者爱德华·斯诺登在记者格伦·格林沃尔德（Glenn Greenwald）的协助下，推动揭露了政府侦查活动的实际状况，其程度已经违反了宪法原则和现有法律。[41]美国人开始认识到他们的电话和电子通信并不安全，认识到政府与几家主要通信公司串通起来实施了监控。政府还没有借助这类监控破获过任何一起恐怖主义案件。

2004年，纽约警察局以策划在曼哈顿先驱广场地铁站实施炸弹袭击为由，逮捕了24岁的巴基斯坦移民沙哈瓦·马汀·西哈吉（Shahawar Matin Siraj）。律师称，受雇于警方的线人诱骗了西哈吉，而且线人自身就面临着毒品问题的起诉。该线人花费数月时间酝酿计划，推进有关炸弹袭击的设想。西哈吉"没有爆炸物，没有袭击的时间规划，也没有关于爆炸物的知识"。据人权观察组织（Human Right Watch）称，纽约警局自身的记录显示，他情绪不稳定，而且"由于严重的智力障碍而极度敏感"。[42]纽约警察局自身的评估显示，当西哈吉被要求参加袭击计划时，他回答说自己必须先问问母亲，而且事实上从未答应参与此计划。尽管如此，他还是被定罪，并判处30年监禁。

2011年，雷兹万·菲尔达斯（Rezwan Ferdaus）因参与计划炸毁五角大楼和美国国会大厦而被联邦调查局逮捕。他被一名联邦调查局线人看中，这名线人渗透进了他所在地区的清真寺，哄骗他参加这次计划，还向他提供了假武器，尽管很显然菲尔达斯患有精神障碍。在计划实施阶段，菲尔达斯的身体状况急速恶化。他膀胱失控，并经受着癫痫和严重的体重下降。最后他的父亲不得不辞去工作来照顾他。尽管如此，菲尔达斯还是被判定向恐怖主义提供物资支持，被判处17年监禁。这些案例作为警察正在赢得反恐战争胜利的证据而被大肆宣扬。

纽约警局开展了一场大规模的秘密侦查行动，该行动由警局的"人口统计单位"执行，在没有任何具体缘由的情况下对全市的穆斯林和阿拉伯社群进行了调查。记者马特·阿普佐（Matt Apuzzo）和亚当·戈德曼（Adam Goldman）获取的文件显示，秘密特工被派往清真寺、咖啡厅、社区中心和大学校园,旨在寻找极端主义观点的蛛丝马迹,并了解这些社群在社会、文化和政治等方面的布局。[43]礼拜场所的人员来往,地方书店的只言片语,还有学生社团的社会活动都会被定期上报。在我所在的布鲁克林学院,一名秘密警察装作是新改宗的穆斯林,以便她自己能够讨好穆斯林学生和他们的社团,并参加了多场婚礼和社交活动,不料却因为进行不相干的调查而暴露了身份。尽管完全没有记录或证据表明这些社团有过犯罪活动,但泄漏的文件显示,警方的线人与这些社团一起出行,并上报了他们的人员构成、活动内容和客座演讲者信息。该计划从来没有提供有关恐怖主义的任何线索。纽约公民自由协会在2013年提起诉讼,指出该计划不仅侵犯了人们参加宗教团体的自由,而且拒绝依据法律为他们提供平等的保护;[44]然而,在不久前的2015年,纽约警察局仍继续在没有正当授权的情况下对穆斯林实施监控。[45]

这些做法取得了适得其反的效果,而且实实在在地损害了警察的公信力。大多数有关极端分子暴力行为的真实情报都是社区成员提供的——这些成员担心有人会图谋不轨,于是进行了上报。然而,当整个社区的人都感到被歧视、被虐待、被怀疑时,他们就不太可能挺身而出,因为他们害怕自己的用意会被误解,害怕出于善意但又错误的线索只会伤及无辜,而不会引发可靠的调查活动。用美国公民自由协会的话说,这类警治会对我们的安全和自由造成双重损害。

人群管控(Crowd Control)

在美国,针对抗议活动进行的警治大体上是围绕一套关于如何管理抗议活动的战略理念组织起来的。在20世纪60年代和70年代初,警方的行动理念是"增强力量",用压倒性的力量来应对好斗的抗议者。[46]作为对这一倾向的反拨，"协商管理"的新信条出现了，要求保护言论自由的权利，容忍社区混乱的状况，保持警方与示威者之间的交流，避免实施逮捕，以及仅限在出现暴力行为的场合使用武力。[47]

但如今，针对抗议活动的警治所采取的两种主导形式都严格限制了抗议的权利。纽约市和其他一些司法管辖区的警察坚持"命令与控制"的方法，他们对示威活动的所有重要方面都进行了微观管控，以求消除任何无序或非法的活动。[48]关于抗议活动中可接受的行为，这种解决方案给出了清晰而严格的指导，但几乎不会与示威活动的组织者进行事先协商。这种方案非常僵化，即使是在遇到轻微的违规行为时，也会频繁地依赖高强度的对抗和武力措施。这并不代表着向"增强力量"理念的复归，因为该方案试图通过对抗议进行规划和细致的管理来避免使用武力。尽管在管理失败时仍会使用武力，但这只是为了重新建立起对示威活动的管控。这是一个高度管理化的体系，像20世纪60年代那种缺乏调度的武力应用和警察暴乱的状况并不构成该方案的特点；在60年代，人们会看到警方的督导员追在他们的警员身后，努力阻止他们殴打街头抗议者。

另一种针对抗议的警治形式是"迈阿密模式"（Miami model）。作为对1999年西雅图世界贸易组织会议期间发生的破坏型抗议的回应，该模式开始在全国范围内实施。该模式得名于迈阿密警察局在2003年美洲自由贸易区会议期间处理抗议活动的方式。该模式的特点是：设立无抗议区，大量使用不太致命的武器，监控抗议组织，提前对抗议团体进行负面宣传，实施先发制人的逮捕，进行预防性的拘留，对抗议的时间和地点大加限定。[49]这套战术是留给那些警方认为不受微观管理控制的群体的，例如不申请抗议许可而威胁要直接采取行动的人群，或者不配合警方而采取公民不服从行为的人群。这些群体会在合法集会的过程中被逮捕，并且会被长时间关押以等待传讯，在押时的生活条件通常不好。他们还可能成为警方大规模监控的对象,并可能被起诉谋划暴力行动。他们还经常会遭遇以"不太致命的"武器——如胡椒喷雾、催泪瓦斯和橡胶子弹——实施的高强度武力行动。迈阿密模式也部分地依靠民事警治的大规模军事化,相关内容在之前的章节中已有论述。

有些人认为,军事化的暴动管控仅仅是谨慎的防备工作——例如密苏里州弗格森的情况就是如此。难道政府不应该尽其所能地保护生命与财产安全吗?这种思路中存在两个主要问题:其一,我们完全不清楚这些措施是否改善了公共安全;其二,不能因为存在发生非法活动的风险,或是因为抗议活动的附近出现了暴力行径,就抹杀抗议的权利。所有这些军事化的姿态都没能防范弗格森广泛存在的抢劫和财产破坏行为。地方警察和国民警卫队都不能为地方企业提供充分的保护。他们所能做的,是用催泪瓦斯和烟幕弹攻击抗议者和媒体。执法警员的注意力被从真正的威胁上移开了:若干零散的个人与团体袭击了地方企业,从而进一步激化紧张的局势,而且损害了地方警察的公信力。此外,很可能正是警方在迈克尔·布朗被射杀后立即采取的军事化反应和持续的攻击性姿态,引发了随后的暴力事件和财物破坏。受到催泪瓦斯和警棍攻击的人们,常常要么进行反击,要么分散成小团体去从事财物破坏活动。在家中电视上看到这一幕的人们,可能会受到刺激,走出家门以类似的手段来保卫这些受到攻击的人。

尽管抗议活动附近存在着暴力或财物破坏行为,但人们仍有抗议的权利。即使示威活动中有孤立的犯罪行为,只要示威活动的基调仍是和平的,警察就有责任在不将整个示威活动定罪、不以残酷手段对待示威活动的情况下,仅把那些参与非法活动的人定为目标。宪法第一修正案保障了抗议的权利,美国刑法则要求警察针对个体嫌疑人开展行动。仅仅因为当人们在抗议时有另一群人在纵火,就对这些抗议者实施集体性的处罚,这是对基本权利的抹杀。

替代方案

更有效的解决方案会尝试做两件事。第一，为弗格森事件之结果负最终责任的政治领导者，本可以尝试以政治方案来解决他们的难题。州长本可以发起一场真正的对话，讨论那些造成圣路易斯地区（如果不涉及更大范围的话）非洲裔美国人饱受排挤的经济、社会和政治动因。应该公开反思那些缺少拨款的自治区域和学校中的混杂现象——它们在很大程度上使得考虑治安问题的白人迁离了圣路易斯，也应该公开反思刑事司法体系的基本功能。这样的反思本可以大大恢复公众的信任，把人们的注意力从达伦·威尔逊案件（Darren Wilson's case）的细节上移开。当地的政客们明知进行刑事起诉的可能性很小，知道这可能会导致民众的愤怒，却没有采取任何行动来平息愤怒。

第二，地方官员本还可以尝试纠正警方的态度，不再让他们把抗议活动当作是威胁性的、非法的。抗议活动就其本质而言，就是混乱无序的。圣路易斯郡警察的态度是把抗议当作社会秩序的根本性威胁。事实上，警方几乎没有任何正当理由部署装甲车辆和狙击手来管控抗议活动——即使有些抗议活动中发生了一些暴力事件。保护官员确实是需要重视的问题，但警察行动的合法性和宪法赋予人们的权利也同样需要重视。

作为对发生在弗格森的一系列事件的回应，乔治亚州众议员汉克·约翰逊（Hank Johnson）提出了一个议案，要求终止1033武器计划。该提议没有成功，但或许推动了奥巴马总统略微削减该计划的决定。然而在2016年，奥巴马政府宣布，鉴于军事装备制造商和地方警察的反对，政府在重新审议这些有限的改革措施。[50]特朗普总统有可能扩大这些计划，让地方司法管辖区自己决定要给当地的警察配备什么级别的军事设备。

类似"百万帽衫正义运动"（Million Hoodies Movement for Justice）

和美国公民自由协会这样的团体,在全国范围内不断组织起来反对这种军事化的警治方式。2016年,一群洛杉矶高中生迫使洛杉矶学区退还了其根据1033计划获取的各种军事设备,包括防地雷反伏击车用榴弹发射器(MRAP grenade launchers)和自动武器。[51]这些武器计划应该被撤销,相关的军事设备应该被退还并销毁。即使这些武器没有被使用,它们也会促使警察将公众视为持续存在的威胁,促使他们认为世界是由截然对立的恶人和好人组成的。人性要比这复杂得多,如果警察对此没有细致的理解,就会不可避免地滑向偏狭、好斗和暴力。

然而就算抛开了武器,重新以协商管理型的警治模式来对待抗议,也并非万无一失。只有在抗议行动有秩序、有组织的时候,协商管理才会有效。警方需要合作伙伴来开展交流。这种方案还预设了一套制度的合法性,这套制度严格限制了抗议活动的时间、地点和方式,因而也就与最高法院的裁定相一致——秩序优先于集会权。实际上并非如此,我们需要的是减少那些产生混乱型抗议运动的政治冲突。由于财富和政治权力被富有的捐赠者和公司利益集中掌控,而且这个掌控着财富和权力的圈子越来越小,美国的民主不断地遭到破坏;只要人们还拥有相关的自由,充斥着不满与异见的活动就还会增多。当正常的政治渠道被关闭,街头政治就会更加普遍。从茶党、"占领华尔街"运动和"黑人的命也是命"运动中就可以看出这一点,它们表现出对现有政治安排的深刻疏离,并把走上街头当作了替代方案。

应该从警方的职权中基本移除授予抗议许可和计划警力部署的决定权。警察可以就交通管理和严重安全风险问题分享他们的见解,但应该由当选的领导人们来做出决定,而且他们应该在保护异议权的合法框架内来行使职权。这种改变也不会万无一失;一些领导人无疑会将决策过程政治化,使一部分人受益而忽略另一部分人。但这还是会使得权责的界限更为清晰——这些界限如今往往被专家治国论的框架所掩盖。警方经由自主裁量来决定各团体进行抗议活动的时间、地点和方式,这些决定基于警方自身的风险评估,而这些评估总是被政治偏见所笼罩。这种政治性的影响因素就藏匿于警方的官僚机构之后。

警方不具有从事监控活动的合法性,更没有理由来主动破坏那些并不积极地参与暴力活动和财物破坏的社会运动。应该禁止警方实施大范围的监控、收集情报、雇用线人和动用秘密警察,除非他们已经掌握了恶性犯罪活动的具体证据;即使如此,调查活动也应该在范围上受到限制,并且接受公民的监督。没有监督,就总会出现滥用职权的情况。先布下天罗地网,再干涉那些破坏了社会秩序的运动,这么做的诱惑太过巨大。如果由政治因素激发的暴力行为有如此巨大的威胁,那么为什么不引入外部的监督者,来保证警察不会逾越自己的权限呢?对保密性和专业性的担忧不过是杞人忧天;我们没有理由找不到合适的守护者来保障公共利益。应对政治警治滥用问题的法官应该永久性地——而非临时性地——任命这样的监督者,并赋予他们接触所有记录和人员的权限。这是我们的基本民主价值给出的底线。

同时,必须削弱警察在调查恐怖主义的工作中的地位。正如帕尔默突袭所表明的,威胁有时被严重地夸大,以鼓动公众支持警力的广泛使用,而这些警力几乎总是被用于打击国内的非暴力政治团体。急于求成的冲动鼓动了诱捕行为和牵连获罪(guilt-by-association)策略,这悍然违背了公正的司法流程——有太多的法官一直希望忽略掉司法流程的公正性。

我们还必须正视美国的国内外政策在制造政治暴力上所起到的作用。乔治·W.布什非常努力地给恐怖分子贴上"恶人"的标签,阻止人们讨论美国在引发恐怖主义反弹这件事上所起到的作用。事实是,就引发这类运动、使得我们成为对方释放愤怒的首要目标而言,美国在中东的对外政策起到了主要作用。我们需要反思我们与那些波斯湾产油国之间的关系。我们还必须反思我们与以色列的关系，这种关系大体上是缺乏批判性的，以色列在中东地区的行为制造了不可思议的动荡，它在加沙地区和约旦河西岸的所作所为也引发了广泛的憎恶情绪，这些情绪部分地以国际和国内恐怖主义的形式回敬给了美国。

避免政治暴力的最佳方式是加强国内外的公正。我们不应支持新保守主义框架下的制裁、管控和战争，而应该寄希望于一个关乎人权和社会公正的框架，该框架力图确保普遍的医疗卫生、教育、住房和食物，确保人们能够平等地参与政治进程——我们还远远没有实现这些目标。

注释

1. William Stanley, *The Protection Racket State: Elite Politics, Military Extortion, and Civil War in El Salvador* (Philadelphia: Temple University Press, 2010).

2. Jennifer Schirmer, *The Guatemalan Military Project: A Violence Called Democracy* (Philadelphia: University of Pennsylvania Press, 1998).

3. Naomi Klein, *The Shock Doctrine: The Rise of Disaster Capitalism* (London: Macmillan, 2010).

4. Daniel Egiegba Agbiboa, "Protectors or Predators? The Embedded Problem of Police Corruption and Deviance in Nigeria," *Administration and Society* 47, no. 3 (2015): 244–281.

5. K.S. Subramanian, *Political Violence and the Police in India* (Uttarakhand, India: SAGE Publications India, 2007).

6. Saurav Datta, "Freedom of assembly is our fundamental right, but Indian

police just won't let us exercise it," *Scroll.in*, February 24, 2015.

7. Philip Stead, *The Police of France* (London, Macmillan, 1983).

8. Y. Guyot, *La Police* (Paris: 1884).

9. Robert Booth, "Anarchists should be reported, advises Westminster anti-terror police," *Guardian*, July 31, 2011.

10. Ibid.

11. Paul Lewis and Rob Evans, *Undercover: The True Story of Britain's Secret Police* (London: Faber & Faber, 2013).

12. Rob Evans, "Met police to pay more than £400,000 to victim of undercover officer," *Guardian*, October 23, 2014.

13. Lauren Collins, "The Spy Who Loved Me: An undercover surveillance operation that went too far," *New Yorker*, August 25, 2014.

14. Beverly Gage, *The Day Wall Street Exploded: A Story of America in Its First Age of Terror* (Oxford: Oxford University Press, 2009).

15. Edwin Palmer Hoyt, *The Palmer Raids, 1919–1920: An Attempt to Suppress Dissent* (New York: Seabury Press, 1969), 40.

16. Robert Dunn, *The Palmer Raids* (New York: International Publishers, 1948).

17. Ibid, 61.

18. Ibid.

19. Ibid, 65.

20. Brian Glick, *War at Home: Covert Action Against U.S. Activists and What We Can Do About It* (Boston: South End Press, 1989).

21. Frank Donner, *Protectors of Privilege: Red Squads and Police Repression in Urban America* (Berkeley, CA: University of California Press, 1990).

22. LEIU: Law Enforcement Intelligence Units, "About LEIU," n.d., leiu.org.

23. Ed Pilkington, "Burglars in 1971 FBI office break-in come forward after 43 years," *Guardian*, January 7, 2014.

24. Donner, *Protectors of Privilege*, 348.

25. Juan Gonzalez and Amy Goodman, "NYPD Surveillance Unveiled: City Claims to Lose Docs on 1960s Radicals, Then Finds 1 Million Records," *Democracy Now!*, June 17, 2016.

26. American Civil Liberties Union, "In Response to NYCLU Demand, Police Stop Interrogating Protestors About Political Activity," April 10, 2003.

27. Colin Moynihan, "Questioning of Garner Protestors in New York Renews Concerns About Police Practices," *New York Times*, April 28, 2015.

28. American Civil Liberties Union, "Policing Free Speech: Police Surveillance and Obstruction of First Amendment-Protected Activity," June 29, 2010.

29. American Civil Liberties Union of Colorado, "Spy Files Documents Reveal Political Spying by FBI's Joint Terrorism Task Force," 2012.

30. Ann Davis, "Use of Data Collection Systems Is Up Sharply Following 9/11," *Wall Street Journal*, May 22, 2003.

31. Nick Madigan, "Spying uncovered," *Baltimore Sun*, July 18, 2008.

32. Amy Forliti, "Documents mistakenly left behind by FBI in Minneapolis home shed light on probe of activists," *Twin Cities Pioneer Press*, May 18, 2011.

33. Dia Kayyali, "Congress Must Not Authorize More Chilling of the First Amendment with Material Support Laws," Electronic Frontier Foundation, May 29, 2015.

34. US Department of Homeland Security, "Fusion Centers and Emergency Operations Centers," n.d.

35. Michael German and Jay Stanley, *What's Wrong with Fusion Centers?* (New York: American Civil Liberties Union, 2007).

36. R. Jeffrey Smith, "Senate Report Says National Intelligence Fusion Centers Have Been Useless," *Foreign Policy*, October 3, 2012.

37. Michael German and Jay Stanley, *Fusion Center Update* (New York: American Civil Liberties Union, 2008).

38. Missouri Information Analysis Center, "The Modern Militia Movement," *MIAC*, February 20, 2009; The Constitution Project, "Recommendations for Fusion Centers" (Washington, DC: The Constitution Project, 2012).

39. Beau Hodai, *Dissent or Terror: How the Nation's Counter Terrorism Apparatus, in Partnership with Corporate America, Turned on Occupy Wall Street* (Madison, WI: Center for Media and Democracy, 2013).

40. Gavin Aronsen, "What the FBI's Occupy Docs Do—and Don't—Reveal," *Mother Jones*, January 7, 2013.

41. Glenn Greenwald, *No Place to Hide: Edward Snowden, the NSA, and the U.S. Surveillance State* (New York: Metropolitan Books, 2014).

42. Human Rights Watch, *Illusions of Justice: Human Rights Abuses in US Terrorism Prosecutions* (New York: Human Rights Watch and Columbia Law School Human Rights Institute, 2014).

43. Matt Apuzzo and Adam Goldman, *Enemies Within: Inside the NYPD's Secret Spying Unit and bin Laden's Final Plot Against America* (New York: Simon & Schuster, 2013).

44. New York Civil Liberties Union, "Raza v. City of New York (Challeng-

ing the NYPD's Muslim Surveillance Program)," June 18, 2013.

45. Mazin Sidahmed, "NYPD's Muslim surveillance violated regulations as recently as 2015: report," *Guardian*, August 24, 2016.

46. Clark McPhail, David Schweingruber, and John McCarthy, "Policing Protest in the United States: 1960–1995," in *Policing Protest: The Control of Mass Demonstrations in Western Democracies*, eds. Donatella della Porta and Herbert Reiter (Minneapolis: University of Minnesota Press, 1998).

47. David Schweingruber, "Mob Sociology and Escalated Force: Sociology's Contribution to Repressive Police Tactics," *Sociology Quarterly* 41, no. 3 (2000): 371–89.

48. Alex Vitale, "The Rise of Command and Control Protest Policing in New York," in *The New York City Police Department: The Impact of Its Policies and Practices*, ed. John Eterno (Boca Raton, FL: CRC Press, 2015); Alex Vitale, "The Command and Control and Miami Models at the 2004 Republican National Convention: New Forms of Policing Protests," *Mobilization* 12, no. 4 (2007): 403–15; Alex Vitale, "From Negotiated Management to Command and Control: How the New York Police Department Polices Protests," *Policing and Society* 15, no. 3 (2005): 283–304.

49. Vitale, "The Command and Control and Miami Models."

50. Alex Thomas, "Obama May Backtrack on Military Equipment Ban For Police," *Reason*, July 26, 2016.

51. Jorge Rivas, "How high school teens got a police department to get rid of its military equipment," *Fusion*, June 3, 2016.

结 论

我们需要对警治进行改革。我们确实需要更新培训制度、强化问责机制，并且让公众更多地参与对警治的指导和监督。我们需要摆脱战士心态和军事化策略。警察要更多地了解精神障碍人士所面临的问题，这至关重要。有些具有种族主义倾向且行为残忍的警员违反法律、辜负公众信任，而且虐待公众，他们必须被追责。必须改变警察文化，使其不再执迷于使用威胁和暴力的手段来管控穷人和社会边缘人群。

即便如此，我们还必须面对一个更重大的事实。只要警察的基本使命保持不变，所有这些改革都不可能实现。不存在专家治国论式的解决方案。即使我们能够以某种方式推行这些改革措施，它们仍会被忽略、抵制和推翻——因为出于政治动机而针对毒品、骚乱和犯罪等对象的战争所具备的制度性强制力会最终胜出。各股强大的政治势力获益于被滥用的、攻击性的、侵犯性的警治，不论是技术上的论证还是对"做正确之事"的衷心呼吁，都不能说服他们，也不能使他们失去权力。他们或许会采用一种有关改革的说辞，会资助若干试点计划，但他们的主要行为仍是继续煽动对穷人、非白人、残疾人和无依无靠者的恐惧，继续为警察赋权，使其成为富人和穷人之间那"细细的蓝线"*，以便再生产出他们自己的政治

---

* "细细的蓝线"用以喻指美国的执法活动或警察机构，意思是执法活动如堡垒般处在秩序与动乱、罪犯与潜在的受害者之间。作者在此处反其意而用之，意指警察是阶层固化、社会不公的桥头堡。——译者注

权力。

　　这并不意味着人们不应该为改革而发声和斗争。然而，这些改革必须是一幅更大图景中的一部分。该图景质疑警察在社会中的基本作用，追问强制性的政府行为到底是促进还是妨碍了公正。在如今所讨论的改革中，大多都没有做到这一点；有许多改革进一步扩大了警察的权力和作用。社区警治、执法记录仪和增长的培训经费加剧了对警治之合法性的错误认识，使得警察进一步深入到社区和私人生活之中。更多的经费、更多的科技以及更多的权力和影响力，这些将不会减少警治的负担，也不会增加警治的正义性。终止毒品战争，废除驻校警察，终止破窗式警治，发展健全的精神健康护理服务，以及创建低收入住房体系，这些举措会更有效地减少警治的滥用。

　　在20世纪，随着酒精和赌博的合法化，警治的两大主要领域被消除了。这两个改变在不牺牲公共安全的情况下缩小了警治的范围。在这之前，禁酒令已然导致了有组织犯罪、暴力和警察腐败的大规模增长，但却没怎么影响到人们获取酒水；终止这项禁令减少了犯罪，提升了警察的专业性，而且减少了被监禁者的数量。

　　与此类似，旨在扑灭地下彩票、体育博彩和赌博的无效措施被证实完全是事与愿违的，它们使有组织犯罪变得更有力量，还助长了警察腐败。政府对赌博的控制和管理使税收收入增加，并且削弱了有组织犯罪的力量。通过创立国家彩票、管理赌场，以及在最低限度上实行体育博彩，国家已经在不牺牲公共安全的情况下限制了警察的权力。如今，同样的措施没理由对性工作和毒品无效。从警治和监狱上节省下来的数十亿美元可以更好地用来促进人们的就业、改善公众的健康状况。

　　我们不必为了确保自身的安全而忍受进攻性和侵犯性的警治。我们有替代方案。我们可以利用社区和政府的力量来促进城市安全，而不是依靠警察、法院和监狱。我们需要加大对个人和社区的投入，并且转变我们社会中一些基本的经济和政治安排。药品依赖、创伤和精神健康问题对社区的安全和稳定有着极大的破坏作用。被这些问题困扰的人们需要的是帮助，而不是强制性的治疗制度或者有关自救自助的精神胜利法；他们需要获取真正的服务，这些服务由训练有素的专业人士提供，采用被证实有效的治疗方法。即使是有着一些最为严重的个人问题的儿童和青少年，也可以经由密集的参与和治疗而得到帮助。他们和他们的家庭需要相关的导师、咨询服务和援助服务。这些"全包式"方案显示出可期的成果，而且比起让年轻人在看守所、法院、急诊室、缓刑状态和假释状态中循环往复，这么做的成本要低得多。

在功能失调的社会环境中，失业、暴力和根深蒂固的贫困是常态，而人们则会调整自己的行为以适应这种环境。即使是在犯罪率持续下降了20年之后，暴力对于一些街区而言仍是主要问题。所有这些地区几乎都存在极度贫困和种族隔离，在地理层面和社会层面处于孤立状态。许多城市都以更为密集的警治来回应这些问题。芝加哥、密尔沃基和夏洛特等地最近出现的犯罪增多和社会动荡的状况，证明了当地没能终止警治的滥用，也没能营造安全的环境。在这个国家中，隔离性最强、在种族问题上最不公平的城市，也是暴力问题最为严重的城市。

几十年来，去工业化的进程、住房和就业方面的种族歧视，以及日益严重的收入不平等，已经造就了许多极度贫困的地区，这些地区工作稀缺、公共服务不足、犯罪和暴力事件泛滥。即使有着高强度的过度警治，人们仍旧感到不安全，年轻人还在使用暴力进行掠夺和防卫。任何旨在减少犯罪、促进社会福祉的计划——更不用说实现种族公正的计划了——必须处理这些状况。政坛上没有人认真严肃地谈论这一现实。如今，美国的种族隔离一如既往的糟糕。贫困社区需要更好的住房和工作，需要更好地获取社会、健康、娱乐和教育等方面的服务。他们不需要政府把更多的钱花在警察和看守所上,然而这正是全国范围内正在发生的事情。从芝加哥到纽约,再到加利福尼亚[1],地方政客仍把增加警察和新的看守所当作是社区问题的解决方案。这种做法必须停止。

这些社区还需要更多的政治权力与资源,来开发它们自己的旨在减少犯罪的策略。恢复性司法和"司法再投入"(justice reinvestment)等概念提供了替代方案。通过使人免于牢狱而节省下来的钱,可以用于社区中的药品和精神健康服务、青少年计划和就业项目。与此同时,可以要求肇事者通过参与社区服务计划、签署保持清白和清醒的协议书、参加适当的计划来对他们行为的受害者和社区进行赔偿。"司法再投入"运动也希望把减少监禁率节省下的钱投入到犯罪频发的社区中。遗憾的是,这些计划中有不少最后只是实现了经费在刑事司法系统内部的转移,而把社区排除在了这个过程之外。[2]基本理想仍是合理的,但需要新的措施来实现它,社区需要在决定如何使用这些资源时发挥主要作用。但并不是所有问题都能在这个层面上得到解决。如何获取体面的住房和工作,如何处理现在两极分化的收入结构,如何处理住房问题上的种族歧视,这些问题必须得到系统性解决。提高最低工资、恢复流动渠道以及打击住房歧视,它们大体上是在这些贫穷街区之外运作的大问题。如果我们想要取得实质性的进展,减少这个国家的犯罪密集区,我们就需要开辟真正的出路,走出贫穷和社会隔离。

芝加哥的黑人青年计划构想了一项经济发展计划,该计划将会实实在在地改善高犯罪社区的居民生活,以此代替对警察和监狱的依赖。他们的"构建黑人未来议程"(Agenda to Build Black Futures)呼吁以赔偿的方式来处理长期以来对非洲裔美国人进行系统剥削而产生的历史遗留问题——从奴隶制起,经由吉姆·克劳法,再到当下时代的状况。[3]同样重要的是，该议程终于关注了能够使得家庭处在贫困线以上的体面工作。这意味着依靠政府的直接行动来提高最低工资，并且给予工人权利，让他们可以自己组织起来争取更高的工资。在20世纪，美国工人取得的大部分进展都是通过工会化和工作场所行动主义的过程实现的，但在最近35年内，政府已经着手系统地削弱工人和工会的力量。私营部门的保障措施已经大体上被抹除，这导致了大规模破坏工会的活动，还造成工会成员率的大幅下降。公共部门保留了更多的保障措施，但紧缩经济已经实实在在地侵蚀了收入，许多共和党政客和保守的法庭正在积极行动，着手破坏工会并进一步地压低工资。令人惋惜的是，许多工会在历史上曾经拒绝种族包容，有些工会甚至至今仍旧"白"得不可思议。所以，缺少了种族公正的计划，政府对工会的保障将会是不充分的。

"黑人生活运动"（Movement for Black Lives）也已勾勒了一项旨在促进经济和政治公正的计划，该计划按照黑人社区在需求上的轻重缓急，对学校和社区进行更大规模的投入。[4]他们计划的核心，是一整套关乎经济公正的提议——其中包括赔偿，这些提议将会减少不平等，增进个人、家庭和社区的福祉，并保护环境。他们要求实施关键性的就业计划，要求对自由贸易和华尔街的剥削加以限制，还要求以更有力的措施保障工人权利。他们特别要求，用于刑事司法机构的拨款应该被转用于教育、健康和社会服务。为了使这一举措成为可能，他们要求实施政治改革，并且正在为动员草根阶层而制订计划。如果警察改革想要带来有意义的改变，那么它就应该这样做才行。

乡村地区同样需要帮助。阿片类药物用量的增加，与乡村穷人的向下流动以及破坏性的毒品战争的扩张有着紧密的关联。简化的保护主义和沙文主义的反移民狂热不太可能带来长期的稳定，我们的乡村地区必须变得更具经济可持续性，变得更适宜居住，同时要辅以绿色工作、基础设施建设和无毒食物生产。对于那些将工作机会转移到缺乏劳动者权利和环境保护的国家的跨国公司，要减少对它们的补助——这同样会是很好的起点，实现以"公平贸易"代替"自由贸易"。

　　这些倡议本身并不会根除所有的犯罪和混乱。需要把它们结合起来，而且需要建立并验证新的观念，但是将从这个过程中受益的人们却做不到这些，他们缺乏政治上的意愿和能力。美国文化是围绕着剥削、贪婪、白人特权和愤恨而组织起来的。这些特质在很大程度上派生于我们的经济体系，即使是深刻的经济变革也不会自动产生积极的文化变革，至少不会在一夜之间产生。种种文化上的规范还会妨碍旨在改变这些体系的努力。我们需要的是这样一个过程，在这一过程中，为变革而进行的斗争会产生文化上的转变。通过为了社会、经济和种族的公正而共同工作，我们也一定会创造出新的价值体系，这个体系质疑那种使得现行体系大行其道的贪婪和漠然。如果我们希望建设一个更加美好的世界，我们就必须在互相尊重的氛围中关爱彼此。"黑人的命也是命"运动中更具积极性的一面，在于它热情拥护了身份的差异性和参与主导者的多样性。我们不可能在怀揣同性恋恐惧症的同时与种族主义做斗争，同样也不可能在拥护惩罚性政治的同时与大规模监禁做斗争。

　　我们的两个主要政党都接受了全球化资本强加给我们的紧缩型政治。新自由主义运动已经令人难以置信地成功地使人们对一种观念习以为常：进步的唯一途径，就是解除所有的规章、工人保障措施和相关债务，以此来释放少数经济精英的创造力，这样他们就能以我们这些剩下的人为代价，来使自身的财富最大化。30年来，我们一直被告知，最终的结果将会对每一个人都有利；这是一点点战利品的积累——但我们依然在等待。除了最为富裕的人们，其他人的工资和生活水平在持续下降。中产阶级正在被掏空，贫穷和大规模无家可归的现象愈演愈烈，我们的基础设施也在逐渐崩溃。当我们围绕着虚假的贤能制（meritocracy）来组织我们的社会时，我们就从记忆中抹除了剥削的历史，抹除了那些阻止经济和社会流动的作弊手段。

当人们抱怨这些现实的时候，他们被告知错的是他们自己，被告知他们没有付出足够的努力来成为那光荣的"百分之一"，被告知他们不具备成功的条件，因此活该遭到贬损。这种说法为以个人缺陷来界定所有问题的行为提供了合理性，把被离弃者称作是他们自身悲惨境遇的缔造者。这种经济体系不是动用政府资源来减少不平等，而是在助长不平等的同时还将那些被它离弃的人们定罪——尤其是当人们要求改善状况的时候。在过去40年间，警治和监禁的增加所倚仗的是一种意识形态论调，即犯罪和骚乱是个人道德堕落的结果，只能够通过严厉的惩罚性制裁来遏制。这种新保守主义方式维护、加强了数百万人在政治、社会和经济上被剥夺公民权的状况，这些人遭受着攻击性、侵犯性警治的严密管控，或是被关进看守所和监狱。

我们必须打破这些盘根错节的压迫体系。每当我们指望警察和监狱来解决我们的问题时，我们就助长了这些不正之风。我们不能在要求警察赶走公园里那些"恼人的"无家可归者或街角"具有威胁性"的年轻人的同时，又要求他们提供经济适用住房和青年就业岗位。因为国家单单提供了前者，而且将会一直拒绝提供后者。没错，应该保护社区，使其远离犯罪乃至混乱，但我们必须在求取保护的时候，永不依赖强制、暴力和凌辱，因为正是它们巩固了我们的刑事司法系统。国家或许会使用警力来解决这些问题，但我们不应鼓励或褒奖这种目光短浅、效果适得其反、有违公正的解决方案。我们应该要求得到安全与保障——但不是从警察的手中得到。到了最后，他们往往两样都给不了。

延伸阅读

Alexander, Michelle. *The New Jim Crow: Mass Incarceration in the Age of Colorblindness*. New York: The New Press, 2013.

Apuzzo, Matt and Adam Goldman. *Enemies Within: Inside the NYPD's Secret Spying Unit and bin Laden's Final Plot Against America*. New York: Simon & Schuster, 2013.

Balko, Radley. *Rise of the Warrior Cop: The Militarization of America's Police Forces*. New York: Public Affairs, 2013.

Beckett, Katherine and Steve Herbert. *Banished: The New Social Control in Urban America*. Oxford, UK: Oxford University Press, 2009.

Currie, Elliott. *Crime and Punishment in America: Why the Solutions to America's Most Stubborn Social Crisis Have Not Worked—and What Will*. London: Macmillan, 2013.

Czitrom, Daniel. *New York Exposed: The Gilded Age Police Scandal that Launched the Progressive Era*. Oxford, UK: Oxford University Press, 2016.

Dewey, Susan and Tonia St. Germain. *Women of the Street: How the Criminal Justice-Social Services Alliance Fails Women in Prostitution*. New York: NYU Press, 2017.

Domanick, Joe. *Blue: The LAPD and the Battle to Redeem American Policing*. New York: Simon and Schuster, 2015.

Friedman, Barry. *Unwarranted: Policing Without Permission*. New York: Farrar, Straus and Giroux, 2017.

Fuentes, Annette. *Lockdown High: When the Schoolhouse Becomes and*

Jailhouse. Brooklyn: Verso, 2013.

Garriott, William Campbell. *Policing Methamphetamine: Narcopolitics in Rural America*. New York: NYU Press, 2011.

Hari, Johann. *Chasing the Scream: The First and Last Days of the War on Drugs*. London: Bloomsbury Publishing, 2015.

Herbert, Steve. *Citizens, Cops, and Power: Recognizing the Limits of Community*. Chicago: University of Chicago Press, 2006.

Hernandez, Kelly Lytle. *Migra!: A History of the U.S. Border Patrol*. Berkeley, CA: University of California Press, 2010.

Jones, Reece. *Violent Borders: Refugees and the Right to Move*, Brooklyn: Verso, 2016.

Klein, Malcolm. *Gang Cop: The Words and Ways of Officer Paco Domingo*. Lanham, MD: AltaMira Press, 2003.

McCoy, Alfred. *Policing America's Empire: The United States, The Philippines, and the Rise of the Surveillance State*. Madison, WI: University of Wisconsin Press, 2009.

Miller, Todd. *Border Patrol Nation*. San Francisco: City Lights Books, 2014.

Mitrani, Sam. *The Rise of the Chicago Police: Class and Conflict, 1850–1894*.Chicago: University of Illinois Press, 2013.

Moskos, Peter. *Cop in the Hood: My Year Policing Baltimore's Eastern District*. Princeton, NJ: Princeton University Press, 2008.

Muñiz, Ana. *Police, Power, and the Production of Racial Boundaries*. New Brunswick, NJ: Rutgers University Press, 2015

Murakawa, Naomi. *The First Civil Right: How Liberals Built Prison Amer-*

ica. Oxford, UK: Oxford University Press, 2014.

Nevins, Joseph. *Operation Gatekeeper and Beyond: The War on "Illegals" and the Remaking of the U.S. Mexico Boundary.* Abingdon, UK: Taylor & Francis, 2010.

Phillips, Susan. *Operation Fly Trap: L.A. Gangs, Drugs, and the Law.* Chicago: University of Chicago Press, 2012.

Rios, Victor. *Punished: Policing the Lives of Black and Latino Boys.* New York: NYU Press, 2011.

Ruderman, Wendy and Barbara Laker. *Busted: A Tale of Corruption and Betrayal in the City of Brotherly Love.* New York: HarperCollins, 2014.

Stuart, Forrest. *Down and Out and Under Arrest: Policing and Everyday Life in Skid Row.* Chicago: University of Chicago Press, 2016.

Tiger, Rebecca. *Judging Addicts: Drug Courts and Coercion in the Justice System.* New York: NYU Press, 2012.

Way, Lori Beth and Ryan Patten. *Hunting for "Dirtbags": Why Cops Over-Police the Poor and Racial Minorities.* Boston: Northeastern Press, 2013.

Williams, Kristian. *Our Enemies in Blue: Police and Power in America.* Oakland, CA: AK Press, 2015.

注释

1. *Northern California Patch*, "Public Q&A Meeting Set This Evening to Discuss New Santa Clara Co. Jail," September 22, 2016.

2. Judith Greene et al., *Ending Mass Incarceration: Charting a New Justice Re-Investment*, Justice Strategies, 2013.

3. "Agenda to Build Black Futures," Black Youth Project 100, agendatobuildblackfutures.org.

4. "Platform," The Movement for Black Lives, policy.m461.org.

图书在版编目(CIP)数据

警治的终结 / (英)亚历克斯·S.维塔莱著; 王飞, 张鹏瀚译. — 杭州: 浙江大学出版社, 2020.10
书名原文: The end of policing
ISBN 978-7-308-20398-2

Ⅰ.①警… Ⅱ.①亚… ②王… ③张… Ⅲ.①警察—管理体制—研究—美国 Ⅳ.①D771.235

中国版本图书馆CIP数据核字(2020)第131699号

Copyright © Verso (An Imprint of New left Books)
All Rights Reserved. Authorised translation from the English language edition published by Verso (An Imprint of New left Books). Responsibility for the accuracy of the translation rests solely with Zhejiang University Press Co., Ltd. and is not responsibility of Verso (An Imprint of New left Books). No part of this book may be reproduced in any form without the written permission of the original copyrighy holder, Verso (An Imprint of New left Books).

浙江省版权局著作权合同登记图字: 11—2020—335号

警治的终结

(英)亚历克斯·S.维塔莱 著

责任编辑	谢 焕
责任校对	陈逸行
封面设计	云水文化
出版发行	浙江大学出版社
	(杭州天目山路148号 邮政编码: 310007)
	(网址: http://www.zjupress.com)
排　　版	浙江时代出版服务有限公司
印　　刷	浙江印刷集团有限公司
开　　本	880mm × 1230mm　1/32
印　　张	8.25
字　　数	211千
版 印 次	2020年10月第1版　2020年10月第1次印刷
书　　号	ISBN 978-7-308-20398-2
定　　价	58.00元

版权所有　翻印必究　印装差错　负责调换
浙江大学出版社市场运营中心联系方式: (0571) 88925591; http://zjdxcbs.tmall.com